TRAITÉ ÉLÉMENTAIRE

DES ACTIONS PRIVÉES

EN DROIT ROMAIN.

Imp. Dondey-Dupré, r. St-Louis, 46, au Marais.

TRAITÉ ÉLÉMENTAIRE

DES

ACTIONS PRIVÉES

EN DROIT ROMAIN,

PAR

M. L. DOMENGET,

DOCTEUR EN DROIT, AVOCAT A LA COUR ROYALE DE PARIS,

Auteur des Instituts de Gaïus, traduites et annotées, l'un des auteurs du
Répertoire du Journal du Palais.

PARIS.

LIBRAIRIE DE JURISPRUDENCE DE COTILLON,

RUE DES GRÉS, 16.

1847

PRÉFACE.

Voué depuis plus de dix ans à l'étude et à l'enseignement du droit, il nous est arrivé souvent de regretter l'absence d'ouvrages élémentaires sur les matières exigées des candidats qui veulent prendre leurs degrés dans nos facultés.

Nous avons également déploré l'esprit de rivalité qui semble avoir constamment dirigé jusqu'à ce jour un certain nombre d'auteurs écrivant pour l'école, à tel point que leur but principal paraît avoir été plutôt de nuire au succès d'un adversaire que de rechercher la vérité. Nous pensons que s'il est du devoir du jurisconsulte au barreau ou dans son cabinet d'appeler fréquemment la controverse pour en faire jaillir la vérité, le but du maître chargé d'exposer, devant un auditoire non initié encore aux difficultés de la science, les principes élémentaires qui en sont la base, est plus modeste, et ne saurait être atteint qu'au moyen du développement simple et sans artifice de ce qui fait l'objet de l'enseignement. C'est ce que de très-bons esprits ont pensé comme nous, et c'est à cela sans doute que nous devons la publication récente de quelques ouvrages au mérite desquels nous nous plaisons à payer un juste tribut d'éloges. Le droit civil français vient d'être l'objet de travaux qui répondent en partie à ce besoin de la jeunesse de nos écoles. Un professeur étranger, M. Zachariæ, a publié un Traité du droit civil français, dont le succès se justifie d'autant plus que l'auteur joint à une méthode parfaite une érudition profonde. MM. Aubry et Rau, professeurs à la faculté de droit de Strasbourg, ont traduit et complété l'excellent ouvrage de M. Zachariæ.

M. Marcadé a publié, sous la forme plus élémentaire du commentaire, une œuvre également fort remarquable. Généralement suivi dans nos facultés, ce livre, dont le succès est immense, place déjà son auteur au rang de ces hommes dont la plus belle récompense consiste dans le témoignage plein de gratitude de ceux qu'ils ont enseignés. Nous n'avons pas besoin d'ajouter que les *Eléments du droit civil français* sont dignes, sous tous les rapports, de l'estime qui les a accueillis. — Exposition souvent concise et toujours complète; solutions claires et tranchées, puisées dans la source féconde des travaux préparatoires de nos Codes, telles sont les causes de la faveur dont jouit cet ouvrage.

Le droit romain a eu également de bons interprètes, et s'ils laissent quelquefois à désirer sous le rapport de la méthode, il serait injuste de ne pas reconnaître qu'ils sont souvent un guide sûr pour celui qui les consulte. S'ils ne craignaient trop de s'écarter du texte des Institutes, et osaient plus souvent aborder les théories principales du droit, nous n'aurions sans doute qu'à applaudir à leurs efforts. Pour ne parler que de ceux dont les ouvrages sont actuellement suivis dans nos facultés, hâtons-nous de rendre hommage aux consciencieuses publications de **M. Étienne**, qui, dans un cadre restreint, a suffisamment mis en saillie les difficultés de son sujet. Ce judicieux professeur a donné une traduction fort exacte de l'excellent travail de Zimmern sur la procédure civile des Romains, et en outre un Commentaire des Institutes de Justinien. — **M. Bonjean** a, de son côté, publié un savant Traité des actions, auquel nous avons souvent emprunté.

Mais quel que soit le mérite de ces ouvrages, ils n'en laissent pas moins subsister, selon nous, une fâcheuse lacune. En effet, les traités de MM. Zimmern et Bonjean sont plutôt faits pour les savants que pour les jeunes gens qui fréquentent nos facultés. Quant au commentaire de **M. Étienne**, s'il a l'avantage inappréciable de présenter une explication exacte du texte des Institutes, il ne fait pas toujours, à nos yeux, une part assez large à l'exposé dogmatique de la matière. — Les ouvrages de MM. Ortolan et Ducaurroy offrent les mêmes avantages et ont le même inconvénient.

C'est pour combler en partie la lacune que nous venons de signaler que nous avons présenté dans un traité succinct la théorie complète des divers systèmes de procédure romaine, matière délicate et épineuse, qui est l'épouvantail et trop souvent l'écueil des étudiants.

Notre travail est le fruit de plusieurs années de patientes recherches : tous les textes ont été revus par nous avec grand soin, et nous entendons par le mot *textes* non-seulement les dispositions législatives de Justinien, mais encore les écrits des jurisconsultes et des classiques romains, modèles de concision et de méthode, où l'art de tout dire en peu de mots semble avoir atteint son dernier degré de perfection ; en d'autres termes, nous n'avons rien négligé de ce qui est relatif aux sources de notre matière. D'un autre côté, nous avons constamment consulté les ouvrages des commentateurs, nos devanciers, profitant de leurs découvertes et quelquefois aussi de leurs erreurs. Cujas, Pithou, Pothier, Heinecius, Vinnius, Lorry ; MM. Zimmern, Marezoll, Walter, Savigny, Bonjean, Giraud, Étienne, Ducaurroy, Ortolan, Blondeau et Quinon, nous ont servi de guides.

Attaché à la rédaction du *Répertoire du Journal du Palais* (œuvre capitale dont il serait superflu de faire ici l'éloge, et à laquelle nous tiendrons toujours à honneur d'avoir pris une part active), nous y avons inséré, en 1845, entre autres articles de droit romain, le mot ACTION, un de ceux qu'on a bien voulu remarquer dans le premier volume de ce recueil (V. Revue de droit français et étranger de MM. Félix, Duvergier et Valette, livraison de juillet 1846). Quoique conçu dans de moindres proportions que le TRAITÉ ÉLÉMENTAIRE DES ACTIONS, le premier travail a en quelque sorte servi de base au second. Ce dernier se trouve ainsi avoir été, par avance, l'objet d'un jugement trop bienveillant sans doute : une telle approbation nous fait néanmoins espérer l'indulgence qui s'attache toujours aux efforts d'un écrivain consciencieux.

Le plan que nous nous sommes tracé est des plus simples : nous exposons dans une première partie le tableau de l'organisation judiciaire des trois grands systèmes de procédure qui se sont succédé à Rome ; dans l'autre, nous traitons des moyens accordés aux citoyens pour protéger leurs intérêts. Cette seconde partie se subdivise naturellement en deux branches : la première comprenant les moyens d'agir, la seconde, la manière de mettre ces moyens en exercice ; d'une part, l'*action*, le droit sanction-nateur, de l'autre, la *procédure*. Notre seconde partie a été traitée, comme la première, sépa-rément pour chacun des systèmes de procé-dure, de manière à laisser à chaque époque la couleur qui lui convient. Quand de grands principes, se rattachant à notre matière, sans en faire cependant partie intégrante, nous ont paru nécessiter que nous nous y arrêtassions d'une manière spéciale, nous leur avons accordé une place suffisante dans notre travail. — C'est ainsi que nous avons donné une analyse com-plète des règles de la possession ; c'est ainsi en-core que nous avons consacré plusieurs pages au contrat *litteris*, dont l'explication nous pa-raît avoir été mal comprise jusqu'à ce jour. Mais quand ce besoin s'est fait sentir à nous, nous avons eu soin, afin de ne pas interrompre la suite du texte, de placer nos observations en note, de manière à ce qu'on puisse y re-courir ou passer outre, à volonté, sans em-barras.

La matière des interdits a été l'objet d'une étude spéciale de notre part. Aidé sur ce point du remarquable *Traité de la possession* de M. de Savigny, nous avons fait tous nos efforts pour apporter la clarté dans un sujet qui est souvent fort obscur. La procédure de ces moyens d'actions, que nous ne connaissons que par les Institutes de Gaïus, est exposée d'une manière toute spéciale : nous ne pouvions pas, à cette occasion, omettre la question de savoir quel était l'objet de l'instance, suite et conséquence de l'interdit. Nous l'avons traitée à fond, et nous sommes arrivé à une conclusion qui jusqu'à ce jour n'avait été, à notre connaissance du moins, clairement formulée nulle part. Puissions-nous avoir découvert la vérité sur ce point, ou aidé à la trouver un jour.

A l'effet de faciliter les recherches, nous avons placé, à la fin du volume, à côté de la table des divisions, une table alphabétique et analytique au moyen de laquelle il sera aisé de se reporter aux numéros sous lesquels il est traité des points qu'on aura besoin de consulter.

Paris, le 10 avril 1847.

TRAITÉ ÉLÉMENTAIRE

DES ACTIONS PRIVÉES

EN DROIT ROMAIN.

— ∘∘ —

DÉFINITION. — DIVISION GÉNÉRALE.

1. — D'après Justinien, on doit entendre par ACTION, *le droit de poursuivre devant le juge ce qui nous est dû* [1]. Cette définition, qui ne s'applique qu'à une classe d'actions, aux actions personnelles, dont nous aurons à nous occuper spécialement [2], a besoin d'être complétée par l'addition de quelques mots relatifs aux actions réelles, ainsi qu'il suit : « *L'action est le droit de poursuivre devant le juge ce qui nous est dû*, OU NOTRE CHOSE. »

2. — Même ainsi étendue, cette définition, exacte au temps de Justinien, ne l'est point pour l'époque

---

[1] V. *Institutes, De actionibus, prœmium.* Cette définition a été empruntée au jurisconsulte Celse (L. 51, ff. *De oblig. et action.*).

[2] Sous ce point de vue, elle peut se justifier par l'usage où l'on était de désigner l'action réelle sous le nom de *vindicatio* ou de *petitio*, pour la distinguer complétement de l'action personnelle (L. 25, pr. et 28, ff. *De oblig. et action.;* L. 178, § 2, ff. *De verborum significatione*). Quand le magistrat statuait *extra ordinem*, on appelait la poursuite *persecutio*, que l'action fût *in rem* ou *in personam* (même L. 178 et L. 28. *De oblig. et action.*).

où le juge n'était appelé à statuer qu'en vertu de la mission qu'il recevait du magistrat par une formule, et où, par conséquent, il ne pouvait y avoir poursuite *in judicio* qu'autant que ce renvoi devant le juge avait été ordonné. L'action était donc alors le droit de s'adresser au magistrat pour qu'il délivrât une formule; et comme la mission du juge résultait de cet acte, la formule et le droit qu'elle faisait naître étaient fréquemment employés l'un pour l'autre (¹).

3. — Nous ferons observer également qu'une telle explication du mot *action* ne saurait convenir à l'époque antérieure à Cicéron, pendant laquelle le système des actions de la loi fut en vigueur, et où l'on entendait par *action*, l'ensemble de la procédure (²), dans le même sens que nous disons « *la saisie immobilière* » pour désigner la procédure sur saisie immobilière.

4. — Sans nous arrêter davantage à ces définitions restreintes et qui ont varié à chacune des époques où le système de la procédure romaine a été changé, nous donnerons de l'action cette acception large et générale qui convient également à tous les systèmes, soit du droit ancien, soit du droit moderne : « L'action est un moyen légal accordé aux personnes pour obtenir, conserver ou recouvrer la jouissance de leurs droits : c'est la *sanction* d'un droit préexistant, et que pour cette raison on peut appeler un droit *sanctionateur* (³). »

(¹) Gaïus, *Institutes*, Comm. 4, §§ 53, 71 et 74.
(²) V. *infrà*, nᵒˢ 50 et suiv.
(³) V. Bonjean, *Traité des actions*, t. I, p. 1; Blondeau, *Chres-*

5. — En droit romain, l'action était *criminelle* ou *civile*, suivant qu'elle avait pour objet la punition du délinquant, ou l'indemnité due à un particulier lésé. L'action criminelle était aussi désignée sous le nom d'*action publique*, et l'action civile sous celui d'*action privée*. Nous n'avons pas à nous occuper ici de la procédure criminelle [1].

6. — *Lato sensu*, l'action civile comprenait tous les droits sanctionnateurs qui garantissaient la conservation des droits; ainsi : les *demandes introductives d'instances*, les *exceptions*, les *interdits*, les *stipulations prétoriennes*, les *restitutions in integrum* [2].

7. — Plus restrictivement, l'action civile désignait la demande introductive d'instance [3]. C'est sous ce point de vue que nous aurons d'abord à l'examiner. Nous nous occuperons ensuite des exceptions, des interdits, des stipulations prétoriennes et des restitutions en entier.

8. — Le droit romain présente trois systèmes d'actions privées ou de procédure civile bien distincts : celui des *actions de la loi* ; celui des formules ; et enfin,

tomathie, t. I, p. 116; Étienne, *Instit. trad. et expliq.*, t. II, p. 312.

[1] V. ff. *De publicis judiciis* et *De pœnis.*—Consultez à cet égard l'excellent traité que M. Étienne a placé à la suite de son deuxième volume des *Inst. trad. et expliq.* Le *Précis hist. de la proc. crim. des Romains*, de ce savant professeur, est d'autant plus précieux pour nous qu'il est le premier travail sérieux du droit français sur cette matière, et que l'exactitude habituelle de son auteur en garantit la fidélité.

[2] L. 37, pr. ff. *De obligationibus et action.*; L. 1, ff. *De exceptionibus.*

[3] L. 178, § 2, ff. *De verborum signific.*

le système des jugements extraordinaires (*cognitiones extraordinariæ*) ([1]).

9. — Observons que dans les deux premiers systèmes de procédure romaine, qui diffèrent si essentiellement, on remarque un caractère commun qui ne se retrouve pas dans les institutions judiciaires modernes ; nous voulons parler de la division de la procédure en deux parties distinctes. La première partie s'accomplissait devant le magistrat, qui fixait le point litigieux sur lequel le juge avait à prononcer ; la seconde avait lieu devant le juge qui examinait le point litigieux précisé par le magistrat ([2]).

Dans le troisième système, au contraire, la manière de procéder était plus simple. Le magistrat seul était chargé de dire et d'appliquer le droit, sans qu'il fût nécessaire de recourir à un juge, et sans qu'on employât de formule. Du reste, il faut observer que bien avant l'abolition des formules, cette manière de procéder sans *judex* s'était établie exceptionnellement et pour certains cas. En l'année 294 de Jésus-Christ, Dioclétien fit de l'exception la règle générale.

10. — Notre travail se trouve naturellement divisé en deux parties : la première sera consacrée à l'exposition de l'organisation judiciaire des trois systèmes ; dans la seconde, nous traiterons des actions en elles-mêmes, et de la procédure suivie dans chaque système.

([1]) Gaius, C. 4, §§ 11 et suiv.; §§ 33 et suiv.;—Justinien, *Instit. De actionibus.*

([2]) Walter, *Histoire de la proc. civ. chez les Romains,* trad. Laboulaye, p. XIV, ch. prélim.

PREMIÈRE PARTIE.

ORGANISATION JUDICIAIRE.

CHAPITRE PREMIER.

Organisation judiciaire sous le système des actions de la loi.

Section I. — *Des magistrats.*

11. — Si nous admettons, à défaut de preuves positives, que la séparation entre le magistrat, chargé de la *jurisdictio*, et le *judex*, chargé de l'application du droit, n'existait pas dès l'origine des actions de la loi, toujours est-il qu'à une certaine époque de ce premier système, elle est incontestable. En effet, deux des cinq actions de la loi consistaient dans la dation d'un juge : c'étaient la *judicis postulatio* et la *condictio*. Une troisième, la plus ancienne de celles qui avaient pour but la reconnaissance des droits, l'*actio sacramenti*, tendait aussi à la dation d'un juge. Il est douteux si avant la loi Pinaria, dont la date n'est pas connue, et qui s'occupait de cette dation d'un juge, il n'y avait pas lieu à en nommer un, ou si au contraire cette loi n'avait statué que sur le délai dans lequel on devait le nommer [1].

[1] Gaius, Comm. 4, § 15; Walter, *Procéd. civ. chez les Romains*, chap. 1, p. 3, trad. Laboulaye; Étienne, t. II, p. 315.

12. — La loi des douze tables suppose comme préexistante cette distinction entre le *jus* et le *judicium*, d'où il résulte qu'elle était en usage dans les temps les plus reculés [1].

13. — A l'origine de Rome, les rois nous sont représentés comme les magistrats chargés de la *jurisdictio*. Après eux, les consuls, élus parmi les patriciens, l'obtinrent jusqu'en 387 de Rome, époque à laquelle la préture fut instituée. Cette magistrature nouvelle fut d'abord réservée (jusqu'au commencement du cinquième siècle) aux patriciens, qui eurent le soin de confier à ceux qui en étaient investis la *jurisdictio*, enlevée aux consuls dès l'instant que les plébéiens eurent obtenu que l'un d'eux serait choisi dans leur sein. A côté des préteurs, et dès la même époque, les deux édiles curules furent investis d'une juridiction spéciale : en matière de ventes d'esclaves et d'animaux, et généralement en matière de réglements de police. Dès les premières années du sixième siècle, un préteur pérégrin fut établi à côté du préteur qui existait déjà : il fut chargé de la juridiction relativement aux contestations entre étrangers, et entre citoyens et étrangers. Le préteur chargé de statuer entre citoyens romains prit dès ce moment le nom de *préteur urbain* [2].

14. — A côté de ces magistratures, qui existaient

---

[1] Loi des douze tables, tabl. 1ʳᵉ, § 1 ; 2ᵉ, § 2 ; 3ᵉ, § 2 ; 7ᵉ, § 5, 9ᵉ, § 3 ; 12ᵉ, § 3.

[2] Denys d'Halicarnasse, ii, 14 ; x, 1 ; Cic., *De rep.*, v, 2 ; — L. 2, §§ 27, 28, 32, 26 et 34, ff. *De origine juris;* Walter, p. 2 ; Bonjean, *Encyclop. cathol.*, vᵒ *Action*, p. 279.

à Rome, les colonies, les municipes, les villes, les préfectures, en avaient qui leur étaient particulières. Ainsi, les magistrats supérieurs des colonies et des municipes, duumvirs ou quatuorvirs, avaient la juridiction. Les préfets envoyés de Rome exerçaient cette même juridiction dans les villes préfectures. La Sicile, la Sardaigne, l'Espagne et la Narbonnaise ayant été réduites en provinces, on établit en 526 et 556 quatre nouveaux préteurs pour les gouverner. Sous Sylla, il y avait dix préteurs, sous Jules César douze, et au temps de Pomponius dix-huit ([1]).

15. — Tous ces divers magistrats avaient, chacun dans la mesure de ses attributions et dans les limites de son territoire, la *jurisdictio*, c'est-à-dire la *diction* ou déclaration du droit, soit comme pouvoir *législatif*, soit comme pouvoir *judiciaire*. Ils exerçaient leur juridiction législative au moyen des édits, et leur juridiction judiciaire en appliquant les règles préexistantes, au moyen de la dation d'un juge, ou en statuant eux-mêmes sur les contestations privées ([2]).

16. — On distinguait la juridiction suivant qu'elle était *volontaire* ou *contentieuse*, *limitée* ou *illimitée*, *ordinaire* ou *extraordinaire*, *propre* ou *déléguée*, *propre* ou *prorogée*.

17. — La juridiction était *volontaire*, quand le ma-

([1]) L. 2, § 32, ff. *De origine juris;* Tite Live, XXIII, **30**; Cic., *In Rull.*, II, **34**; Bonjean, § **48**; Walter, *ibid.;* Zimmern, *Traité des actions chez les Romains*, trad. Étienne, § **2** et suiv.

([2]) Gaïus, I, §§ **2** et **6**; *Instit.*, tit. *De jure nat.*, §§ **3** et **7**. — V. les auteurs cités.

gistrat intervenait, non pour régler une contestation, mais afin de donner aux actes une solennité requise pour leur validité : de ce nombre étaient la *manumissio*, la *vindicta*, la *cessio in jure*, l'*adoption*, l'*adrogation* [1].

18. — On appelait *contentieuse* la juridiction qui avait pour but de mettre fin aux contestations entre particuliers. Cette juridiction ne pouvait s'exercer hors de la circonscription territoriale qui était tracée au magistrat, à la différence de la volontaire [2].

19.—La juridiction *limitée* était dévolue aux magistrats municipaux ; elle était bornée quant au *territoire*, quant à l'*importance* et à la *nature* des affaires. L'importance de la cause était déterminée par la *demande*. La juridiction limitée ne comprenait point, en général, l'*imperium*, c'est-à-dire le pouvoir de commander et de contraindre, le droit d'employer la force publique pour faire exécuter les ordres qu'on avait donnés [3].

20. — L'*imperium* appartenait, au contraire, aux magistrats ayant la juridiction *illimitée*, c'est-à-dire aux magistrats supérieurs, le préteur à Rome, et les présidents dans les provinces. Cette dernière juridiction était sans bornes quant à la nature et à l'importance du procès. Elle n'avait de limites que relativement au territoire [4].

[1] Gaïus, I, § **98** et suiv.; II, § **24**; Justinien, *Institut.*, liv. I, tit. **11**; Ortolan, *Expl. histor. des Instit. de Justinien* (3ᵉ édit.), sur le liv. I, tit. **5**.

[2] L. **13**, ff. *De jurisdict.*

[3] L. **26**, ff. *Ad municipal.*

[4] V. Bonjean, §§ **30** et **33**.

21. — La juridiction *ordinaire* était celle qui s'exerçait par la dation d'un *judex :* on l'appelait ainsi par opposition à la juridiction *extraordinaire*, par laquelle le magistrat statuait lui-même [1].

22. — Était dite *propre* la juridiction exercée par une personne qui en avait été investie directement par la loi; on l'opposait à la juridiction *déléguée*, c'est-à-dire exercée en vertu du pouvoir conféré par le magistrat à une autre personne de faire tel acte qui ne la concernait pas directement. Le magistrat pouvait déléguer son pouvoir en tout ou en partie, soit pour une seule affaire, soit pour un nombre indéterminé d'affaires. Il pouvait déléguer son pouvoir soit à un autre magistrat, soit à un simple particulier. Observons que la délégation ne pouvait avoir lieu en matière criminelle, non plus qu'en matière de juridiction volontaire [2].

23. — Par opposition à la juridiction *propre*, on appelait *prorogée* la juridiction alors que la compétence du magistrat était étendue à une affaire qui était en dehors de ses attributions. La prorogation n'étant qu'une extension de juridiction, il est certain qu'elle ne pouvait être faite qu'à l'égard des personnes ayant juridiction [3].

[1] V. Bonjean, §§ **15, 23** et suiv. et **34.**

[2] Tite Live, XXIV, **44**; Cic., *Epist. ad Quint. fratr.*, I, **1**; —LL. **1** et **4**, § **3**, ff. *Damni infecti;* **16** et **17**, *De jurisd.;* **1**, *De officio ejus cui mand.;* **70**, *De regulis juris;* **2**, § **1**; **6**, § **1**, *De offic. procons.*

[3] L. **3**, C. *De jurisd.*

Section II. — *Des juges*.

24. — Il y avait deux sortes de juges : les uns étaient choisis pour une affaire spéciale (tantôt un seul statuait, c'était l'*unus judex ;* tantôt ils étaient trois, on les appelait *arbitres*); les autres formaient un tribunal permanent, le collége des centumvirs et celui des décemvirs.

25. — Le *judex* était toujours unique : il y avait ordinairement trois arbitres. Le *judex* et les arbitres étaient choisis par les parties, qui pouvaient récuser sans motif celui qui leur était proposé. Si les parties ne pouvaient pas s'entendre sur le choix, l'on recourait à la voie du sort. Le magistrat attribuait le juge ou les arbitres choisis par les parties. Le juge et les arbitres ne pouvaient pas, sans motif légitime, refuser de connaître de la contestation pour laquelle ils avaient été choisis, car leur nomination les faisait considérer comme investis d'une charge publique ([1]).

26. — Le juge que les parties pouvaient choisir devait être pris dans certaines catégories. Durant le premier système, il fut pris uniquement dans la classe des sénateurs. Il est à croire qu'il en fut de même des arbitres. La seule différence qui existât entre le juge et les arbitres consistait en ce que le premier n'avait

---

([1]) Gaïus, 4, § 104 et suiv.; — Cic., *pro Quintio*, 9; *De leg.*, 1, 21; *pro Cluent.*, c. 43; *in Verr.*, iii, 31; iii, 2, 13 et 14; *pro Roscio*, 4; — Senec., *De benefic.*, iii, 7; — Pline, *Hist. nat.*, *præf.*, L. 78, ff. *De judiciis ;* L. 13, § 2, ff. *De vacatione.*

besoin d'avoir aucune connaissance spéciale, au lieu que les arbitres devaient avoir celle de certains arts (¹).

27. — Le tribunal permanent des centumvirs était composé de juges élus annuellement et indistinctement dans chaque tribu; les plébéiens pouvaient en faire partie comme les patriciens. Vers l'an de Rome 512, le nombre des juges centumviraux était de cent cinq, chaque tribu nommant trois juges. On voit que le nom de centumvirs qu'on employait pour désigner l'ensemble du tribunal n'était qu'approximativement exact. En effet, au temps de Pline, les membres de ce tribunal portaient encore le nom de centumvirs, bien qu'ils fussent cent quatre-vingt. Remarquons que les centumvirs ne siégeaient qu'à Rome et restaient étrangers aux provinces (²).

28. — Ce tribunal était divisé tantôt en deux, tantôt en quatre colléges. Il était présidé par un magistrat romain, d'abord par les ex-questeurs; sous Auguste par les décemvirs; au temps de Pline, par un préteur, en présence des décemvirs. Il siégeait au forum. On ne sait pas s'il rendait ses sentences en un seul collége ou par chambres séparées. Nous inclinons à penser que le plus souvent il jugeait séparément. Sans cela, quelle eût été l'utilité de la division du tribunal en deux ou quatre colléges (³)?

(¹) Ortolan, *Hist. du droit romain*, p. 201; Plaute, *Rudens*, acte 3, scène 4, vers 7 et 5.

(²) Tite Live, liv. ii, 21; vi, 5; vii, 15; viii, 17; ix, 20; x, 9; Festus, v° *Centumviralia*; Pline, *Epist.* vi, 33; Bonjean, § 84.

(³) Quintilien, *Inst. orat.*, v, 2, 1; xi, 1, 78; xii, 5, 6; Pline,

La compétence du tribunal centumviral embrassait :
1° les questions de propriété quiritaire, et de ses démembrements ; — 2° les questions relatives à l'hérédité ; — 3° les questions d'état (¹).

29. — On ne connaît pas les attributions du tribunal des *décemvirs*, ainsi nommé, sans doute, à cause du nombre de ses membres. Nous savons seulement qu'on procédait devant lui par la forme du *sacramentum ;* que sous Octave les *décemvirs* furent chargés de diriger le tribunal centumviral : et qu'ils eurent sous l'empire une portion de la juridiction criminelle (²).

30. — Les décisions judiciaires pouvaient être l'objet d'un VETO de la part des tribuns du peuple ou de tout autre magistrat égal ou supérieur à celui qui avait statué ou constitué le *judex* porteur de la sentence. L'effet de ce VETO était de suspendre l'exécution de la sentence. Là, se bornait le droit de l'opposant, sans aller jusqu'à la révision des jugements critiqués. Ce ne fut que sous le système formulaire que l'appel proprement dit fut mis en usage. Le VETO n'intervenait qu'après un examen fait devant le collége des tribuns, où les parties et leurs avocats étaient entendus. Toutefois, chaque tribun avait le droit d'émettre un VETO,

Epist. I, 18; IV, 24 ; VI, 33 ; V, 21; Suétone, *Domit.,* 8; Cic., *De orat.,* 1, 38; *pro Cæcina,* 18 ; Val. Max., l. c.; L. 10, p. ff. *De inofficioso testamento ;* Étienne, t. II, p. 324.

(¹) Bonjean, § 87.

(²) Cic., *pro Cæcina,* 33; *pro domo,* 29; Suétone, *Oct.,* C. 36; Pline, *Epist.* V et ult.; Dio. Cass., liv. IV, 26; Walter, p. 12.

nonobstant l'avis de ses collègues (¹). — Dans les provinces, le gouverneur avait également le droit d'interposer son VETO.—Chaque plaideur, demandeur ou défendeur, pouvait solliciter un VETO pour empêcher qu'il fût donné suite à la formule délivrée par le magistrat. Quant à la sentence, le défendeur seul avait intérêt à en paralyser l'effet par un VETO dont le caractère était purement négatif (²).

31. — A Rome, les audiences du magistrat et celles du juge étaient publiques. C'était ordinairement dans le *forum* que siégeait le tribunal; mais le magistrat avait la faculté de choisir un autre lieu, alors qu'il le jugeait convenable. Le juge avait la faculté de s'adjoindre des assesseurs chargés de l'assister de leurs lumières. Après avoir pris leur avis, il prononçait la sentence, sans être tenu de s'y conformer (³).

32. — Dans les provinces, le magistrat allait lui-même tenir les assises dans les principales villes de son ressort (⁴).

33. — Certains jours seulement étaient consacrés à l'administration de la justice : on les appelait *jours fastes;* les autres jours étaient dits *néfastes* ou fériés.

(¹) Cic., *pro Cluentio*, 27 ; *in Verrem*, IV, 65 ; Tit. Liv., VI, 27 ; XXXVIII, 60 ; Aul. Gell., *Noct. attic.*, VII, 19 ; Val. Max., IV, 1, 8 ; Aul. Gell., *Noct. attic.*, XIII, 12.

(²) Cic., *In Verrem*, IV, 65.

(³) Tite Live, XXIII, 32 ; — Cic., *pro P. Quintio*, 2, 6 et 8 ; *pro Plautio*, 38.

(⁴) ff. *De judiciis;* Cic., *ad. Att.* V, 14 ; Tite Live, XXXIV, 48 ; Théoph., I, 6, § 4 ; Cic., *in Verr.*, II, 29 ; Festus, v° *Conventus*.

Parmi les jours néfastes on distinguait les *solemnes*, ou réguliers, des *repentinœ* ou extraordinaires. Les premiers comprenaient les fêtes et les vacances ordinaires. Les seconds étaient déterminés par le roi, par le consul ou par le préteur, suivant les époques. Il était permis de statuer pendant les jours néfastes réguliers toutes les fois qu'il y avait péril en la demeure et dans les cas de juridiction gracieuse. Pendant les *feriœ extraordinariœ*, le cours de la justice était, au contraire, généralement suspendu (¹).

CHAPITRE II.

Organisation judiciaire sous le système formulaire.

Section I. — *Magistrats.*

34. — Toutes les magistratures que nous venons de parcourir furent conservées avec leur juridiction. Le nombre des préteurs fut augmenté : au temps de Pomponius on en comptait dix-huit à Rome. Le préteur *tutelaris* (chargé de la nomination des tuteurs) et le préteur *fideicommissarius* (investi du droit de veiller à l'exécution des fidéicommis), prirent place à côté du *prœtor urbanus* et du *prœtor peregrinus*. Les consuls reprirent quelque chose des attributions con-

____

(¹) ff. *De feriis* ; L. 26, § 7, ff. *Ex quib. causis majores* ; L. 3, C. *de dilation.* ; Macrob., *Sat.* ı, 16 ; Plin., *Epist.* vııı, 24 ; Aul. Gell. ıx, 15 ; LL. 1, 3, 4, ff. *De feriis* ; L. 11, § 6, *ad Legem Juliam, de adulteriis coercendis* ; L. 8, C. *de dilation.*

férées aux préteurs; ainsi, ils participèrent avec eux aux nominations des tuteurs et à la connaissance des fidéicommis. — L'empereur était le chef suprême de l'état. Il exerçait le pouvoir législatif au moyen des *édits* qui prirent le nom de *constitutions*. Il exerçait la juridiction au moyen des *rescrits*, ou décisions rendues sur des questions particulières, mais sans que l'empereur eût pris connaissance des faits, indiquant seulement aux magistrats ou aux juges le parti qu'ils devaient adopter dans une hypothèse qui leur était soumise; et au moyen des *décrets*, qui étaient de véritables jugements. Le nom de *constitution* était, du reste, applicable aux rescrits et aux décrets aussi bien qu'aux édits. — Le préfet de la ville et le préfet du prétoire furent institués avec une juridiction spéciale. Le préfet de la ville, magistrat temporaire sous la république, devint permanent sous Auguste. Il connaissait des causes criminelles et de tout ce qui concernait la police. Sa juridiction s'étendait sur Rome et dans le rayon milliaire. Il statuait principalement sur les plaintes des esclaves contre leurs maîtres et réciproquement; sur celles des patrons contre leurs affranchis, et sur les *appels* formés contre les décisions des préteurs. Il rendait des interdits et pouvait organiser un *judicium*. — Les préfets du prétoire (d'origine impériale, au nombre de deux sous Auguste), tirés de l'ordre des chevaliers, n'étaient d'abord que de simples capitaines des gardes. Ils en vinrent à cumuler l'autorité militaire avec les autorités judiciaire et administrative. Leurs arrêts étaient sans appel comme ceux de l'empereur lui-même. Leur autorité embrassait tout le territoire de l'empire ([1]).

35. — Adrien divisa l'Italie en quatre départements, sous la direction de quatre *consulaires*, à l'exception d'un district qui fut soumis à la juridiction immédiate du préteur urbain. Marc-Aurèle remplaça les *consulaires* par des *juridici*, qui exercèrent la même puissance jusqu'à Aurélien, qui plaça un *corrector* à la tête de l'Italie. Les duumvirs furent conservés comme magistrats municipaux ; mais ils n'eurent plus l'*imperium*, si ce n'est quant à la partie inhérente à la *jurisdictio*, c'est-à-dire, qu'ils conservèrent la *mulctæ datio* et la *pignoris capio* ; ils ne purent plus juger qu'à charge de l'appel, qui se portait devant le préteur de Rome ou devant le lieutenant impérial du district. — Les lieutenants impériaux et le préteur urbain connaissaient des appels des jugements rendus par les magistrats municipaux du district, et de toutes les causes enlevées à ces derniers ; mais à charge d'appel devant l'empereur, le préfet de la ville ou celui du prétoire. Ils avaient exclusivement l'*imperium* ([2]).

36. — Les provinces, divisées par Auguste en provinces du peuple et en provinces de l'empereur, avaient à leur tête des gouverneurs, sous les noms de procon-

---

([1]) L. 2, § 32, ff. *De origine juris;* Instit., *De jure naturali et gentium et civili,* § 6 ; Gaius, Com. 1er, § 5 ; LL. 1 et 2, *De offic. præfect. urb.;* Bonjean, §§ 57 et 59 ; Zimmern, t. ii, § 19 et suiv., Etienne, *Instit. trad. et expliq.;* t. ii, p. 346.

([2]) L. 26, ff. *Ad municipalem; Fragm. vatic.,* § 232 ; L. 41, § 5, ff. *De liber. causa;* Zozime, ii, 33 ; Bonjean, § 64.

suls, propréteurs, lieutenants de César, présidents, préfets. Les gouverneurs avaient un pouvoir souverain et absolu dans leur province, et n'avaient de supérieur que l'empereur. Ils réunissaient en leur personne toutes les branches de juridiction. L'Égypte était gouvernée par un *præfectus augustalis*, ayant des pouvoirs semblables aux gouverneurs des autres provinces (¹).

Section II. — *Juges.*

37. — On continua de prendre le juge unique dans certaines catégories. Seulement, par suite d'une loi de transaction, portée par Aurélius Cotta, en l'an 684 de Rome, il ne fut plus choisi exclusivement parmi les patriciens. Dès cette époque on distingua trois classes de juges : la première était composée de sénateurs, la deuxième de chevaliers, et la troisième de tribuns du trésor. Cette dernière fut formée, sous Antoine, de militaires, sans égard au cens qu'ils payaient. Auguste fit une quatrième classe de personnes pouvant être choisies pour juges ; elle était composée de gens ne payant qu'un faible cens : enfin, Caligula en créa une cinquième classe (²). Dans l'ori-

---

(¹) ff. *De officio procons. et de officio præsidium; De offic. præfect. augustalis.*

(²) Cic., *in Verrem*, II, 71 ; III, 96 ; V, 69 ; *Philipp.*, I, 8 ; V, 5 ; —Asconius, *ad Ciceronem, in Pison.*, 39 ; *in Cæcil.*, 3 ; *pro Cornelio, in fine* ; — Tacite, *Annal.* XI, 22 ; — Sueton., *Octav.*, 32 ; *Caligula*, 16.

gine, le nombre des jurés, parmi lesquels les parties pouvaient choisir un juge, était de trois cents; sous Auguste, il fut porté à mille, et du temps de Pline à plusieurs milliers (¹). — L'arbitre ou les arbitres continuèrent à être choisis comme sous le premier système. La connaissance des actions de droit strict était réservée au *judex*, les actions de bonne foi étaient soumises à des arbitres (²). Le tribunal des centumvirs se soutint jusqu'à l'établissement de la procédure extraordinaire, mais il alla toujours en déclinant (³).

Une nouvelle classe de juges se développa sous ce système : celle des récupérateurs. Ils différaient des juges et des arbitres, en ce qu'ils n'étaient pas pris dans des catégories, mais pouvaient, au contraire, être choisis indifféremment parmi les citoyens romains ou parmi les pérégrins. Les personnes qui se trouvaient présentes étaient ou pouvaient être désignées. On avait recours aux récupérateurs dans les causes urgentes, ou pour des affaires de peu d'importance. Ils connaissaient des actions réelles et des actions personnelles, mais plus particulièrement de la possession. Peut-être, dit M. Bonjean (*Encyclop. cathol.*, vᵒ *Action*, p. 285), les *recuperatores* étaient-ils chargés alors, non-seulement de juger le différend, mais encore de mettre leur décision à exécution, en rétablissant par la

(¹) Cic., *Epistol. ad Div.*, VIII, 8 ; *ad Attic.*, VIII, *Epist. ultim.*; Pline, *Hist. natur.*, XXXIII, 7.

(²) Cic., *pro Quinto Roscio*, 4 et 9; Zimmern, § 17; Étienne, *Inst. expl.*, t. II, p. 348.

(³) Bonjean, § 89, et Zimmern, § 16; Walter, p. 8 et suiv.

force celui qui avait été dépouillé de sa possession. Leurs fonctions avaient, suivant M. Zimmern, quelque analogie avec celles de nos juges de paix.—Observons que les contestations entre étrangers étaient toujours soumises à des récupérateurs. Ils ne pouvaient juger qu'au nombre de trois; souvent ils étaient cinq (¹).

38. —Dès le temps d'Auguste, il fut admis, qu'on pourrait s'adresser à un juge supérieur à l'effet de faire réformer la sentence rendue par celui qui était d'un ordre moins élevé, et de substituer une décision nouvelle à celle qui était frappée d'appel (²). En principe, toute sentence, soit définitive, soit interlocutoire, était susceptible d'appel, sauf, dans les affaires urgentes, dans les interdits, dans les envois en possession des biens des héritiers, dans les questions relatives à l'ouverture des testaments. Les jugements fondés sur un serment ou sur un aveu judiciaire; ceux rendus contre les coutumaces, et toute décision ayant acquis force de chose jugée, échappaient également à l'appel (³). Il en faut dire autant pour toute cause où l'appel était purement dilatoire (⁴).

(¹) Tite Live, xxvi, 48; Cic., *in Verr.*, iii, 12 et 60; Pline, *Epit.* iii, 20; Étienne, *Inst. tr. et expl.*, p. 322; Zimmern-Étienne, p. 100; Bonjean, § 80 et suiv.; Walter, p. 7.

(²) Tacit. *Annal.* xiv, 23; L. 38, ff. *De minorib.;* Sueton. *Octav.*, 33; *Caligul.*, 16; *Nero*, 17.

(³) L. 1, § 2, ff. *De appell.;* L. 7, *ib.;* Paul. *Sentent.*, v, 34, §§ 1 et 2; 35, § 2; L. 26, C. Théod., *Quor. appel.;* L. 28, § 1, ff. *De appell.;* L. 23, § 3, *ib.;* L. 73, § 3, ff. *De judic.;* L. 4, ff. *De appell.*

(⁴) Paul. *Sentent.*, v, 25, § 2.

39. — C'était au magistrat du degré immédiatement supérieur à celui qui avait rendu une sentence, qu'on devait régulièrement s'adresser pour en obtenir la réformation. Toutefois, si, par erreur, on avait franchi un degré, l'appel n'en était pas moins recevable. On n'avait pas borné à un seul appel le droit accordé à un plaideur, de demander la substitution d'une sentence nouvelle à celle qui faisait grief. Ce fut Justinien qui limita à deux appels et à trois degrés de juridiction les phases qu'une action pourrait subir (¹). Il était permis d'appeler au magistrat-rédacteur de la formule, de la sentence rendue par le juge qu'il avait constitué. Le président ou le recteur de la province connaissait des appels des magistrats municipaux (²).

40. — Sous le système formulaire, l'usage s'établit ou plutôt se consolida pour les magistrats et pour les juges de se faire assister par des conseillers ou *assesseurs*, qui n'avaient pas voix délibérative, il est vrai, mais dont les lumières étaient fort utiles au magistrat ou au juge qui n'était pas jurisconsulte. L'empereur lui-même quand il jugeait s'entourait d'assesseurs. On appelait *auditorium* le lieu où l'empereur statuait sur les affaires privées, entouré de ses conseillers, par opposition au *consistorium*, réunion consacrée aux affaires administratives. Les préfets avaient un *auditorium*, ainsi que les gouverneurs des provinces (³).

(¹) L. 1, § 3; L. 21, § 1, ff. *De appell.;* L. unic. au Cod. *Ne liceat in una eademque causa tertio provocare.*

(²) L. 3, ff. *Quis a quo;* L. 1, pr. *ib.*

(³) Cic., *pro Plautio,* c. 38; Tacit. *Ann.,* ɪ, 75; Amm. Marc.,

41. — Tout ce que nous avons dit *suprà*, n°s 31, 32 et 33, au sujet des audiences et des jours consacrés à l'administration de la justice, est applicable sous le système formulaire (1).

CHAPITRE III.

Organisation judiciaire sous le troisième système.

42. — Sous Constantin, la différence entre le *jus* et le *judicium* disparut. Il n'y eut plus lieu nécessairement à la dation d'un juge, ni à la rédaction d'une formule. L'assignation était donnée directement à l'adversaire devant l'autorité compétente, par dénonciation au greffe. Le magistrat faisait notifier la dénonciation à la partie assignée et jugeait lui-même l'affaire. — Toutefois, au cas de multiplicité des affaires, le magistrat pouvait renvoyer devant les juges inférieurs la connaissance des causes de moindre importance; mais ils jugeaient sans formule (2).

43. — L'empire était divisé en quatre grandes préfectures, à la tête de chacune desquelles était un préfet du prétoire : c'étaient l'Orient, l'Illyrie, l'Italie, les Gaules. Chaque préfecture était divisée en diocèses, administrés par des *vicarii*. L'Orient comprenait cinq

xiv, 7; xv, 5; xxviii, 1; Suétone, *Aug.*, 35; L. 22, ff. *Ad S. C. Trebell.*; L. 17, *ib.*, *De jure patron.*; L. 79, § 1, ff. *De judiciis*; Aul. Gell., *Noct. attic.*, xiv, 2. — V. *suprà*, n° 31.

(1) V. Etienne, *Inst. trad. et expliq.*, p. 347.

(2) L. 2, C. *De formulis;* LL. 2 et 5, C. *De pedaneis judicibus;* Novell. 82, cap. 1; C. Theodos., lib. 2, tit. 4 et tit. 3, L. 1.

diocèses, formant quarante-huit provinces ; l'Illyrie, deux diocèses, divisés en onze provinces ; l'Italie, trois diocèses, partagés en vingt-neuf provinces ; les Gaules, trois diocèses, formant vingt-neuf provinces. Chacune de ces provinces était gouvernée par un *rector* ou *præses*. Rome conserva seule son organisation particulière, et Constantinople fut organisée à l'instar de Rome : ainsi chacune de ces deux capitales avait un préfet de la ville et un préteur urbain (¹).

44. — L'empereur était juge souverain en dernier ressort pour tout l'empire. Il était assisté d'un conseil. — Les préfets du prétoire et de la ville connaissaient aussi en dernière instance et comme remplaçant l'empereur. Mais Constantin leur ayant retiré le pouvoir militaire pour le confier à des *magistri militum*, ils ne conservèrent plus que le pouvoir civil. A Rome, le préteur urbain conserva la juridiction ordinaire, quoique restreinte. A Constantinople, le préteur statuait sur les procès intéressant la liberté, sur les restitutions en entier, les nominations de tuteurs, l'aliénation des biens des pupilles, les affranchissements et les émancipations. Le *præses* ou *rector* de la province était le juge ordinaire des affaires civiles ; il connaissait aussi des appels des sentences rendues par les magistrats locaux (²).

45. — Il nous suffira d'énoncer certaines magistra-

(¹) C. *De officio præfecti urbi; De officio prætorum; De officio rectoris provinciæ;* — Bonjean, *Encyclop. cathol.*, p. 289 ; — Etienne, t. ɪɪ, p. 407.

(²) LL. 3, 4, 5 et 9, C. Theodos., *De rep. app.;* 40, 44, 48 et

tures locales qui, à Rome et à Constantinople, étaient établies pour connaître d'affaires toutes spéciales : ainsi, à Rome, le *præfectus annonæ* avait juridiction sur les marchés publics, comme autrefois les édiles; le *prætor tutelaris* était chargé du soin de donner des tuteurs, et le *præfectus vigilum* chargé de veiller pendant la nuit à la sûreté de la ville (¹). A Constantinople, au-dessous du préfet de la ville et du préteur urbain, étaient les *defensores civitatum*, chargés d'abord de protéger les cités provinciales contre les lieutenants de l'empereur. Sous Valens et Valentinien, ils reçurent les actes judiciaires et purent juger les affaires n'excédant pas 50 solides. Justinien étendit leur compétence à 300 solides, et leur attribua le droit de nommer des tuteurs aux pupilles peu fortunés. Ce prince restreignit à deux ans la durée de leurs fonctions qui, temporaires dans le principe, avaient été fixées à cinq ans. Le lieutenant de l'empereur connaissait de l'appel de leurs sentences (²).

46.—Des *judices pedanei*, ou juges inférieurs, furent institués sous cette période de la procédure. Le président de la province avait le droit d'en établir. Zénon en attacha un certain nombre à chaque prétoire. Jus-

67, *ib. De appell.;* **1** et **3**, C. Theodos., *De offic. præf. urbani;* ff. *De officio prætor.;* ib. *De jurisdictione;* C. *De offic. prætt.;* L. **1** à **6**, C. Theodos., *De offic. rector. prov.;* **1** et **3**, *De rep. app.*

(¹) C. *De offic. præf. annon.; De offic. præfecti vigilum.;* ff. *De offic. præf. vigilum.*

(²) LL. **1**, § **2**; **16**, § **3**; **18**, § **3**, ff. *De muneribus;* LL. **1** et **4**, C. *De defensoribus;* Novell. **15**, c. **1** et **5**.

tinien en fit un collége permanent, et limita leur juridiction à 300 solides (¹).

47. — L'appel fut admis par Justinien pour toute sentence, soit principale, soit accessoire; mais cet empereur porta une amende de 50 livres d'argent contre tout appelant d'un jugement interlocutoire ou sur incident, s'il formait son appel avant que la sentence définitive eût été rendue. Théodose avait déjà défendu, sous une peine sévère, les appels des jugements interlocutoires ou préparatoires (²).

48. — Constantin ayant interdit l'appel à l'égard des sentences émanées du préfet du prétoire, la *supplique au prince* fut introduite pour suppléer à cette voie de droit. Avant Justinien, qui modifia la législation à cet égard, la *supplicatio* n'avait point d'effet suspensif (³).

49. — Sous ce système, ce n'était plus au *forum* que se rendait la justice. Le magistrat siégeait dans des salles où le public était admis pour la publicité des audiences. Les délibérations entre le magistrat et les *officiales* étaient néanmoins secrètes : elles avaient lieu derrière des *vela*. On appelait *secretarium* l'endroit de la salle consacré aux délibérations (⁴).

(¹) LL. 4 et 5, C. *De pedan. judic.*; Novell. 82, c. 1 à 5.

(²) L. 36, C. *De appell.*; L. 16, C. *De judic.*; L. 10, C. *Quando prov.*; Nov. 82, c. 10; LL. 2 et 25, C. Théod., *De appell.*; LL. 1 et 2, *ib.*, *Quor. appell.*

(³) LL. 1, C. *De sent. præf. præt.*; 19, C. *De appell.*; Novell. 119, c. 5.

(⁴) L. 2, C. Theodos., 1, 7. — V. Bonjean, *Encycl. cath.*, vᵒ *Action*, p. 288; Etienne, t. II, p. 408.

DEUXIÈME PARTIE.

DES ACTIONS ET DE LEUR PROCÉDURE.

50. — Considérées en elles-mêmes, et abstractivement comme droits sanctionnateurs, les actions se divisaient en classes diverses, soit d'après les intérêts qu'elles avaient pour objet de protéger, soit d'après leur force coercitive, soit aussi d'après leur origine, d'après la nature et l'étendue du pouvoir donné au juge.

Ces distinctions, nées des différents points de vue sous lesquels les Romains avaient envisagé la nature des droits privés, sont fréquentes dans les trois systèmes de leur procédure. Ainsi, dans le premier système, les actions qui ont pour objet la réclamation d'un droit contesté sont distinguées de celles dont le but est l'exécution d'un droit reconnu. Les premières sont elles-mêmes de plusieurs sortes, car certaines tendent à la reconnaissance des droits personnels, les droits réels étant réservés à la plus ancienne d'entre elles. Dans le second système, la formule relative aux contestations au sujet de droits réels diffère de la formule des actions personnelles ; l'action née du droit civil n'est pas confondue avec celle que le préteur a introduite..... De même, la procédure extraordinaire reproduit en grande partie les distinctions du système formulaire.

TITRE PREMIER.

SYSTÈME DES ACTIONS DE LA LOI.

51. — Des trois systèmes d'actions qui ont tour à tour été en usage chez le peuple romain, le plus ancien, et celui sur lequel nous avons le moins de renseignements, est celui des actions de la loi. En usage dès les premières années de Rome, il se maintint jusqu'au temps de Cicéron. Avant la découverte des Institutes de Gaïus, nous n'avions aucun document propre à éclairer cette ancienne procédure. Le manuscrit de Vérone est venu combler en grande partie cette lacune de l'histoire du droit romain.

52. — Les mots *legis actio* désignaient plus spécialement l'ensemble de toute procédure ayant pour objet la réalisation d'un droit. On entendait cependant par cette dénomination, et *lato sensu*, le moyen légal de poursuivre un droit (1).

Il y avait cinq *actions de la loi*, c'est-à-dire cinq formes de procéder en justice. C'étaient : 1° l'*actio sacramenti* ; 2° la *judicis postulatio* ; 3° la *condictio* ; 4° la *manus injectio* ; 5° la *pignoris capio* (2).

53. — La procédure de ces actions était tellement

(1) V. Bonjean, § 14, t. I.
(2) Gaïus, C. 4, § 12.

rigoureuse que la moindre erreur entraînait la perte du procès. Gaïus en cite un exemple au sujet d'un plaideur qui fut condamné pour avoir appelé *vites* la vigne qu'il réclamait, au lieu de la désigner sous le nom générique *arbores* dont s'était servie la loi des douze tables (1).

CHAPITRE PREMIER.

De chaque action de la loi en particulier.

§ I. — *Actio sacramenti.*

54. — Pendant longtemps, l'action *sacramenti* fut seule en usage pour la réclamation des droits contestés. Elle était générale, et s'appliquait dans le principe aux droits personnels, aussi bien qu'aux droits réels : elle s'employait, nous dit Gaïus, pour toutes les affaires auxquelles la loi n'avait pas attaché d'action spéciale (2).

55. — On l'appelait ainsi à cause du dépôt d'une certaine somme d'argent que, dans le principe, chacun des plaideurs remettait dans les mains du pontife ; et parce que l'argent consigné par la partie perdante était confisqué et employé au besoin du culte, *ad sacra publica* (3).

56. — Le montant du *sacramentum* était de 500 ou

(1) Gaïus, Comm. 4, § 11.
(2) V. Gaïus, Comm. 4, § 13.
(3) V. Festus, vᵒ *Sacramentum ;* Varron, *De lingua latina,* 4, 36.

50 as, suivant que la valeur du litige était de 1000 as et au-dessus, ou qu'elle était inférieure à 1000 as. Mais s'il s'agissait d'une contestation relative à la liberté d'une personne, le *sacramentum* n'était jamais que de 50 as, quelque considérable que fût cette personne (¹).

57. — S'il s'agissait de la réclamation d'un droit réel et que l'action eût pour objet une chose mobilière, qu'on pût apporter ou conduire devant le préteur, cette chose était amenée devant ce magistrat. Le demandeur, tenant une baguette (*festuca*), saisissait la chose, un esclave, par exemple, et disait : « Je dis que cet esclave est dans mon domaine quiritaire comme il se comporte (*secundum suam causam*) : ainsi que j'ai dit, tu le vois, j'impose cette baguette. » En même temps, il touchait l'objet avec sa baguette. Le défendeur répétait les mêmes paroles, et faisait le même geste. Cette première formalité était ce qu'on appelait la *manuum consertio*. Après cela, le préteur disait : « Lâchez cet esclave, l'un et l'autre. » Les plaideurs obéissaient. Le demandeur continuait : « Je demande pour quelle cause tu as revendiqué ? » Le défendeur répondait : « J'ai exercé mon droit en imposant cette baguette. » Alors le premier revendiquant disait : « Comme tu as revendiqué injustement, je te provoque à 500 as (ou 50 as) de *sacramentum*. » « Je t'y provoque également, » répliquait l'adversaire. Le préteur accordait ensuite la jouissance de la chose à l'un des plaideurs, c'est-à-dire qu'il le constituait possesseur

____

(1) Gaïus, Comm. 4, § 14. — L'as romain représentait une valeur de 10 centimes environ de notre monnaie actuelle.

intérimaire, en lui ordonnant de garantir à son adversaire la restitution de la chose litigieuse, et de la jouissance, c'est-à-dire de la chose et de ses fruits. Cette garantie était appelée *prædes litis et vindiciarum* (¹).

58. — Au temps de Gaïus, outre cette sûreté que le possesseur intérimaire était contraint de fournir à son adversaire, le magistrat recevait encore une double caution des plaideurs pour le payement du *sacramentum*, qui ne se déposait plus préalablement dans les mains du pontife, comme dans le principe, mais que la partie contre laquelle on avait obtenu gain de cause payait au magistrat pour le trésor public. Ces dernières garanties étaient appelées *prædes sacramenti* (²).

59. — Après l'accomplissement de ces formalités, les parties demandaient un juge, qu'elles n'obtenaient qu'après un délai de trente jours, au bout duquel elles se représentaient de nouveau devant le préteur, en vertu de la promesse qu'elles avaient faite et qu'on appelait *vadimonium*.

Du moins il est certain qu'il en était ainsi depuis une certaine loi Pinaria, citée par Gaïus, mais dont la date est inconnue. On ignore si antérieurement à cette loi il n'y avait pas dation de juge, ou si, au contraire, le juge était donné avant l'expiration d'un délai de trente jours (³). Immédiatement après la nomi-

---

(¹) Gaïus, Comm. 4, § 16.

(²) V. Gaïus, Comm. 4, § 16.

(³) Gaïus, Comm. 4, § 15; Bonjean, t. I, p. 381, § 145; Etienne, t. II, p. 327.

nation du juge, les parties fixaient un jour pour comparaître devant lui. C'était ordinairement pour le troisième jour qu'elles convenaient de se présenter devant ce dernier. On appelait cet engagement *comperendinatio* [1].

60. — Quand les plaideurs étaient en présence du juge, et avant de défendre ou d'expliquer leur cause, elles exposaient, le plus souvent en peu de mots, et comme pour lui fournir une indication, le sujet du débat. C'était le résumé de l'affaire, quelque chose d'analogue aux *conclusions* que les avoués prennent devant nos tribunaux [2].

61. — Suivant que le juge décidait en faveur du demandeur ou contre lui, son *sacramentum* était déclaré juste ou injuste. Dans le premier cas, le demandeur reprenait le montant de son *sacramentum*, et avait gain de cause ; à l'inverse, le défendeur perdait le sien ; dans le second cas, le demandeur perdait le montant de son *sacramentum* et son procès, et le défendeur reprenait son *sacramentum*. A l'époque où la consignation effective n'eut plus lieu, la caution de celle des parties qui avait obtenu gain de cause était libérée, et le payement du *sacramentum* de l'autre partie était exigé d'elle ou de sa caution, par le magistrat [3].

62. — Si l'objet réclamé était un immeuble ou une chose mobilière qu'on ne pût apporter devant le pré-

[1] Cic., *pro Murena*, 12 ; Aul. Gelle, x, 24.

[2] V. Gaïus, Comm. 4, § 15.

[3] Cic., *pro Cæcina*, 33 ; *pro Domo*, 29 ; *De oratore*, 1, 10 ; *pro Milone*, 27.

teur, les parties, avant de se rendre devant le juge, avaient une formalité de plus à accomplir. C'était la *deductio*.

63. — On appelait ainsi le transport des parties et du magistrat sur le terrain contesté, ou dans le lieu où se trouvait l'objet litigieux. C'était là que se faisait avec la baguette (*vindicta*) la revendication solennelle, qui consistait dans le combat simulé appellé *manuum consertio*. On revenait ensuite, avec un fragment de l'objet litigieux, devant le tribunal du préteur, où s'accomplissait la provocation au *sacramentum*, la dation des *prædes litis et vindiciarum*, des *prædes sacramenti*, le *vadimonium* et la nomination du juge (¹).

64. — Plus tard, par suite de l'extension du territoire et de la multiplicité des affaires, le magistrat renonça à accompagner les plaideurs sur le lieu où était situé l'objet litigieux. Mais sur l'ordre du préteur, ces derniers s'y rendaient accompagnés de té-

---

(¹) V. Gaïus, C. 4, § 17 ; — Etienne, t. ii, p. 329; Bonjean, § 148; Zimmern, § 41. — M. Ortolan enseigne cependant que la *deductio* ne consistait pas seulement dans le voyage que les parties et le magistrat faisaient sur les lieux où était l'objet litigieux. Cet auteur croit que par ce mot on désignait aussi le combat simulé, qui consistait dans ce cas dans l'expulsion violente de l'une des parties par l'autre. Cette opinion peut s'appuyer sur le sens grammatical du mot *deducere*, éconduire. Néanmoins, je ne saurais l'admettre ; car on ne comprendrait plus alors pourquoi la formalité de la *manuum consertio* aurait été conservée dans ce cas, l'un des plaideurs ayant déjà été expulsé par l'autre. — V. toutefois dans Zimmern, le § 39, qui est en opposition avec le § 41.

moins : là, le combat était simulé. C'est cette *deductio* qui remplaça la première. Les parties revenaient ensuite devant le magistrat, en ayant soin d'apporter une partie de l'objet contesté. Sur cette partie s'accomplissait la revendication [1].

65. — Dès avant le temps de Cicéron, les plaideurs se rendaient de leur propre mouvement sur le lieu où était l'objet contesté, sans attendre l'ordre du préteur. La *deductio* se faisait par anticipation, et les parties venaient ensuite devant le magistrat, munies du fragment nécessaire [2].

66. — Dans *l'actio sacramenti* relative aux poursuites d'obligations, le combat simulé et la revendication par la baguette, et l'attribution de la possession intérimaire n'avaient pas lieu. Il est à présumer que les parties devaient tour à tour s'interpeller sur l'obligation que l'une d'elles prétendait exister, et que l'autre niait. Après cela arrivait la provocation au *sacramentum* [3].

67. — Les provocations réciproques au *sacramentum* étaient suivies de la dation du juge, et le procès suivait son cours ainsi qu'il a été dit plus haut, nᵒˢ 59 et suiv.

---

[1] Gaïus, Comm. 4, § 17 ; Aulu-Gelle, *Noct. att.*, xx, 10 ; Cic., *pro Cæcina*, c. 1, 7, 8, 32.

[2] Cic., *pro Murena*, c. 12.

[3] Heffter, *Observat.*, cap. v ; Bonjean, § 145 ; Etienne, t. ii, p. 326.

§ 2. — *Judicis postulatio.*

68. — L'action *sacramenti* avait plusieurs inconvénients très-graves, notamment d'être toujours fatale au plaideur qui perdait son procès, et en outre de ne laisser au juge que la possibilité d'apprécier si le sacramentum était juste ou injuste, sans pouvoir prendre en considération les obligations réciproques dont les parties étaient tenues l'une à l'égard de l'autre. Il pouvait se faire aussi que l'objet réclamé fût caché. De là, impossibilité d'accomplir le rite solennel de l'action *sacramenti*.

69. — Il paraît rationnel d'attribuer à ces causes l'introduction d'une seconde action de la loi, beaucoup plus simple, moins fatale aux plaideurs et laissant au juge assez de latitude pour qu'il pût les contraindre à l'accomplissement de leurs obligations réciproques. Cette nouvelle action fut appelée *judicis postulatio*.

70. — Nous ne connaissons pas la procédure qu'on suivait dans cette action, les pages qui lui étaient consacrées dans le manuscrit de Gaïus n'ayant pas été retrouvées. Nous avons seulement la formule dans laquelle la demande du juge devait être faite. Elle nous a été transmise par Valerius Probus, et est ainsi conçue : J. A. V. P. U. D. (*Judicem arbitrum ve postulo uti des*).

71. — La *judicis postulatio* s'employait dans les poursuites d'obligations de choses indéterminées :

ainsi, dans les affaires concernant les tutelles, les fiducies, les ventes, les louages, les mandats, les sociétés, enfin dans toutes celles où le juge devait tenir compte des obligations réciproques des parties [1].

72. — Cette action n'ayant d'application que dans les affaires personnelles où le montant de l'obligation était indéterminé, il en résulte que *l'actio sacramenti* était encore employée pour la réclamation des droits réels, et pour les contestations nées au sujet d'obligations de choses déterminées [2].

§ 3. — *Condictio.*

73. — Les mêmes motifs qui avaient amené l'introduction de la *judicis postulatio*, donnèrent naissance à la *condictio*. Cette troisième action fut créée par la loi Silia, portée vers l'an de Rome 510, pour la réclamation des sommes certaines d'argent, et par la loi Calpurnia, de dix ans postérieure, relativement à toute autre obligation de chose certaine [3].

74. — Nous ne connaissons pas plus la procédure suivie dans cette troisième action que celle relative à la précédente. Gaïus nous apprend que, de son temps, c'était déjà une question controversée que de savoir pourquoi on avait créé une action spéciale pour réclamer ce qui était dû, puisqu'on pouvait atteindre

[1] Cic., *De offic.*, III, 10 et 17.
[2] Ortolan, t. II, p. 414.
[3] Gaïus, Comm. 4, § 20.

ce résultat, soit par l'action *sacramenti*, soit par la *judicis postulatio* [1].

75. — Quoiqu'il en soit, il est certain que depuis la création de la *condictio*, l'action *sacramenti* ne s'appliqua plus qu'aux droits réels, dont la connaissance était renvoyée au tribunal des centumvirs. La *judicis postulatio* s'employait pour la poursuite de toutes obligations autres que celles de donner des choses certaines. La *condictio* était accordée pour les obligations de donner des choses certaines [2].

§ 4. — *Manus injectio.*

76. — Le sens de ces mots est l'appréhension physique d'une chose corporelle ou d'une personne hors de la présence du magistrat. Quand, par exemple, une personne en amenait une autre de force devant le préteur, l'exercice de ce droit était appelé *manus injectio* [3].

77. — Mais la *manus injectio* dont nous avons à nous occuper, et qui était la quatrième des actions de la loi, n'a rien de commun avec les *manus injectiones* extrajudiciaires dont nous venons de parler. Son but était l'*addictio* du défendeur au profit du demandeur. Elle différait encore des *manus injectiones* extrajudiciaires, en ce qu'elle devait s'accomplir devant le ma-

[1] Gaïus, *ib.*

[2] Etienne, t. II, p. 331 ; Bonjean, t. I, p. 394.

[3] Servius, *ad Virgilii Æneid.*, lib. X, v. 1.

gistrat chargé de prononcer l'*addictio*, et n'avait de rapport avec elles que par le fait corporel de la main-mise (¹).

78. — La *manus injectio* différait des trois premières actions de la loi, en ce que, en principe, elle ne donnait pas lieu à la constitution d'un juge ; et de la cinquième, en ce que cette dernière ne s'exerçait pas devant le magistrat, ce qui avait fait douter, dit Gaïus, qu'elle fût une véritable action de la loi (²).

79.—On distinguait trois espèces différentes dans la *manus injectio*, comme action de la loi : la *manus injectio judicati*, celle *pro judicato*, et la *manus injectio pura* (³).

80. —La *manus injectio judicati* avait été introduite par la loi des douze tables, pour assurer l'exécution des jugements. Le demandeur, trente jours après le *judicatum* ou la *confessio in jure*, amenait, de gré, où de force par une main-mise extrajudiciaire, son adversaire en présence du magistrat, devant lequel il disait : « Par dol, vous ne m'avez pas donné les dix mille sesterces que le juge vous avait condamné à me payer ; c'est pourquoi je mets la main sur vous pour ces dix mille sesterces. » En même temps, il saisissait le défendeur par quelque partie de son corps.

Le défendeur, dans ce cas, ne pouvait pas repousser la main du demandeur, ni agir par lui-même.

(¹) V. Gaïus, Comm. 4, § 29 ; Etienne, t. ii, p. 332 ; Zimmern-Etienne, § 44 ; Bonjean, § 156.

(²) Gaïus, *loc. cit.*

(³) V. Gaïus, Comm. 4, §§ 21 et suiv.

Il devait nommer un représentant (*vindex*) qui se chargeât de le défendre : l'intervention de ce dernier libérait le débiteur. Celui qui ne pouvait pas ou ne voulait pas fournir de représentant, était conduit dans la maison du créancier, où il était enchaîné [1].

81. — Dans cet état, le débiteur se nommait *addictus*. Il était esclave de fait, mais non encore de droit. Ni ses enfants, ni ses biens ne passaient dans le domaine de son créancier. La loi des douze tables réglait sa nourriture et le poids des fers dont on pouvait le charger [2].

[1] V. Gaïus, Comm. 4, § 21; Aul. Gell., xx, 10.

[2] Gaïus, C. 3, §§ 189 et 199; Quintil., I, O. vii, 3; v, 10; v, 3; Loi des douze tables, tab. 3. — Il ne faut pas confondre un *addictus* avec un *nexus*. Le *nexus* était celui qui s'était lui-même constitué en *mancipium*, lui, sa famille et ses biens : dans cet état, il était *capite minutus* (a). C'était soit pour acquitter une dette, soit pour obtenir une somme à titre de prêt, qu'on se mettait ainsi en *mancipium* (b). Le *nexus* avait le droit, après l'accomplissement de son obligation, de contraindre son créancier à l'affranchir (c). A la différence de l'*addictus*, qui en droit conservait son état tant qu'il n'était qu'*addictus* (d), le *nexus* était *capite minutus* jusqu'à ce qu'il eût été rémancipé par son créancier (e). Le *nexus* entraînait en *mancipium* sa famille et ses biens (f), à la différence de l'*addictus*, qui entrait seul sous la

(a) Tite Live, ii, 24; Festus, v° *Deminutus*; Val. Max., vi, 1, n° 9.

(b) Varron, *De ling. lat.*, vii, 5; Dion. vi, 41.

(c) Etienne, *Inst. tr. et expliq.*, t. ii, p. 335; Zimmern, § 45.

(d) Quint., I, O. vii, 3; v, 10; Gaïus, 4, §§ 189 et 199.

(e) Festus, v° *Deminutus*.

(f) Tite Live, ii, 24.

82. — Le débiteur restait dans cette situation pendant soixante jours, dans l'intervalle desquels, de

puissance de son créancier, et qui pouvait encore disposer de ses biens en toute liberté (a). L'*addictus* pouvait mettre fin à son esclavage de fait, en donnant satisfaction à son créancier (b). Le payement fait par le *nexus* lui donnait seulement le droit de contraindre son créancier à l'affranchir (c). Le *nexus* était admis au service militaire, à la différence de l'*addictus*, qui était traité comme esclave (d).

L'*addictus* était dans une position inverse de celle du *statuliber*, esclave provisoirement libre, dont l'état restait en suspens jusqu'à l'accomplissement de la condition de laquelle dépendait sa liberté (e).

Suivant M. de Savigny, la doctrine que nous venons de rapporter, d'après Niebuhr, Zimmern et M. Etienne, au sujet des *nexi*, est inexacte. Cet auteur se fonde, pour combattre cette opinion, sur ce que, suivant lui, le droit romain n'a jamais admis que pour le cas de *coemptio*, par laquelle les femmes passaient sous la puissance de leurs maris, la possibilité de se manciper soi-même. D'après lui, les *nexi* étaient simplement ceux qui avaient constitué un gage au moyen de la mancipation. Il est facile de répondre au savant jurisconsulte, en lui rappelant que par l'adrogation l'adrogé passait sous la puissance de l'adrogeant, lui et toute sa famille ; et qu'en conséquence l'effet que nous attribuons au *nexum* n'a rien qui soit en dehors des principes du droit romain. Du reste, Valère Maxime (VI, 1, n° 9) dit positive-

(a) Quintil., III, 6 ; Loi des douze tables, tab. 12.

(b) Zimmern, § 45.

(c) Zimmern, *ib.*

(d) Tite Live, II, 24 ; Quint., I, O. VII, 3 ; Valer. Maxim., VII, 6, 1.

(e) Dion. VI, 41, 50 ; Tit. Liv., VI, 34.

neuvaine en neuvaine, il devait être conduit devant le magistrat, dans le *comitium*, avec proclamation de la somme pour laquelle il était *addictus*, afin que ses parents, ses amis, acquittassent sa dette s'ils voulaient le libérer. Faute de payement, le délai de soixante jours étant expiré, il subissait une diminution de tête définitive, et était vendu comme esclave à l'étranger, au delà du Tibre ([1]).

83. — Le prix de cette vente servait d'indemnité au créancier. Alors même qu'il n'aurait pas suffi à le désintéresser complétement, la créance se trouvait éteinte pour le total. Dans le cas où il y avait plusieurs créanciers, ils se partageaient le prix de l'*addictus :* s'ils ne trouvaient pas d'acquéreur ou s'ils ne tombaient pas d'accord sur le prix de la vente, ils avaient le droit de tuer leur débiteur, de couper son cadavre en morceaux et de s'en partager les débris ([2]). La loi des douze tables nous apprend que si les créanciers avaient coupé l'*addictus* en morceaux non proportionnés à leurs créances, ils n'encouraient aucune peine pour cela ([3]).

---

ment que le *nexus* se plaçait sous la dépendance de son créancier : « — *Propter domesticam ruinam et grave æs alienum plotio* NEXUM SE DARE *coactus.* »

([1]) V. Tite Live, v, 14 ; vi, 36 ; vii, 16 ; Den. d'Halycarn., iv, 11.

([2]) et ([3]) Aulu-Gelle, xx, 1. — Quelques auteurs ont pensé qu'il ne fallait pas prendre à la lettre le passage de la loi des douze tables rapporté par Aulu-Gelle. Dans ce système on a proposé d'entendre les mots *sectio corporis*, soit du partage des

84. — Dans la suite, certaines lois permirent, dans d'autres cas, la *manus injectio*, comme s'il y avait eu chose jugée. Ainsi, la loi Publilia l'autorisa contre celui pour lequel son *sponsor* avait payé, si, dans les six mois après le payement, il n'avait pas remboursé; la loi Furia la permit aussi contre celui qui avait réclamé et reçu d'un *sponsor* plus que sa part virile; enfin, beaucoup d'autres lois accordèrent cette action dans plusieurs autres cas [1].

85.—D'autres lois établirent, pour certains autres cas, la *manus injectio* pure, c'est-à-dire, sans regarder la chose comme jugée. Ainsi fit la loi Furia, sur les testaments, contre celui qui avait reçu, comme legs ou donation à cause de mort, plus de 1,000 as, à moins que cette loi ne l'eût compris par exception parmi ceux qui pouvaient recevoir davantage; ainsi fit la loi Marcia, contre les usuriers, qui permit la *manus injectio* pour leur faire rendre les intérêts qu'ils avaient reçus [2].

86. — Dans le cas de *manus injectio* pure, à la diffé-

actions, soit du partage du prix de vente. Mais cette opinion ne paraît guère admissible en présence de l'attestation d'Aulu-Gelle, de Quintilien et de Tertullien, qui affirment que chez les anciens Romains on prenait à la lettre les passages de cette loi sur le meurtre du débiteur et le partage de ses dépouilles mortelles. —V. Aulu-Gelle, xx, 1 ; Quintil., iii, 6 ; Tertull., *Apolog.*, c. 4.— V. aussi, dans notre sens, Cujas, *Parat.*, Cod. vii, 71 ; Zimmern, § 45 ; Etienne, t. ii, p. 334.

[1] V. Gaïus, Comm. 4, § 22.

[2] V. Gaïus, C. 4, § 23.

rence de ce qui avait lieu dans les autres cas, le défendeur pouvait défendre par lui-même, et n'était pas *addictus*. Seulement, si la défense n'était pas de nature à faire renvoyer le défendeur absous, le magistrat le condamnait *extraordinem*, et le demandeur arrivait plus tard à l'exécution de cette sentence par la *manus injectio judicati* (¹).

87. — Suivant Gaïus, l'action de *manus injectio* ne conserva sa rigueur primitive que dans le cas où on poursuivait l'exécution de la chose jugée, et dans celui où le *sponsor* réclamait le montant de la somme qu'il avait payée pour le débiteur. Hors ces deux cas, la loi Varia, dont la date peut se placer dans la première moitié du septième siècle de Rome, permit de repousser la main du demandeur et de défendre par soi-même (²).

§ 5. — *Pignoris capio.*

88. — La cinquième action de la loi, la deuxième relative aux modes d'exécution, était le *pignoris capio*. A la différence de la *manus injectio*, qui s'exerçait sur la personne du débiteur, celle-ci n'avait trait qu'à ses biens. Elle n'avait d'application que dans des cas exceptionnels, déterminés par la loi ou les coutumes. A la différence des autres actions de la loi, elle ne s'accomplissait pas devant le magistrat, ce qui (rapproché de ce qu'elle s'exécutait même pendant les jours né-

(¹) Gaïus, § 24; Etienne, p. 333.
(²) Gaïus, C. 4, § 25.

fastes, et en l'absence du défendeur) avait fait douter qu'elle fût réellement une action de la loi [1].

89. — L'usage avait introduit la *pignoris capio* relativement au service militaire, en faveur des soldats contre ceux qui devaient leur payer la solde, ou le prix et l'équipement d'un cheval, ou le prix du fourrage [2].

90. — La loi des douze tables l'avait introduite contre l'acheteur d'une victime qui n'en payait pas le prix, et contre le locateur d'une victime qui ne payait pas son prix, lorsqu'il était destiné à un sacrifice. La loi Censoria l'accordait également aux fermiers des impôts publics, contre ceux qui n'acquittaient pas les impôts dont ils étaient tenus [3].

91. — Nous ne connaissons pas la procédure de cette action de la loi. Nous savons seulement qu'elle s'accomplissait en prononçant des paroles solennelles [1].

CHAPITRE II.

Procédure des actions de la loi.

92. — Sous ce premier système, on appelait *in jus vocatio* l'acte privé par lequel on introduisait la demande judiciaire. Elle s'accomplissait ainsi : le demandeur sommait son adversaire de le suivre devant

---

[1] Gaïus, C. 4, §§ 26 et 29.
[2] Gaïus, C. 4, § 27.
[3] Gaïus, C. 4, § 28.
[4] Gaïus, C. 4, § 29.

le magistrat : *in jus veni, in jus sequere, in jus camus, in jus te voco* [1].

93. — Si le défendeur résistait, on pouvait le conduire de force chez le magistrat, en prenant des témoins. Toutefois, s'il fournissait un *vindex*, ou répondant solvable, il pouvait échapper à cette contrainte. Quand le défendeur n'était pas riche, tout citoyen pouvait le représenter [2].

En présence du magistrat, les parties y accomplissaient les formalités particulières à chaque action de la loi. Si l'affaire ne pouvait s'expliquer le même jour, les plaideurs promettaient de se représenter à jour fixe. On appelait cette promesse *vadimonium* [3].

94. — Quand il y avait lieu à la nomination d'un juge, et dès qu'il avait été désigné, les parties se donnaient jour pour comparaître devant lui le troisième jour. Cette promesse de comparution s'appelait *comperendinatio* [4].

95. — L'acte par lequel le magistrat nommait le juge et déterminait, de vive voix, la mission de ce dernier, prenait le nom de *litis contestatio*. A ce moment, les parties invoquaient le témoignage de personnes pré-

---

[1] Plaut., *Curcul.*, v, 2, vers. 23; *Persa*, iv, 9, vers. 8 et suiv.; *Rudens*, iii, 6, vers. 15, 30, 32 et 51.

[2] Plaut., *ib.;* Plin., *Hist. nat.*, xi, 103; Cic., *De legib.*, ii, 4; Aul. Gell. *Noct. Attic.*, xx, 1; Festus, v° *Struere;* Porphyr., *ad Horat.*, sat. 1, 9, vers. 65; L. 22, § 1, ff. *De in jus vocando;* Gaïus, C. 4, § 46.

[3] Gaïus, C. 4, § 184.

[4] Gaïus, C. 4, § 15.

sentes, qui devaient attester devant le juge les paroles du magistrat. « *Testes estote*, » disaient les plaideurs; de là vient la dénomination de *litis contestatio* ou *antestatio*. La *litis contestatio* éteignait l'obligation primitive à laquelle elle en substituait une nouvelle. — Nous expliquerons *infrà* les effets de cette novation [1].

96. — En présence du juge, chaque partie présentait un résumé de l'affaire, après quoi les plaidoiries étaient prononcées, et la sentence était rendue [2]. Pour le rite particulier à chaque action de la loi, voy. le chapitre Ier.

97. — Qu'on fût demandeur ou défendeur, on devait agir par soi-même, les principes du droit ne permettant pas de se faire représenter par autrui. Il y avait toutefois exception dans cinq cas, savoir : *pro populo; pro libertate; pro tutela;* en vertu de la loi *Hostilia*, au nom des captifs et des absents pour le service de la république, qui avaient été victimes d'un vol; et enfin, dans le cas de l'action *repetundarum*, qu'on pouvait intenter pour un étranger [3].

98. — L'exécution des jugements se poursuivait sur la personne du condamné qui n'y satisfaisait pas volontairement. C'était par la *manus injectio*, dont nous avons tracé les détails *suprà*, que l'on arrivait à ce résultat. Le droit civil ancien ne reconnaissait pas

---

[1] Festus, v° *Contestari;* Cic., *Epistol. ad Attic.*, XVI, **15**; Aul. Gell., V, **10**.

[2] Gaïus, § **15**.

[3] Inst., *De his per quos agere possumus;* Gaïus, C. **4**, § **82**; Cic., *in Cœcil.*, or. IV, **16** et **20**.

l'exécution sur les biens. C'est le droit prétorien qui introduisit ce mode de poursuite vers le milieu du septième siècle. Nous en parlerons en exposant la procédure du système formulaire.

TITRE II.

SYSTÈME FORMULAIRE.

CHAPITRE I.

Actions proprement dites.

99. — Les dangers auxquels les actions de la loi exposaient les plaideurs, ne tardèrent pas à faire prendre ces actions en haine, et à amener l'adoption d'une procédure moins fatale et plus appropriée aux besoins du peuple romain. Aussi, la loi *Æbutia*, antérieure de quelque temps à Cicéron (portée vers le milieu du sixième siècle de Rome) et les deux lois *Juliæ* (dont l'une est la loi *Judiciorum privatorum*, portée par Auguste, et dont l'autre est probablement la loi *Judiciorum publicorum*, portée par le même empereur) les supprimèrent-elles pour les remplacer par la procédure formulaire (¹).

100. — On s'est demandé au sujet de la suppression des *legis actiones* comment il peut se faire qu'elle ait eu lieu par la loi *Æbutia* d'abord (portée au sixième siècle de Rome), et ensuite par les lois *Juliæ*, de deux siècles postérieures ? M. Étienne répond à cette objection en disant que probablement la loi *Æbutia* avait

______
(¹) V. Gaïus, C. 4, §§ 11 et 30 ; Cic., *in Verr.*, I, 45.

3.

supprimé l'action *sacramenti* pour tous les procès non portés devant les centumvirs, la *condictio* et la *judicis postulatio*, en laissant subsister la *manus injectio* et la *pignoris capio*, et que ces deux dernières n'ont disparu ou n'ont été profondément modifiées que par les lois *Juliæ* : qu'au reste ces dernières lois ont dû complètement organiser le système formulaire, qui n'avait été qu'ébauché par la loi *Æbutia*. Il nous semble, quant à nous, qu'on a tort de croire que la loi *Æbutia* et les lois *Juliæ* sont venues chacune à des intervalles différents proscrire certaines parties d'un système qui aurait été suivi jusqu'à leur promulgation. Le système d'actions qui va nous occuper ne s'est pas formé d'une pièce et en un seul jour. Ici, plus que partout ailleurs, la loi a sanctionné ce que l'usage avait fait prévaloir en fait, et quand la loi *Æbutia* est venue reconnaître que dans tel cas donné on agirait par formules, elle n'a point dû toucher aux cas que l'usage n'avait point cherché à modifier. Ce sont les lois *Juliæ* qui plus tard sont venues accomplir cette œuvre de démolition. La section suivante va faire comprendre comment le système des *legis actiones* s'est transformé en système formulaire.

SECTION I. — *Transition du premier système au second.*

101. — Gaïus nous dit expressément que certaines actions du système formulaire sont dérivées des actions de la loi ([1]).

([1]) V. Gaïus, Comm. **4, § 10.**

102.—Plus loin, le même jurisconsulte nous donne comme exemple d'actions formulaires dérivées des actions de la loi, l'action donnée au publicain, dans laquelle la fiction consistait en ce que le débiteur était condamné au montant de la somme que sous le premier système il aurait dû payer s'il avait voulu reprendre son gage (1).

103.—Le passage dans lequel Gaïus faisait ressortir la filiation des actions formulaires nous manque. Mais il est facile de retrouver des analogies frappantes entre les deux systèmes, et de montrer la génération du second par le premier.

104. — Ainsi, prenant pour exemple la procédure qui était suivie dans l'action réelle formulaire, avant qu'elle fût arrivée à son plus grand développement, nous voyons que les plaideurs engageaient le procès par une provocation semblable à la gageure du *sacramentum*, ainsi qu'il suit : « Si telle chose a lieu, ou si telle chose n'a pas lieu, promets-tu tant ? » Après cette provocation, appelée *sponsio*, on agissait par une formule dans laquelle le juge avait à examiner si la *sponsio* était juste ou injuste : et par là même il décidait le procès (2).

105. — Les choses se passaient ainsi dans les procès nés en matière d'obligations, avec ce caractère de ressemblance de plus, que le défendeur provoquait à son tour son adversaire par une *restipulatio* équiva-

(1) V. dans nos *Institutes de Gaïus, trad. et annot.*, la traduction que nous avons donnée du § 32 du 4ᵉ Comm.

(2) Gaïus, C. **4,** §§ **13, 93** et **94.** — V. *suprà*, n° **61.**

lente à la *sponsio*. Ici, la *sponsio* avait un caractère pénal, de même que le *sacramentum* des actions de la loi : le demandeur devait la perdre si sa provocation était reconnue injuste, comme le défendeur devait perdre le montant de la *restipulatio* si elle était injuste. Ce dernier était, en outre, condamné au principal du procès. Mais il est à remarquer que la somme promise par le plaideur perdant était acquise au plaideur gagnant, et non plus au trésor, comme l'ancien *sacramentum* (¹).

106. — S'il s'agissait de réclamation de propriété ou autres droits réels, il n'y avait que la provocation à la *sponsio*, sans que le défendeur provoquât à la *restipulatio*. Ici, le montant de la sponsion n'était point exigé, car ce n'était point une action pénale, mais une procédure par laquelle on jugeait le fond du procès, une simple action préjudicielle (²).

107. — Dans l'action réelle *per sponsionem* ayant trait à la propriété, il y avait lieu d'attribuer la possession intérimaire à l'un des plaideurs, qui, de même que dans l'action *sacramenti*, devait garantir à son adversaire la restitution de la chose et de ses fruits, en cas de perte du procès ; à cet effet, il devait s'engager par une stipulation qu'on appelait *pro præde litis et vindiciarum*, parce qu'elle tenait lieu de l'ancienne caution *prædes litis et vindiciarum*. Elle devait être cautionnée par un fidéjusseur (³).

(¹) Gaïus, C. 4, §§ 13 et 171 ; Ortolan, t. ɪɪ, p. 431. — V. *suprà*, nᵒˢ 55, 57 et 58.

(²) Gaïus, § 94.

(³) Cic., *in Verrem*, ɪ, 115. — V. nᵒ 58.

108. — Le nom seul de cette stipulation, qui est le même que celui de la garantie exigée du possesseur intérimaire dans l'*actio sacramenti*, rapproché de cette gageure de *sponsio* et de *restipulatio*, qui représentent la double provocation au *sacramentum*, prouve évidemment la transfusion de l'*actio sacramenti* dans l'action formulaire *per sponsionem*.

109. — La *sponsio* différait, toutefois, du *sacramentum* en ce qu'elle ne consistait pas, comme ce dernier, en une somme certaine et déterminée. Tantôt elle était d'une portion de l'objet en litige ; tantôt elle était abandonnée à la fixation des parties (¹).

110. — Dans certains cas, la procédure *per sponsionem* était obligée (on la disait alors *légitime*) ; dans d'autres, elle était volontaire (²).

111. — Outre cette ressemblance de formes que nous venons de signaler entre l'action *sacramenti* et la procédure formulaire *per sponsionem*, nous trouvons d'autres analogies dans les termes mêmes des formules où l'on reconnaît clairement l'origine des actions de la loi. Ainsi nous avons vu que la provocation du demandeur en matière de propriété, sous le premier système, se faisait ainsi : « *Hunc ego hominem meum esse aio.* » Or, nous retrouvons les mêmes paroles dans l'*intentio* de la formule de l'action réelle : «*Si paret hominem ex jure quiritium Auli Agerii esse.* » — De même, la *demonstratio* des formules est ainsi conçue :

____

(¹) et (²) V. Gaïus, C. **4**, §§ **13, 91, 162, 165** et **171** ; Cic., *pro Roscio comœdo*, III, c. **4, 5** et **10**.

« *Quod Aulus Agerius hominem vendidit.* » Or, dans l'action de la loi *per manus injectionem*, le demandeur provoquait ainsi son adversaire : « *Quod tu mihi judicatus sive damnatus es* (1). »

112. — Les rapports que nous venons de signaler entre les deux systèmes d'actions démontrent déjà que la pratique avait introduit en fait dans la forme de procéder des changements que les lois *Æbutia* et *Juliæ* ne firent que reconnaître en droit. Nous allons retrouver entre la manière d'agir en justice qui était suivie par les pérégrins, lesquels étaient incapables de participer aux actions de la loi, et le système formulaire, une analogie encore plus frappante. Disons tout d'abord, sauf à y revenir plus loin avec détail, que l'action réelle du système formulaire était susceptible de deux procédures différentes; la procédure *per sponsionem* qui n'est que l'*actio sacramenti* modifiée, et la formule pétitoire, qui n'est à son tour que la procédure introduite pour les pérégrins et adaptée au droit de Rome (2).

113. — L'influence que la procédure applicable aux pérégrins exerça sur les *legis actiones* est facile à saisir si l'on observe que, dès les premières années du sixième siècle, à la même époque où la dernière action de la loi, la *condictio*, fut créée, un *prætor peregrinus*, chargé de statuer sur les différends entre pérégrins et entre pérégrins et citoyens romains, fut in-

(1) Gaïus, C. 4, §§ 59, 21 et 24.—V. Zimmern-Etienne, § 144.

(2) V. Zimmern, § 49; Walter, ch. 2, p. 16; Ortolan, t. II, p. 427 et 428.

stitué. Les étrangers ne pouvaient, en effet, participer au droit civil, ni, en conséquence, invoquer la procédure des *legis actiones*. Aussi, un système particulier dut-il leur être accordé, dans lequel le juge n'avait point à statuer sur une question de droit civil, mais seulement sur un point de fait déterminé à l'avance par le magistrat.

114. — L'acte dans lequel le magistrat indiquait au juge la décision qu'il aurait à rendre était la formule [1].

115. — Observons, du reste, que, dans les procès entre pérégrins ou entre citoyens romains et pérégrins, le magistrat ne nommait pas un seul juge pour l'examen du fait posé dans la formule, mais plusieurs, qu'on appelait récupérateurs, au nombre de trois ou de cinq, choisis par les parties, parmi les citoyens ou les personnes présentes au tribunal [2].

116. — De ce que les récupérateurs n'avaient pas de question de droit civil à examiner, mais un simple fait à vérifier, il résultait que la formule ne contenait que deux parties : celle où le point de fait à examiner était posé, et celle dans laquelle le magistrat accordait aux récupérateurs le pouvoir de condamner ou d'absoudre, selon que les faits seraient ou non vérifiés. Ce sont précisément ces deux parties que nous retrouvons dans les actions formulaires *in factum* appliquées entre citoyens romains et qui furent nécessairement pendant longtemps les seules qu'on leur accorda [3].

[1] et [2] V. Ortolan, t. II, p. 427 et 428.
[3] V. Ortolan, p. 429.

117. — Cette procédure simple et sans dangers était de nature à plaire aux citoyens romains, qui pratiquaient des règles beaucoup plus rigoureuses. Aussi durent-ils solliciter du magistrat qu'il accommodât la formule à leurs contestations entre citoyens, d'autant plus qu'ils y participaient dans leurs procès avec les pérégrins. Et, comme il arrivait fréquemment que le préteur pérégrin suppléait le préteur urbain, il y eut de la part des magistrats tendance à favoriser un système dont ils appréciaient la simplicité (¹).

118. — C'est ainsi que s'introduisit le nouveau système d'actions, qui, appliqué entre citoyens romains, dut cependant subir des changements notables, précisément parce qu'il était nécessaire de tenir compte du droit civil, et qu'on devait accommoder la procédure récente aux rites des actions de la loi. Aussi en avons-nous vu des traces sensibles dans la gageure de *sponsio* et dans les termes mêmes des formules, malgré l'absence de détails qui nous manquent sur les solennités de l'ancienne procédure.

119. — Mais cette transformation de la procédure n'avait pas fait disparaître entièrement l'ancien système. Ainsi, l'*actio sacramenti* fut maintenue en matière de propriété quiritaire et d'autres droits réels, pour lesquels on allait devant le tribunal des centumvirs. Cette action fut également maintenue pour le cas de dommage imminent; mais, pour ce dernier objet, personne ne voulait plus agir ainsi; on avait plutôt

(¹) V. Ortolan, p. 430.

recours à la stipulation *damni infecti*, qui donnait des avantages plus complets ([1]).

120. — Même en matière de propriété quiritaire, de questions d'état et d'hérédité, objets pour lesquels le *sacramentum* avait été maintenu, il fut loisible aux citoyens d'agir par la formule *per sponsionem*. Enfin, à côté de cette dernière formule, l'usage en admit une beaucoup plus simple, par laquelle le demandeur tendait directement à la réclamation de son droit, formule calquée sur celle qui était reçue en matière d'obligations, et qu'on appela formule pétitoire par opposition à celle *per sponsionem* ([2]).

121. — De ce qui précède, il est permis de conclure que l'*intentio* et la *demonstratio* des actions formulaires civiles ont leur origine et leur type dans les actions de la loi ; et que les actions *in factum* ont été formées à l'imitation des formules en usage pour les pérégrins sous le système des actions de la loi ([3]).

SECTION II. — *Composition et parties de la formule.*

122. — On appelait *formule* l'acte écrit dans lequel le magistrat instituait le juge, dans lequel il déterminait les questions que celui-ci aurait à examiner et à résoudre, et les principes de droit qu'il devrait appliquer ([4]).

([1]) V. Gaïus, C. 4, § 31 ; *infrà*, n°ˢ 509 et suiv.
([2]) Gaïus, C. 4, §§ 91 et 92.
([3]) V. Zimmern, § 52.
([4]) V. Bonjean, *Traité des actions*, t. I, § 168.

123. — Souvent la *formule* était prise pour l'action elle-même. L'*instance* était également prise quelquefois pour l'action. En somme, les trois mots *actio*, *formula* et *judicium* étaient considérés comme synonymes [1].

124.—Et, sous le système formulaire, on entendait par *action*, ainsi que nous l'avons déjà établi *suprà*, n.ºs 1 et suiv. : « le droit de poursuivre devant le juge ce qui nous est dû (ou *notre chose*). » Justinien se contente de définir l'action personnelle, le nom de *petitio* étant consacré pour désigner l'action réelle. La raison de cette définition incomplète tient sans doute à ce que, dans l'origine du nouveau système, l'action formulaire n'avait d'application qu'en matière d'obligations, les réclamations de droits réels étant réservées au tribunal des centumvirs [2].

125. — Quand un préteur entrait en fonctions, il publiait une grande quantité de formules qu'il inscrivait sur son *album*, parmi lesquelles le demandeur choisissait l'action qu'il prétendait exercer. Il dictait, en quelque sorte, au magistrat les faits qu'il invoquait, la prétention qu'il élevait et la condamnation qu'il demandait. De son côté, le défendeur dictait ses moyens de défense, auxquels le demandeur pouvait répondre par des répliques, et ainsi de suite. Après cela, le magistrat arrêtait la formule, avec laquelle il renvoyait les plaideurs devant le juge [3].

[1] Ortolan, p. 439.

[2] Instit., *De actionibus*, § 1 ; L. 28, ff. *De oblig. et action.*

[3] L. 1, pr. et § 1, ff. *De edendo;* Gaïus, C. 4, §§ 133, 46, 131, 59, 41; Asconius, *in Verrem*, c. 3; Cic., *pro Roscio comœd.*, 8.

126. — Les parties principales de la formule étaient: la *demonstratio*, partie où le magistrat exposait le fait prétendu par le demandeur ; l'*intentio*, où était exprimée la prétention du demandeur ; l'*adjudicatio*, où le magistrat attribuait au juge le pouvoir d'adjuger à l'une des parties un droit de propriété appartenant à l'autre ; et enfin, la *condemnatio*, où le juge recevait le pouvoir de condamner ou d'absoudre (¹).

127. — Mais ces quatre parties n'étaient pas toujours réunies dans la formule. Ainsi, dans certaines actions réelles, l'*intentio* seule s'y trouvait : c'étaient les actions préjudicielles. — L'*adjudicatio* ne se rencontrait jamais que dans trois actions particulières, les actions *familiæ erciscundæ, communi dividundo*, et *finium regundorum*, les seules où le juge reçût le pouvoir de faire une attribution de propriété. Dans un grand nombre d'actions, la formule ne contenait que deux parties, la *condemnatio*, et une partie qui réunissait l'*intentio* et la *demonstratio*, et qui prenait le nom d'*intentio*. C'étaient les actions *in factum* (²).

128. — Certaines formules *in jus* pouvaient également ne comprendre qu'une *intentio* et une *condemnatio*, sans *demonstratio* : telles étaient les actions réelles pour lesquelles il était inutile de faire connaître le motif de la prétention, le fait générateur de la propriété ou du droit réel (³). Il en faut dire autant

----

(¹) V. Gaïus, C. 4, §§ 39 à 43.

(²) Gaïus, C. 4, § 44.

(³) V. Theoph., IV, 6, § 13 ; L. 14, § 2, ff. *De except. rei judic.*

des actions personnelles qui tendaient à une *certa pecunia*, dans lesquelles le motif de l'action s'énonçait de lui-même. Il est probable également que toutes celles où l'on demandait un *certum* quelconque étaient dispensées d'une *demonstratio*, et pour la même raison. Toutefois, ce dernier point n'est établi sur aucun texte [1].

129. — L'*intentio* était la plus importante de toutes les parties de la formule. C'était celle où le magistrat fixait le point litigieux soumis à l'appréciation du juge. Il ne pouvait exister de formule sans *intentio*, à la différence des autres parties qui ne se trouvaient pas dans certaines actions, ainsi qu'il vient d'être dit [2].

130. — Elle était tantôt conçue *in jus*, tantôt conçue *in factum*. L'*intentio* conçue *in jus* était celle où le juge avait une question de droit civil à examiner, et qui faisait rentrer l'action qui la contenait dans la classe des actions *in jus*. Elle était, au contraire, conçue en fait, quand elle ne laissait au juge qu'à examiner un point de fait ; ce qui mettait l'action où elle était comprise parmi les actions *in factum* [3].

131. — Dans l'action *in jus*, le magistrat donnait au juge deux questions à décider : une question de fait, posée dans la démonstration, et une question de droit posée dans l'intention. Dans l'action *in factum*,

[1] Gaïus, 4, §§ 41 et 43, 34, 86 ; Cic., *in Verr.*, 11, 12 ; *pro Roscio comœdo*, c. 4.

[2] Gaïus, *loc. cit.* ; Bonjean, § 173.

[3] Gaïus, §§ 45 et 46.

le juge n'avait pour mission que de constater un fait sans pouvoir vérifier si de ce fait résultait une obligation pour le défendeur; c'était le préteur qui d'avance faisait cette appréciation, ne laissant au juge que l'application de la *condemnatio* ([1]).

132. — La condamnation que le juge pouvait prononcer était toujours pécuniaire, et devait être d'une somme d'argent déterminée. — La *condemnatio* , partie de la formule, déterminait tantôt le montant de cette somme d'une manière précise; tantôt, au contraire, elle fixait seulement au juge une limite qu'il ne pouvait pas dépasser. Enfin, dans certains cas, le magistrat imposait au juge une limite plus vague, déterminée seulement par quelques circonstances que celui-ci devait apprécier; par exemple, il permettait de condamner le défendeur jusqu'à concurrence de ce qui avait tourné à son profit. Il arrivait enfin dans certaines actions que le juge n'avait aucune limite qui restreignît la condamnation : il en était ainsi en matière de réclamation de propriété. — Quand la *condemnatio* ne précisait pas rigoureusement le montant de la somme que le juge pouvait prononcer contre le défendeur, et que d'un autre côté, elle ne laissait pas à ce dernier toute latitude, elle était dite condamnation taxée. La condamnation taxée se subdivisait elle-même en deux classes, la taxation, qui fixait un *maximum* que le juge ne pouvait pas dépasser, et la taxation vague qui laissait au juge à apprécier le profit

---

([1]) V. Etienne, *Instit. trad. et expliq.*, t. II, p. 351.

fait par le défendeur, ou le montant du pécule (¹).

133.—Outre les quatre parties que nous venons de mentionner et qu'on appelait parties principales, la formule pouvait contenir des parties accessoires, que dans le langage des jurisconsultes, on appelait *adjectiones* (²).

134. — Ces *adjectiones* n'étaient que des clauses inventées par les préteurs pour échapper aux conséquences rigoureuses du droit civil. Elles étaient tantôt, comme les exceptions, destinées à permettre au juge de faire prévaloir l'équité dans certains cas où le droit civil ne reconnaissait pas les moyens invoqués par le défendeur. Elles étaient aussi accordées au demandeur, pour l'empêcher d'encourir une déchéance à laquelle le droit civil ne lui permettait d'échapper qu'en n'usant pas de son droit. Telles étaient certaines prescriptions. Nous allons entrer dans quelques détails au sujet de ces diverses *adjectiones*.

135.—Parmi ces parties accessoires, les unes étaient dans l'intérêt du demandeur ; les autres avaient été introduites au profit du défendeur. Elles étaient placées soit en tête de la formule, soit à la suite de l'une de ses parties principales (³).

136. — On remarque entre autres, les *prescriptions*, ainsi nommées , parce qu'elles étaient placées en tête de la formule (*præ scriptio*).

___

(¹) Gaïus, 4, §§ 48 à 52; LL. 2 ; 5 pr. et § 1; 30, §1; 36 et 44, ff. *De pecul.;* L. 5, § 1, *De re judicata;* L. 6, § 12, ff. *Quæ in fraud. credit.*

(²) V. Gaïus, C. 4, § 129.

(³) V. Gaïus, C. 4, §§ 115 et suiv.; 127, 129 et suiv.

137. — Les *prescriptions* avaient été introduites dans l'intérêt du demandeur. — Il pouvait se faire, en effet, qu'un débiteur fût tenu d'une obligation ayant des échéances périodiques, et qu'il fût actionné par son créancier pour les prestations échues. Dans ce cas, comme il n'y avait qu'une même obligation contractée, qu'un droit unique, le demandeur ne pouvait agir qu'en vertu de cette obligation, comprenant à la fois ce qui était échu et ce qui était à échoir. Mais s'il intentait sa demande dans de tels termes, sans la restreindre aux prestations dues, comme il avait ainsi déduit devant le juge toute l'obligation, même dans ce qu'elle avait de futur, quoiqu'il n'obtînt, quant à présent, que ce qui était échu ; si, par la suite, il voulait réclamer le surplus, il était privé d'action, comme ayant encouru la déchéance pour plus-pétition. Afin d'éviter cette déchéance, il était de son intérêt de faire insérer en tête de la formule une prescription dans laquelle il restreignait le montant de sa demande à ce qui était dû à l'époque où il agissait [1].

138. — De même, si un demandeur agissait *ex empto*, pour la *mancipation* d'un fonds, voulant se réserver l'action *ex empto* ou *ex stipulatu* pour l'avenir, il devait faire insérer cette prescription en tête de la formule : «*Il s'agit de la* MANCIPATION *d'un fonds.*» Autrement, ayant déduit l'obligation entière devant le juge, il n'aurait pas eu d'action ultérieure pour la pos-

[1] V. Gaïus, C. 4, §§ 131 et 132.

session; et cependant, par sa première action, il n'aurait obtenu que la mancipation, puisque à l'époque où il agissait la mancipation seule lui était due. Le cas d'application de cette *prescription* est facile à apercevoir. Il suffit de supposer une vente dans laquelle le vendeur s'était réservé la possession jusqu'à une certaine époque, ne s'engageant à faire actuellement que la mancipation (¹).

139.—Certaines *prescriptions* avaient aussi été introduites en faveur du défendeur. On remarque notamment la *præscriptio fori*, la *præscriptio hereditatis*, et la *præscriptio temporis*. Gaïus nous apprend que, de son temps, toutes les prescriptions introduites en faveur du défendeur étaient transformées en exceptions (²).

140. — La *præscriptio hereditatis* avait pour objet d'empêcher que la décision à rendre sur l'instance actuellement engagée ne préjugeât une autre question qui ne devait pas être jugée par avance, et qui était ou pouvait être elle-même l'objet d'un procès séparé.

141. — Dans ce but, le magistrat insérait dans la formule, sur la demande du défendeur, une clause restrictive par laquelle il disait au juge : Statuez, pourvu que votre décision ne préjuge pas, ne décide pas implicitement une autre question qui est indécise. « *Ea res agatur quod præjudicium hereditati non fiat, quod præjudicium fundo partive ejus non fiat* (³). » Il restreignait par là l'action qu'il donnait sur la première

(¹) Gaïus, 4, § 131.
(²) Gaïus, 4, § 133.
(³) L. 21, ff. *De except.*; L. 54, *ib. De jud.*; Gaïus, C. 4, § 133;

question, au cas où elle pourrait être décidée sans rien préjuger sur la seconde.

142. — Le défendeur pouvait répondre à la prétention du demandeur en déniant qu'elle fût fondée, auquel cas, si le juge reconnaissait que ce dernier n'établissait pas suffisamment sa demande, il absolvait le défendeur. Mais il pouvait se faire que l'*intentio* fût fondée en droit civil, et que cependant la condamnation du défendeur, qui en aurait été la conséquence, fût contraire aux règles de l'équité. Il arrivait notamment qu'une promesse par stipulation avait quelquefois été arrachée par violence ou surprise par dol. Or, le droit civil ne reconnaissait pas la violence et le dol comme causes susceptibles de vicier une obligation : le juge, obligé de se conformer aux principes de ce droit, aurait donc dû condamner ce défendeur violenté ou trompé, si le préteur, dont le droit est surtout basé sur l'équité, n'était venu à son secours en lui accordant la faculté de faire insérer dans la formule une restriction à l'ordre de condamner déjà inséré dans cette même formule. Cette restriction, d'abord appelée *præscriptio*, ainsi que nous l'avons dit ci-dessus, produisait cet effet qu'elle rendait la condamnation conditionnelle et la subordonnait au cas où l'exception invoquée ne serait pas justifiée : « *Si in ea*

L. 25, § 17, ff. *De hered. pet.;* LL. 16 et 18, *De except.,* L. 37, ff. *De judic.;* L. 5, § 1, ff. *ad leg. Jul. de vi public.;* L. 104, *De reg. juris;* L. 4, C. *De ord. judic.*—V. *infrà,* ch. 2 de ce titre. — Voyez aussi l'explication que nous avons donnée de cette prescription dans nos *Instit. de Gaïus,* sous le § 133 du 4e Comm.

4

re nihil dolo malo, **AULI AGERII** *factum sit neque fiat,
judex, condemna* (¹). »

143. — Du reste, l'exception n'empêchait pas le défendeur de faire valoir les moyens du droit civil qu'il croyait avoir à invoquer. Il pouvait, au contraire, présenter ses divers moyens de défense dans l'ordre qui lui paraissait convenable, exposer d'abord ses conclusions principales, réponse directe à la prétention du demandeur, et subsidiairement développer l'exception ou les exceptions que le magistrat avait mises dans la formule (²). Certaines exceptions devaient toutefois être proposées *in limine litis,* à peine de déchéance ; nous en parlerons *infrà,* en examinant en détail les *adjectiones* du système formulaire.

144. — Une certaine classe d'actions (les *actions de bonne foi*) était traitée plus favorablement que d'autres, en ce sens que le juge pouvait de son propre mouvement suppléer les moyens basés sur la bonne foi et l'équité, alors même que le droit civil ne reconnaissait pas ces moyens. Le droit strict devait se taire ici en présence des règles que supposait la bonne foi. Le juge n'avait pas besoin d'une exception pour statuer suivant ce que lui dictait sa conscience : cette excep-

(¹) Gaïus, 4, § **119**; L. **22,** ff. *De except.* — Zimmern n'admet pas que la *prescription* justifiée par le défendeur dût, comme l'exception, le faire absoudre ; mais ce résultat ne nous paraît pas susceptible d'une contestation sérieuse en présence de l'affirmation contenue dans la L. 9, C. *De præscript. longi temporis.* — V. aussi la L. 8, C. *De except. et præscription.*

(²) L. 9, ff. *De exceptionibus.*

tion eût été superflue, puisque dans ces sortes d'actions il n'avait mandat de condamner qu'autant que l'*intentio* lui paraîtrait conforme à l'équité ([1]).

145. — La *duplique* était à l'exception ce que celle-ci était à l'action, c'est-à-dire qu'elle contenait le moyen qu'opposait le demandeur à la défense que le défendeur avait fait insérer dans la formule. Ainsi, quand, sur la demande de cent que Titius prétendait lui être dus par Séius en vertu d'une stipulation, celui-ci avait obtenu l'exception *pacti conventi*, par laquelle il voulait établir que par simple pacte le demandeur avait promis de ne pas exiger le montant de la stipulation ; le demandeur pouvait à son tour obtenir une duplique à l'effet d'établir qu'un pacte postérieur au premier l'autorisait à réclamer les cent stipulés ([2]).

146. — La *triplique* était pour le défendeur la réponse à la *duplique*. Le demandeur pouvait à son tour répondre à la triplique, etc. ([3]).

147. — Dans les formules, c'était le magistrat lui-même qui s'adressait au juge, à la différence de ce qui avait lieu dans les actions de la loi, où les parties s'adressaient directement la parole. Après avoir constitué le juge, en ces termes «*judex esto*», et si l'action était personnelle, le préteur exposait ainsi dans la *demon-*

([1]) L. 21, ff. *Solut. matrim.;* L. 84, § 5, *ib. De legatis.* — V. *infrà,* n° 297.

([2]) V. au surplus *infrà,* chap. 2 de ce titre, où toutes les *adjectiones* sont expliquées en détail.

([3]) V. *infrà,* ib.

stratio le fait générateur de l'obligation : « *Quod Aulus Agerius apud Numerium Negidium mensam argenteam deposuit.*» Il posait ensuite la prétention du demandeur : «*Quidquid ab eam rem Numerium Negidium Aulo Agerio dare facere oportet ex fide bona ejus;*» et plus bas il ajoutait la *condemnatio* : « *id judex Numerium Negidium condemnato ; si non paret absolvito* (1). »

148. — Si l'action était réelle, après la nomination du juge, le préteur exposait ainsi le fait générateur du droit du demandeur : «*Quod Aulus Agerius Titii heres est.* » Il rédigeait ensuite l'*intentio* contenant la prétention du demandeur ; « *Si paret eam rem ex jure Quiritium Auli Agerii esse* »; après quoi, il écrivait la *condemnatio* : « *Quidquid ob eam rem dare facere oportet Aulo Agerio, dare facere Aulo Agerio Numerium Negidium, judex condemnato, nisi restituat ; si non paret absolvito* (2). »

Autre exemple : «*L. Octavius judex esto : si paret, fundum capenatem, quo de agitur, ex jure Quiritium P. Servilii esse, neque is fundus L. Catulo restituetur, condemna* (3). »

149. — Observons, quant à présent, pour y revenir plus loin, que la *condemnatio* de la formule de l'action réelle était conditionnelle, c'est-à-dire qu'elle ne

(1) V. Gaïus, Comm. 4, § 47.

(2) Gaïus, 4, § 41 ; Zimmern, § 52.

(3) V. Cic., *in Verrem*, actio II, lib. II, 12. Cette formule prise dans Cicéron nous offre l'exemple d'une action *in rem* sans *demonstratio*. V. *suprà*, nᵒ **128**, où nous établissons que cette partie de la formule était inutile dans les actions réelles.

devait être prononcée, même en cas de preuve du fondement de la prétention du demandeur, qu'autant que le défendeur ne restituerait pas l'objet réclamé. On ajoutait à cet effet après la *condemnatio*, ou même on plaçait immédiatement après l'*intentio*, cette clause restrictive « *nisi restituat* », qui donnait au juge le droit et lui imposait le devoir de prononcer l'ordre (*jussus, arbitrium*) de restituer. Et ce n'était qu'à défaut d'exécution de ce *jussus* que le juge prononçait la condamnation.

Le demandeur pouvait même, lorsque la restitution était possible, l'exiger, et alors elle se faisait *manu militari* ([1]); c'est-à-dire par le ministère d'officiers qui étaient toujours à la disposition des magistrats ([2]).

150. — Les actions *in factum* ne contenant que deux parties, celle où le fait générateur du droit était énoncé, et la *condemnatio*, leur formule était ainsi conçue : « *Judex esto, si paret Aulum Agerium apud Numerium Negidium mensam argenteam deposuisse, eamque dolo malo Numerii Negidii Aulo Agerio redditam non esse, quanti ea res erit, tantam pecuniam judex Numerium Negidium Aulo Agerio condemnato; si non paret absolvito* ([3]). »

151. — Les trois actions *familiæ erciscundæ, communi dividundo* et *finium regundorum*, comprenaient

----

([1]) Gaïus, 4, §§ 47 et 163; Cic., *in Verr.*, II, **12**; L. **68**, ff. *De rei vindic.*

([2]) L. **1**, C. *De off. mil. jud.*; L. **3**, pr. ff. *Ne vis fiat ei*; L. **2**, C. *Si mancip. ita ven.*; L. **1**, § 2, ff. *Si ventr. nom.*

([3]) Gaïus, 4, § 47.

une quatrième partie, *l'adjudication*, ainsi conçue :
« *Quantum adjudicari oportet, judex Titio adjudicato* (¹).»

SECTION III. — *Division des actions sous le système formulaire.*

152.—Les divisions que nous allons parcourir sont tirées soit de la cause qui donnait naissance aux actions, soit de leur origine, soit de la nature du pouvoir attribué au juge par la formule (²).

153. — Elles ne caractérisent point des manières diverses de poursuivre une instance. A la différence des actions de la loi où l'on distinguait cinq formes générales de procédure, le système formulaire était uniforme : c'était toujours avec une formule que les parties allaient devant le juge (³).

154. — Mais s'il n'y avait entre les actions formulaires aucune différence quant à la manière de les mettre en usage, il y en avait de très-grandes dans la rédaction même de la formule ; différences qui tiennent tantôt à des raisons intrinsèques, tantôt à des motifs historiques.

155. — Ainsi, par une raison qui tient à la nature même du droit réclamé, les actions étaient appelées *réelles* ou *personnelles*. Réelles, quand elles avaient pour objet un droit absolu sur une chose ; personnelles, quand elles tendaient à un *jus obligationis*. Par un motif historique, les actions étaient dites *civiles* ou *prétorien-*

(¹) Gaïus, 4, § 42.
(²) Etienne, *Inst. trad. et expliq.*, t. II, p. 359.
(³) V. Zimmern-Etienne, § 59.

nes, suivant qu'elles tiraient leur origine du droit civil ou du droit prétorien. Par une cause qui se rattachait à l'étendue du pouvoir conféré au juge, les formules étaient *stricti juris*, ou *bonæ fidei*, ou *arbitraires*. Les actions *stricti juris* ne permettaient pas au juge de s'écarter des principes du droit civil quelle que fût leur rigueur ; celles *bonæ fidæi* lui donnaient au contraire une plus grande latitude ; elles lui permettaient de prendre et lui imposaient même l'équité pour base de sa décision. Dans les actions arbitraires, outre la condamnation pécuniaire qu'il pouvait prononcer, il avait préalablement recours à un *jussus* ou *arbitrium*, portant ordre de restituer, ordre dont l'exécution empêchait la condamnation de produire son effet. Le demandeur pouvait, lorsque cette restitution était possible, l'exiger : elle se faisait alors *manu militari* (¹).

§ 1. — *Actions réelles, actions personnelles.*

156.—Gaïus, et après lui Justinien, dans ses diverses compilations, considèrent comme division capitale des actions celle qui distingue les actions réelles des actions personnelles. Toutes les autres divisions qu'ils donnent l'un et l'autre rentrent dans la première, ainsi que le fait remarquer le célèbre jurisconsulte romain, en critiquant l'opinion de certains auteurs

(¹) V. L. 9 ; L. 58 ; L. 68, ff. *De rei vindicat.;* Cic., *in Verrem,* II, 12 ; Zimmern-Etienne, § 59.

qui reconnaissaient quatre genres d'actions, par analogie avec les quatre genres de sponsions (1).

(1) V. *suprà*, n^{os} **104** à **111**, ce qu'en droit romain on entendait par
sponsio. — Il y avait des *sponsions* pénales (elles intervenaient à
propos de certaines actions personnelles et des interdits) ; il y en
avait qui n'étaient point pénales, mais un simple moyen de faciliter la procédure ; elles intervenaient dans les actions réelles. La
sponsion était en outre ou légitime, c'est-à-dire déterminée par une
loi (V. Cic., troisième plaidoyer pour Roscius le comédien, ch. 10),
ou indéterminée, c'est-à-dire qu'on laissait aux parties d'en fixer
le montant. Cicéron nous apprend (*pro Roscio*, 4 et 5) que
relativement à l'action *certæ creditæ pecuniæ*, la sponsion était
du tiers de la somme en litige, et qu'elle était de la moitié
relativement à l'action de constitut. La *sponsion légitime* était
obligée pour les parties, comme le prouvent les §§ **13, 91, 162,
165** et suiv. du commentaire *4* des *Inst. de Gaïus*, au lieu
qu'elles pouvaient y avoir recours ou s'en passer relativement
aux réclamations de propriété. Si nous recherchons quelle liai-
son pouvait exister entre les *sponsions* et les genres d'actions,
nous voyons que la *sponsion légitime* naissait de l'action personnelle et la *sponsion volontaire* de l'action réelle, c'est-à-dire des
deux genres d'actions que tous les jurisconsultes reconnaissent.
Mais comme certaines *sponsions* étaient pénales, tandis que d'autres ne l'étaient pas, quelques jurisconsultes voulaient trouver un
troisième et un quatrième genres d'actions correspondant aux troisième et quatrième genres de *sponsions*. Gaïus reconnaissait bien
qu'il y avait des actions pénales et d'autres qui ne l'étaient pas,
mais il observait que ce n'était là qu'une subdivision des actions ;
car toutes les actions pénales étaient également personnelles, et
la plupart des actions non pénales étaient réelles. On peut dire
également que les *sponsions* pénales rentraient toutes dans les
sponsions légitimes (ou personnelles), tandis que les *sponsions*
non pénales étaient le plus souvent volontaires (ou réelles). Tou-

157. — Cette division tient à la nature même des choses, à des raisons intrinsèques, et n'est point exclusivement propre au système formulaire. Elle est essentielle à tous les systèmes, car toujours ou nous réclamons en justice un droit absolu sur une chose, ou nous poursuivons ce qui nous est dû par tel ou tel. Sous les actions de la loi, l'action *sacramenti*, tant qu'elle exista seule, avait une procédure distincte, suivant que le demandeur tendait à la reconnaissance d'un droit réel, ou à la poursuite d'une obligation ; la *judicis postulatio* et la *condictio* furent créées pour la réclamation des droits personnels. Un tribunal eut connaissance des droits réels (le tribunal des centumvirs), tandis qu'un juge privé statuait sur les questions d'obligations.

158. — L'action est réelle lorsque nous prétendons qu'une chose corporelle est nôtre, ou qu'un droit absolu nous compète, par exemple, un droit d'usage, d'usufruit, de passage, de conduite, d'aquéduc, d'élever plus haut ou de prospect. Cette action ne suppose qu'une personne sujet du droit, et une chose objet de ce droit, abstraction faite de toute autre personne que nous prétendrions tenue envers nous d'une obligation. En d'autres termes, l'action est réelle alors que nous réclamons un droit absolu sur une chose, indépendamment d'un fait quelconque dont nous

jours est-il que la critique de Gaïus était bien fondée, et qu'il avait raison de ne reconnaître que deux genres d'actions. — V. nos *Institut. de Gaïus, trad. et ann.*, p. **327**.

prétendrions notre adversaire tenu envers nous (¹).

159. — L'action personnelle est celle par laquelle nous prétendons que quelqu'un est *obligé* envers nous, soit par un contrat, soit par un délit, c'est-à-dire lorsque nous prétendons qu'il faut donner, faire ou fournir (²).

160. — De cette division des actions, il résulte qu'en droit romain on ne pouvait pas agir par action réelle en soutenant que l'adversaire était tenu envers le demandeur, car on ne pouvait pas *donner* à celui-ci ce qui lui appartenait déjà, puisque par *donner*, on entendait *transférer la propriété*, et qu'une chose dont on est déjà propriétaire ne peut être transférée de nouveau en propriété à son maître (³).

161. — Cette différence essentielle entre les actions réelles et les actions personnelles en nécessitait une dans la rédaction des formules, différence qui se trouvait dans l'*intentio*, où le demandeur exprimait sa prétention. Aussi, matériellement, la formule de l'action réelle se distinguait de celle de l'action personnelle, en ce que dans l'*intentio* de la première le demandeur ne nommait pas son adversaire, au lieu que dans celle de l'action personnelle le nom du défendeur

______

(¹) L. 25, ff. *De obligat. et act.;* Gaïus, C. 4, § 3; Instit., *De actionibus*, § 1; Etienne, t. ii, p. 359 et 360; Ducaurroy, t. ii, p. 304; Bonjean, t. ii, liv. 3; Zimmern, § 59; Walter, p. 27 et suiv., chap. 3.

(²) V. Gaïus, C. 4, § 2.

(³) Gaïus, § 4.

était nécessairement inséré. Nous avons des exemples de cette différence de rédaction dans toutes les formules du droit romain qui nous sont parvenues [1].

162. —Si le défendeur n'était pas et ne pouvait pas être nommé dans l'*intentio* de la formule, il l'était au contraire dans les autres parties, notamment dans la *condemnatio*, qui, portant nécessairement sur une somme pécuniaire à fournir, devait s'adresser directement au défendeur [2].

163. — On voit que la dénomination d'*actio in rem* vient précisément de ce que l'*intentio* de la formule était dirigée *in rem*, sur le droit lui-même, tandis que l'action *in personam* était, au contraire, dans son *intentio*, dirigée contre le défendeur qu'on prétendait obligé. C'est dans le même sens qu'on distinguait des exceptions *in rem* pour désigner une disposition générale, sans acception de personnes, et des exceptions *in personam* quand elles tendaient à établir un fait attribué à une personne [3].

164. — De ce que l'*intentio* de l'action réelle était rédigée généralement et tendait directement au droit absolu, des interprètes modernes en ont conclu que l'action réelle était celle qui s'attachait à la chose et se donnait contre tout possesseur de cette chose, tandis que l'action personnelle était celle qui restait at-

---

[1] V. notamment Gaïus, C. 4, §§ 34, 36, 37 et surtout **41.** — V. aussi Etienne, *Inst. trad. et expl.*, t. II, p. 365.

[2] Gaïus, C. 4, § **43.**

[3] V. L. 2, §§ 1 et 2; L. 4, § 33, ff. *Doli mali except.*

tachée à la personne, et ne se donnait jamais contre une autre personne que celle qu'on prétendait obligée. C'était là une erreur évidente, et qui est généralement abandonnée aujourd'hui. En effet, il résulte d'un fragment de Paul (ff., lib. 6, tit. 1, L. 27, § 3) que l'action réelle pouvait être exercée, en certains cas, contre le non possesseur, tandis que, d'autre part, plusieurs actions personnelles se donnaient contre tout possesseur : telles étaient l'action *ad exhibendum*, l'action *quod metûs causâ*, et les actions noxales (¹).

165. — Mais s'il n'est pas absolument vrai que le caractère distinctif et essentiel de l'action réelle consiste en ce qu'elle peut s'exercer contre tout possesseur de l'objet litigieux, il faut toutefois reconnaître que presque toujours le *jus in re* suit tout détenteur, et peut être exercé contre lui, à la différence du *jus obligationis* qui, en principe, s'exerce contre celui-là seul qui est obligé, et contre ceux qui le représentent, sauf certains cas dans lesquels, par exception, il peut être poursuivi contre les tiers. Aussi, dirons-nous avec M. Étienne, qui nous paraît avoir sainement résumé la théorie des droits réels et des droits personnels : «Le droit réel peut s'exercer (en principe) contre qui que ce soit..... Le caractère essentiel de droit réel consiste en ce que celui à qui il compète est au-

---

(¹) L. 3, § 15, ff. *Ad exhibend.*, L. 14, § 3, ff. *Quod metus causa;* Instit., *De action.*, § 27; *De noxal. act.*, § 5; Ducaurroy, t. II, p. 365.

torisé à produire des actes sur l'objet de son droit, à disposer de la chose en maître, tandis que le droit personnel a pour caractère spécial de tendre immédiatement à contraindre une personne dans sa volonté, à lui faire produire des actes. Le droit réel doit être respecté par tous ; celui qui le violerait s'exposerait à une poursuite ; mais l'obligation n'est encourue que par cette violation, n'est qu'un accident qui peut se réaliser ou ne point se réaliser ; le droit réel en est indépendant, son objet immédiat est la disposition de la chose. Le droit personnel, au contraire, a pour objet immédiat l'obligation d'une personne déterminée, il ne naît qu'à cause de cette obligation. Le premier est un droit *absolu*, le second est un droit *relatif* » (¹).

166. — L'utilité de la division des actions en réelles et en personnelles consiste en ce que dans les premières, il suffit d'établir que le droit revendiqué appartient au demandeur, au lieu que dans les secondes, prouver qu'on est créancier, sans établir aussi qu'on l'est de telle personne déterminée, ce ne serait arriver à aucun résultat (²).

167. — Le nom de *vindicatio* servait généralement à désigner l'action réelle, tandis qu'on appelait *condictio* l'action personnelle. *Petitio* s'employait aussi comme synonyme de *vindicatio* (³). Nous avons expliqué *su-*

(¹) V. Etienne, *Inst. trad. et expl.*, t. ii, p. 5 à 8.

(²) V. Ducaurroy, t. ii, p. 309, n° 1182.

(³) V. LL. 25 et 28 pr., ff. *De obligat. et action.;* L. 178, § 2, ff. *De verb. significat.* — Quand le magistrat statuait *extra ordi-*

prà, n° **1**, note 2, pourquoi la *condictio* seule est comprise dans les définitions que les textes nous donnent de l'action.

168. — Toutefois, plusieurs actions réelles recevaient un nom particulier : ainsi, on disait la *petitio hereditatis*, l'*actio publiciana*, l'action contraire à la publicienne, la *paulienne*, la *servienne*, la *quasi servienne* ou hypothécaire (¹). Une certaine classe d'actions réelles était celle des actions *préjudicielles*, dont nous parlerons dans le § suivant (²).

169. — En outre, quand l'action réelle avait pour objet la réclamation d'un droit d'usufruit ou de servitude prédiale, elle prenait le nom d'*actio confessoria* ou affirmative (³).

170.—L'action confessoire compétait à celui auquel appartenait le droit réel contre toute personne qui mettait obstacle à son exercice, qu'elle fût le propriétaire de la chose assujettie ou un tiers apportant un trouble quelconque à ce droit. Cette action avait pour objet de faire reconnaître la servitude, d'obtenir que l'adversaire s'abstînt à l'avenir de tout trouble, et réparât le dommage antérieur. Le prétendant droit à la servitude devait établir la preuve de son droit vis-à-vis de celui contre lequel il réclamait (⁴).

nem, l'action, qu'elle fût réelle ou personnelle, prenait le nom de *persecutio* (LL. **28** et **178** citées).

(¹) V. Gaïus, C. **4**, § **36**; Inst., § **4** et suiv., *De action.*

(²) Gaïus, C. **4**, § **44**; **3**, § **123**; Instit., *De act.*, § **13**.

(³) V. L. **2**, pr. ff. *Si servitus vindicetur...*

(⁴) L. **5**, § **1**, ff. *Si ususfructus petetur;* L. **10**, § **1**, ff. *Si servitus vindicetur.*

171. — Comme dans la *rei vindicatio*, le demandeur à l'action confessoire pouvait agir par *sponsio* ou par formule pétitoire. Si l'instance était introduite *per sponsionem*, le défendeur fournissait la garantie *pro prœde litis vindiciarum;* sinon, il s'exposait à voir la possession du fonds prétendu assujetti passer à son adversaire au moyen d'un interdit analogue à l'interdit *quem fundum.* Dans le cas où le demandeur agissait par la formule pétitoire, le défendeur était tenu, sous la même sanction, de donner la caution *judicatum solvi* (1).

172. — Dans les cas de contestations sur des droits réels, simples démembrements de la propriété, celui qui déniait qu'un tiers eût un de ces droits sur sa chose, avait de son côté, pour en empêcher l'exercice, une action réelle qu'on appelait *négatoire*. On conçoit l'utilité de cette action si l'on remarque que dans la formule négatoire on affirmait qu'on avait la propriété exempte du droit prétendu, ce qui revenait à la revendication de la fraction que l'adversaire soutenait en être détachée (2). Cette utilité ressort bien davantage en présence des termes de la formule de l'action réelle (*vindicatio*) dans laquelle le demandeur se bornait à réclamer sa chose, sans que sa prétention impliquât qu'elle était libre de droit réel au profit des tiers; d'où il faut conclure que la formule ordi-

(1) V. *Fragmenta Vaticana*, **92.** — *Suprà*, nos **104** et suiv., *infrà*, ch. **4**, 3e division.

(2) V. L. **2**, pr. ff. *Si servitus vindic.;* L. **4**, *ib.*, § **7**. — V. Bonjean, § **280.**

naire était insuffisante pour protéger le propriétaire dans ces circonstances, ce qui justifie complétement la création de la *négatoire*.

173. — Mais l'action négatoire n'était pas accordée seulement au possesseur troublé par un tiers qui prétendait une servitude sur son fonds. Elle se donnait également au propriétaire qui avait la possession *libre* et qui voulait établir contre son voisin, que ce dernier n'avait aucun droit réel qui grevât sa propriété (¹).

174. — De même, l'action confessoire pouvait être intentée par celui-là même auquel on ne contestait pas la servitude qu'il demandait à exercer sur un fonds assujetti (²).

175. — L'action en revendication de propriété, au contraire, n'était jamais accordée au possesseur, car sa possession suffisait à le protéger. Il en faut dire autant de la dénégation de propriété qu'un demandeur aurait voulu formuler contre un tiers (³).

176. — La raison de ces différences se tire : 1° en ce qui concerne l'action confessoire, de ce que le propriétaire dont la possession était établie, avait en sa faveur les interdits possessoires, ce qui le dispensait d'agir au pétitoire, tandis que la quasi-possession des servitudes n'étant point protégée par les moyens pos-

---

(¹) et (²) V. L. 5, § 7, ff. *Si ususfr. petet.*; L. 6, § 1, *Si servitus vindic.*

(³) V. L. 1, § 3, ff. *Uti possidetis*; L. 24 et L. 73, pr. ff. *De rei vindicatione.*

sessoires, il y avait nécessité du recours à l'action réelle *confessoria*, alors même qu'on avait un droit reconnu à cette quasi-possession ; 2° en ce qui touche l'action négatoire, il eût été complétement illusoire d'en faire usage en matière de pleine propriété, puisque prétendre qu'un tiers n'est pas propriétaire d'une chose, ce n'est pas établir qu'on l'est soi-même : observons, en outre, que les interdits *uti possidetis* et *utrubi* protégeaient la possession sans engager la question de propriété.—Mais, si on démontrait que telle servitude sur un fonds n'était pas due, on prouvait par là que ce fonds en était libre, ce qui était un résultat utile : en second lieu, dans l'origine, les interdits ne se donnant pas dans l'intérêt des servitudes, soit prédiales, soit personnelles, on suppléa, par l'action négatoire, à ce moyen, au profit de celui dont le fonds était en sa possession, quant à la propriété, mais qui voulait aussi établir qu'il était *libre* de droits réels. L'action négatoire fut maintenue quoique, par la suite, les interdits eussent été étendus aux servitudes [1].

177. — Quelle preuve exigeait-on du demandeur à l'action confessoire ou négatoire qui actionnait son adversaire, à l'effet d'établir, soit que telle servitude dont il voulait assurer l'exercice au possessoire était dans son patrimoine, soit que telle autre servitude n'appartenait pas à ses voisins, parce que son fonds

[1] V. L. 20, ff. *De servitut.;* Inst., § 2, *De act.; Fragm. Vat.,* § 90 et 91 ; — Ducaurroy, n° 1184 ; Gaslonde, *Thèse de licence* (Paris, 13 août 1836); Bonjean, § 280.

était libre? — Les textes ne sont pas explicites sur ce point. Toutefois, il est permis de penser, avec M. Bonjean, que le demandeur n'était pas nécessairement tenu d'établir la preuve de sa prétention ; la raison de cette opinion vient 1° de ce qu'il ne voulait que le maintien des choses dans l'état où elles étaient au moment de l'introduction de son action ; 2° et, en outre, en ce qui concerne l'action négatoire, de ce qu'un fait négatif est souvent impossible à prouver. On peut prétendre, en s'appuyant sur une décision d'Ulpien, que toutes les fois que ce demandeur tendait à faire réprimer un fait consommé, il devait faire sa preuve, tandis qu'il en était dispensé dans le cas contraire (¹).

178. — Malgré l'affirmation du texte de Justinien, où cet empereur dit que l'action négatoire n'existait pas dans les contestations de propriété des choses corporelles, les commentateurs ont fait de vains efforts pour découvrir un cas où elle s'appliquait même pour ces sortes de contestations. M. Ducaurroy a cru trouver ce cas unique dans celui du propriétaire qui, attaqué par la publicienne, repoussait cette action par l'exception *justi dominii*. Or, ce cas est on ne peut plus mal trouvé, puisque en effet la position du propriétaire qui opposait l'exception *justi dominii*, et qui était tenu de la prouver, était la même que celle de toute

(¹) V. Ulpien, L. 8, § 3, ff. *Si servitus vindicetur :* « Sed si quæritur quis possessoris, quis petitoris partes sustineat, sciendum est possessoris partes sustinere, SI QUIDEM TIGNA IMMISSA SINT, eum qui servitutem sibi deberi ait ; si vero non sunt immissa, eum qui negat. » —V. aussi L. 6, § 1, *ib.*

partie faisant valoir un moyen de défense et qui était toujours obligée d'en établir le fondement, ce qui a fait dire : *Reus fit actor excipiendo* [1].

179. — Du reste, la fin du § 2 du titre 6, liv. 4, des Instit., d'où l'on a voulu conclure qu'il existait un cas où l'action négatoire était employée en matière de propriété, parle expressément d'une *action*, et l'explication de M. Ducaurroy ne nous fournirait qu'un cas d'exception, ce qui établit clairement qu'elle doit être rejetée. — Nous aimons mieux ne voir, dans la fin du §, avec M. Ortolan et beaucoup d'autres commentateurs, que la répétition surabondante de ce qui avait été dit en tête du § ; c'est-à-dire qu'il n'existait *qu'un cas* (celui relatif aux contestations de droits réels autres que le droit de propriété) où l'action négatoire fût en usage [2].

180. — Nous avons déjà dit que le nom de *condictio* servait généralement à désigner les actions personnelles. Mais il ne les comprenait pas toutes : il ne s'appliquait qu'à celles dont l'*intentio* se référait aux obligations de donner ou de faire ; laissant en dehors celles qui consistaient à fournir toute autre prestation (*prestare*) [3].

181. — Il résulte de cette limitation de la *condictio*, qu'elle ne comprenait ni les actions *in factum*, ni

[1] V. L. 1, ff. *De except.*

[2] V. Bonjean, *loc. cit.;* Etienne, *Inst. trad. et expl.*, t. II, p. 417.

[3] V. Gaïus, *Institutes*, Comment. 4, § 5.

les actions *in jus* de bonne foi, puisque dans les unes et dans les autres il y avait lieu à des prestations autres que l'obligation de donner ou celle de faire. La *condictio* ne désignait donc que des actions de droit strict : ajoutons qu'elle ne les comprenait pas toutes [1].

182. — Nous voyons en effet que chaque fois que la loi ou le droit prétorien avaient établi une action spéciale, ils lui avaient attaché un nom particulier, soit que cette action fût de bonne foi, soit qu'elle fût de droit strict. Ainsi, on disait l'action *furti*, l'action *ex lege Aquilia*, l'action d'injures, l'action exercitoire, l'action *quod jussu*, l'*institoire*, l'action *de peculio*, etc., comme on disait l'action *pigneratitia*, les actions *empti*, *venditi*, *conducti*, *locati*, *pro socio*, *mandati*, *contraria mandati*, *tutelæ*, *contraria tutelæ*, etc. [2].

183. — De même que, sous le premier système de procédure, la *legis actio* appelée *condictio* s'appliquait uniquement en matière d'obligations de choses certaines ; de même, sous la procédure formulaire, la *condictio*, bien qu'elle eût un sens différent de celui de l'ancienne action de la loi, désignait plus spécialement les obligations de donner telle somme certaine ou telle chose déterminée. Ulpien le dit formellement en ces termes : « *Certi condictio competit ex omni causa, ex obligatione omni, ex qua certum petitur* [3]. »

[1] Ducaurroy, nᵒ 1230.

[2] V. Instit., lib. 3, tit. 14, 23 à 27 ; lib. 4, tit. 6, § 28 et tit. 7 ; Gaïus, Comm. 3, §§ 202 et suiv. ; Comm. 4, §§ 8 et suiv. ; §§ 71 et suiv. ; § 62.

[3] V. L. 9, ff. *De rebus creditis.*

184. — Quand le système formulaire fut arrivé à un plus grand développement, on introduisit d'autres actions personnelles qui tendaient à la dation d'une chose incertaine, et auxquelles on donna aussi le nom de *condictio*. Il en fut de même pour les cas où, au lieu d'une obligation de donner, il s'agissait d'une obligation de faire. Mais, dans ces différents cas, comme l'*intentio* de la formule était incertaine, on désignait l'action sous le nom de *condictio incerti*, tandis que l'action appliquée en matière d'obligation de donner une chose certaine était appelée *condictio certi* ([1]).

185. — En résumé, la *condictio certi* naissait de la stipulation d'une chose certaine, du contrat *litteris* ([2]),

([1]) L. 12, § 2, ff. tit. *De cond. furt.*; LL. 3, 1. *De cond. sine causa*; 40, § 1, *De cond. indeb.*; 9, tit. *De rebus cred.*; Inst., liv. 3, pr. tit. *De oblig.*; pr. et § 1, tit. *Quib. mod. re contr.*; § 6, tit. *De obl. quasi ex contr.*; Gaïus, 2, §§ 204, 213.

([2]) Nous croyons utile de donner ici un aperçu de ce qu'était en droit romain le contrat *litteris*, et de faire connaître la manière dont il se formait, chose qui nous paraît avoir été mal comprise par les interprètes :

L'obligation *litteris* était celle qui résultait d'un écrit.

Les Romains étaient dans l'usage d'écrire jour par jour sur un registre (appelé *codex* ou *tabulæ*) leurs dépenses et leurs opérations de toute nature (a). Ce *codex* était rempli au moyen de brouillons, appelés *adversaria*, sur lesquels des notes étaient prises au fur et à mesure pour être reportées à la fin de chaque mois sur le *codex*, qui était d'une destination perpétuelle (b).

Ces *tabulæ* étaient admises en justice comme un moyen de

(a) Cic., *in Verr.* Actio II, lib. I, § 23.

(b) Cic., *pro Quint. Rosc. com.*, O. III, § 2 ; Gaïus, c. III, § 131.

5.

du legs *per damnationem* d'une chose certaine, de la

preuve que les plaideurs pouvaient invoquer; mais elles ne créaient pas *ipso facto* d'obligation (a).

L'écrit ne donnait par lui-même naissance à une obligation qu'autant que l'inscription avait été faite sur le *codex*, en la forme consacrée, et dans les conditions exigées pour qu'elle produisît cet effet, abstraction faite de toute cause d'engagement. On appelait *nomina transcriptitia* les créances inscrites sur le *codex* à l'effet de créer l'obligation *litteris*. C'est pourquoi Gaïus nous dit, § 128 du 3ᵉ Comm. de ses *Instit.* : « *Litteris obligatio fit veluti in nominibus transcriptitiis.*»

Il y avait deux manières de s'obliger *litteris*, soit *a re in personam*, soit *a persona in personam*. La transcription *a re in personam* avait lieu quand un créancier portait écrit comme pesé (*expensum*) pour le compte d'une personne ce qu'elle devait déjà en vertu d'une vente, d'un louage ou d'un contrat de société. Celle *a persona in personam* s'accomplissait quand on portait comme pesé pour le compte d'un tiers délégué ce qu'un autre devait déjà.

De même que la stipulation avait pour effet d'obliger le répondant au payement de ce que le créancier avait stipulé, indépendamment de toute cause d'obligation, de même le contrat *litteris* liait celui dont le nom figurait sur le *codex* du créancier au nombre des débiteurs de ce dernier.

Ici l'écriture n'était pas seulement un moyen de preuve de l'obligation, c'était l'obligation elle-même. Le *codex* portait qu'une personne avait reçu, qu'elle devait; cette personne était tenue de payer comme s'il était établi qu'en réponse à une stipulation elle avait promis.

C'était une question de savoir si les étrangers pouvaient s'obliger par l'*expensilatio*. Les proculéiens considéraient cette forme

(a) Cic., *pro Quint. Rosc. com.*, O. III, § 2 ; Gaïus, III, § 131.

constitution de dot, de la promesse de certains ou-

de contracter comme étant de droit civil : les sabiniens distinguaient entre la *transcriptio a re in personam* et la *transcriptio
a persona in personam ;* ils permettaient la première, et non la
seconde, aux *peregrini.*

Ces derniers pouvaient, du reste, s'obliger par une forme particulière du contrat *litteris*, les *chirographa*, et les *syngrapha,*
qui n'étaient point assujettis à la solennité de la transcription (*a*).

Jusqu'à présent, pas de difficulté : chacun s'accorde à reconnaître que l'obligation littérale naissait de l'écrit comme l'obligation par paroles naissait de la solennité de l'interrogation et de
la réponse. Mais, ce qui est plus embarrassant, c'est de savoir
comment l'écriture faite par le créancier sur son *codex* avait pour
effet de produire une obligation. Et d'abord était-ce le créancier
lui-même qui inscrivait le nom du débiteur sur son registre? Et
en admettant l'affirmative, quand et comment avait-il le droit et
le pouvoir d'obliger les tiers envers lui?

Sur la première question, il n'est pas douteux qu'on doit répondre par l'affirmative. En effet, Gaïus dit formellement que
l'obligation littérale avait lieu quand *un citoyen portait pour posé*
ce qu'on lui devait en vertu d'un contrat de bonne foi, ou lorsqu'il transcrivait au débet d'une personne la dette d'un tiers sur
la délégation de ce dernier (*b*).

Cicéron vient encore confirmer ce sentiment (*c*).

En second lieu, il est certain que le consentement de celui
qu'on voulait obliger *litteris* était indispensable pour le lier. Le

(*a*) Gaïus, C. 3, §§ 133 et 134.

(*b*) Gaïus, C. 3, §§ 129 et 130 : « A re in personam transcriptio
fit, veluti si id quod modo ex emptionis causa, aut conductionis, aut
societatis, mihi debeas, *id expensum tibi tulero.* » « A persona in
personam... Si id quod mihi Titius debet, *tibi id expensum tulero,* id
est, si Titius te delegaverit mihi. »

(*c*) Cic., *pro Roscio comœd.*, O. III, § 3.

vrages faite par l'affranchi à son patron, du *mutuum*,

nom seul de contrat *litteris* le prouve suffisamment, puisque un contrat suppose une convention, et qu'il ne saurait y avoir convention sans le consentement de deux personnes au moins. Cicéron et Théophile viennent à l'appui de cette proposition incontestable (a).

Mais comment le consentement devait-il être donné? Nous ne faisons pas de doute qu'il n'était régulièrement donné que par écrit.

Le nom même de contrat *litteris* nous paraît nécessiter cette solution. En effet, s'il eût suffi de consentir verbalement à l'inscription du *nomen* sur le registre du créancier, l'obligation qui en serait résultée n'eût été en définitive qu'une obligation née d'un contrat purement consensuel, dont l'écriture serait venue constater l'existence. Cela est si vrai, qu'en cas de contestation sur le consentement, on se serait trouvé dans la nécessité d'établir par témoins que le réclamant avait été autorisé à inscrire le prétendu débiteur sur son registre, à moins qu'on ne soutienne qu'une fois l'inscription faite sur le *codex*, on était tenu par elle seule, et sans qu'on fût admis à contredire un registre rempli à l'insu de l'obligé.

Le résultat auquel on arriverait dans le système que nous combattons ne permet pas de le soutenir, à moins qu'on ne veuille réduire le contrat *litteris* à un contrat consensuel dont l'écriture servait à établir l'existence. Comme il n'en saurait être ainsi, surtout au temps de Gaïus, nous devons chercher une solution meilleure.

Le consentement de celui qui s'obligeait devait donc être donné par écrit. Mais suffisait-il qu'il portât sur son *codex* le consentement qu'il avait donné à l'inscription faite par le créancier sur

(a) Cic., *ib.*, O. III, § 1 ; Théophile, sur le livre 3, tit. 21, des *Institutes de Justinien.*

de la dation d'une chose certaine dans un but autre

le sien? C'est ce qu'enseigne M. Ortolan (a), et ce que nous ne saurions admettre. S'il en était ainsi, est-ce que le contrat *litteris* n'aurait pas encore été un contrat consensuel dont la preuve devait être faite par écrit? Cela n'est pas douteux, puisque le débiteur qui aurait contesté la dette dont la mention existait sur le *codex* du prétendu créancier serait venu, par la confrontation de son registre avec celui du créancier, contredire l'obligation prétendue, et le juge aurait dû se décider en faveur de celle des deux parties dont le registre aurait été le plus régulièrement tenu, c'est-à-dire qu'en définitive l'écriture, au lieu de donner naissance au contrat, n'aurait été qu'un moyen de vérification de la véracité du demandeur et du défendeur; que si le prétendu débiteur avait refusé de montrer son registre, la condamnation que le juge aurait prononcée serait résultée de la conviction où il était, qu'en réalité le consentement avait été donné, et que le refus de montrer le registre en était la preuve.

Que si, au contraire, le prétendu débiteur avait montré son registre, et que mention de sa dette y fût écrite, l'écriture n'aurait encore été ici qu'un moyen de preuve et non point l'élément générateur de l'obligation.

D'ailleurs, si l'on admettait que la mention faite par le débiteur de son obligation sur son *codex* était nécessaire à la formation du contrat, on arriverait en définitive à une impossibilité, puisqu'il serait toujours facile de ne pas montrer ce *codex*, en

—————

(a) Voy. Ortolan, *Instit. expliquées*, liv. 3, tit. 21. Cet auteur va même plus loin, et ne regarde pas comme nécessaire l'inscription du débiteur sur son *codex*. « Le défaut d'inscription sur le registre du débiteur, nous dit-il, n'empêche pas l'obligation d'exister. » Nous croyons également que cette inscription n'était pas essentielle, mais nous pensons qu'un écrit devait être fourni au créancier par le débiteur.

qu'une donation, si ce but n'avait pas été rempli, de supposant même qu'on y eût inscrit sa dette, et qu'ainsi le contrat n'existerait pas.

Nous croyons qu'il est aisé de sortir de ces impossibilités et de démontrer, en restant d'accord avec les textes, que le consentement écrit du débiteur formait réellement la dette, et qu'une fois ce consentement donné de la sorte, il ne lui était pas plus possible de se délier qu'alors qu'il était obligé en vertu d'une stipulation.

Pour cela, il suffit d'admettre que le débiteur remettait dans les mains de son créancier un écrit de sa main, où il constatait qu'il autorisait son cocontractant à porter sur son *codex* telle somme comme pesée. Dans ce cas, si le débiteur auquel on opposait le *codex* déniait qu'il eût consenti à la transcription, son écrit était là qui le condamnait, il était lié *litteris ;* l'obligation résultait d'un acte émané du débiteur même. Ici, point de constatation arbitraire du consentement ; il résultait de l'écrit même du débiteur dont la *transcription* avait été faite sur le *codex* du créancier. La confrontation du registre du débiteur avec celui du créancier ne servait qu'à faire ressortir davantage la mauvaise foi du premier. Le registre du créancier était nécessaire pour que l'obligation existât ; l'écrit de l'obligé était indispensable pour donner au créancier le pouvoir de le lier *litteris*.

Trois textes viennent à l'appui de notre opinion sur la manière dont le consentement du débiteur devait être donné. Le premier est tiré du § 134 du commentaire 3 des *Institutes de Gaïus,* où il est dit que l'obligation littérale se formait *entre étrangers* par les *chirographa* et les *syngrapha, lorsque quelqu'un écrivait qu'il devait (Si scribat se debere aut daturum).* Ici, on ne saurait contester la nécessité de l'écriture du débiteur ; mais elle suffisait. N'est-il pas plus que probable qu'entre citoyens romains l'écriture du débiteur était utile, nécessaire, quoiqu'elle ne suffît pas ? Évidemment si, puisque les *syngrapha* étaient

toute loi ayant établi une peine déterminée contre

des contrats *litteris* pour les étrangers, comme le contrat *litteris* proprement dit en était un pour les Romains.

Le second texte que nous invoquons est tiré de la paraphrase de Théophile, sur le titre 21 des *Institutes de Justinien*, où il est dit : « Telles étaient les paroles qui étaient prononcées et écrites : « Les cent que tu me dois en vertu d'un louage, je te les ai portés pour pesés ? » Ensuite, celui qui était déjà obligé en vertu d'un louage écrivait : « Tu m'as porté ces cent pour pesés » (*a*).

Le troisième texte est tiré des *Institutes de Justinien*. L'empereur rappelle qu'il existait avant lui un contrat qui se formait par l'écriture ; il déclare en même temps que ce contrat n'était plus en usage de son temps. Mais, ajoute-t-il, *si quelqu'un a déclaré par écrit* (*planè si quis debere se scripserit*) devoir une somme qui ne lui a pas été comptée, il ne peut plus après deux ans opposer l'exception *non numeratæ pecuniæ* (*b*). Après ce temps, *l'écriture l'oblige.*

On voit qu'au temps de Justinien l'écriture n'obligeait qu'autant qu'on s'était reconnu débiteur par écrit, et qu'en dernière analyse (sauf la nécessité de la transcription, supprimée par Justinien), après deux ans, l'écriture suffisait pour obliger. Le *chirographa* seul resta, et nous voyons qu'ici encore l'écrit du débiteur était le lien.

Maintenant, pour achever d'établir le fondement de notre opinion, il suffit de faire une comparaison sommaire entre le contrat *litteris* et le contrat *verbis.*

Dans la stipulation, deux parties intervenaient : le stipulant et le promettant ; dans le contrat *litteris*, nous voyons une par-

(*a*) M. Legat vient de donner une bonne traduction française de la paraphrase de Théophile. Nous engageons les élèves des facultés à la consulter à côté de la traduction latine de Fabrot.

(*b*) Inst., *De litter. oblig.* — Voy. *infrà*, nᵒˢ 331 et suiv., l'explication que nous donnons de l'exception *non numeratæ pecuniæ.*

l'auteur d'un dommage, tel était le cas de la loi *Aquilia*

tie qui portait comme pesé ce qu'on s'obligeait à lui rendre, et une partie qui écrivait qu'elle autorisait l'autre à faire cette transcription (*a*).

Dans la stipulation, des paroles solennelles devaient être prononcées; dans le contrat *litteris*, des paroles spéciales devaient être écrites (*b*).

La stipulation était un contrat de droit strict d'où naissaient l'action *ex stipulatu* ou l'action *condictio certi;* le contrat *litteris* était un contrat de droit strict d'où naissait la *condictio certi* (*c*).

La stipulation était plutôt une manière de s'obliger qu'un contrat particulier : elle était fréquemment employée à l'effet de nover une obligation préexistante. Le contrat *litteris* était également plutôt une manière de s'obliger qu'un contrat particulier; il était très-usuellement employé pour transformer une obligation préexistante en une obligation par écrit (*d*).

Le contrat *litteris* était si bien le parallèle du contrat *verbis,* que Gaïus, au § 134 du 3⁰ commentaire de ses *Inst.*, nous dit que ce contrat se formait par l'écriture, *pourvu qu'il n'y eût pas de stipulation,* parce qu'en effet, dès qu'il y avait une stipulation, l'obligation de droit strict existait, et le débiteur était obligé en vertu d'une stipulation; il n'était pas besoin d'un écrit pour l'obliger d'après le droit strict : l'écrit n'eût plus été qu'un moyen de preuve de l'obligation verbale.

Quand on voit une telle analogie dans les deux manières de contracter dont nous nous occupons, quand Théophile nous dit expressément que des paroles solennelles étaient écrites par les

(*a*) Voy. la phrase de Théophile rapportée plus haut; Gaïus, § 137, *Comm.* 3.

(*b*) Voy. Théophile, *ib.*

(*c*) Voy. Gaïus, Comm. 3, § 134.

(*d*) Voy. Gaïus, C. 3, §§ 129 et 130.

(on l'appelait alors *condictio ex lege*), et enfin, dans le cas de vol pour la restitution des objets volés. —

parties qui voulaient contracter *litteris*, peut-on sérieusement mettre en doute la nécessité d'un écrit de la part de celle qui s'obligeait ?

Il est vrai que, contrairement à ce qui avait lieu dans le contrat verbal, le contrat *litteris* pouvait intervenir entre absents (*a*). Mais cela ne détruit aucunement la nécessité d'un écrit de la part du débiteur, et tient précisément à ce que l'écrit peut, à la différence de la réponse verbale, transmettre sûrement la pensée de celui qui veut s'engager, et cela alors même qu'il est éloigné de la personne qui prétend l'obliger. Dans le cas où le contrat se formait entre absents, il n'est même pas possible de mettre en doute la nécessité de l'écriture du débiteur, puisqu'on ne peut communiquer son intention à une personne éloignée que par un écrit ou par un mandataire, et que personne n'ignore que dans les principes du droit civil romain, un mandataire ne pouvait pas obliger son mandant envers les tiers et réciproquement.

Le contrat *litteris* ne pouvait avoir pour objet que des quantités certaines (*b*). La stipulation, au contraire, pouvait comprendre des quantités indéterminées. La *condictio certi* naissait seule du contrat littéral ; la *condictio incerti* pouvait naître du contrat verbal aussi bien que la *condictio certi* (*c*).

Ajoutons en terminant, que, bien que les textes (*d*) paraissent présenter le contrat *litteris* uniquement comme un moyen de novation, il est facile de le concevoir comme contrat créant une obligation primitive, de même que la stipulation.

(*a*) Voy. Gaïus, C. 3, § 138.
(*b*) L. 1, § 9, ff., *De rebus creditis*.
(*c*) *Inst. Just.*, liv. 3, t. 15, *pr.*
(*d*) Gaïus, *Inst.*, C. 3, §§ 128 à 138.

La *condictio incerti* s'employait pour contraindre à l'acquittement de son obligation celui qui s'était engagé à constituer un droit d'usufruit, qui est de sa nature une chose incertaine ; pour la réclamation d'un legs *sinendi modo* ou d'un legs *per damnationem* de chose incertaine ; pour la demande en libération d'une obligation ([1]).

186. — Plus spécialement, et par une raison historique, on voit que le nom de *condictio* avait été réservé à l'action par laquelle le demandeur réclamait une somme d'argent déterminée comme l'ancienne *condictio* telle que l'avait établie la loi des douze tables ; tandis qu'on désignait sous l'expression générique de *condictio triticaria* ([2]) les autres condictions, soit certaines, soit incertaines. Enfin, en dernier lieu, et par opposition aux actions *in rem*, on avait appliqué le nom de *condictio* à toute action personnelle ([3]).

([1]) L. 1, ff. tit. *De condict. ex lege*, fr. Paul.; L. 1, §§ 1 et 3, tit. *De cond. sine causa*, fr. Ulpien; L. 4, Frag. Afric.; L. 1 pr., §§ 1 et 2; L. 3, *De cond. ob turp. caus.*; L. 9, § 1, tit. *De reb. cred.*; Inst., liv. 3, tit. 14, 15, 21, 29.

([2]) L'expression *triticaria condictio*, qui veut dire condiction ayant pour objet une dette de froment, fut étendue à toute *condictio* autre que la *condictio certi* toutes les fois qu'on l'opposait à cette dernière, par cette raison sans doute que c'était comme antithèse à la *condictio* qu'on avait ajouté la qualification de *triticaria* à l'action personnelle par laquelle on réclamait du froment, qualification qui parut bonne à conserver pour toutes les demandes tendant à un *certum* quelconque autre que de l'argent. — V. Zimmern — Etienne, § 62.

([3]) V. L. 1, ff. *De condict. tritic.*; L. 25, pr. ff. *De obl. et act.*

§ 2. — *Actions civiles, actions prétoriennes.*

187. — Cette division se rattache à l'origine historique des actions. Toute action qui avait été établie par une loi, par un sénatus-consulte ou toute autre source de droit assimilée à une loi, était *civile*. A l'inverse, on qualifiait *prétoriennes* toutes les actions que le droit honoraire avait introduites. Cette division, on le voit, n'a point trait à la nature intrinsèque, à la cause productive du droit réclamé [1].

188. — Le paragraphe précédent contient l'examen de plusieurs actions civiles. Beaucoup d'autres seront l'objet d'une attention spéciale dans les divisions subséquentes. Nous allons examiner en détail quelques actions prétoriennes dont un certain nombre a déjà été mentionné.

189. — Le préteur avait créé des actions réelles et des actions personnelles. Parmi les actions réelles prétoriennes on rencontre fréquemment l'action publicienne, l'action contraire à la publicienne, la paulienne, la servienne, la quasi-servienne ou hypothécaire, et enfin toutes les actions préjudicielles, moins la *liberalis causa*, qui était du droit civil antérieur à la loi des douze tables, et avait été insérée dans cette loi par Appius Claudius [2].

190. — La *publicienne* avait été introduite au temps

---

[1] V. Instit., *De action.*, § 3.

[2] V. L. 2, § 24, ff. *De origine juris;* Gaïus, C. 4, § 36; Instit., *De action.*, §§ 4 à 7 et 13.

de Cicéron, par le préteur Publicius. C'était la *rei vindicatio* du droit civil étendue, sous un autre nom, à des cas où cette dernière ne recevait pas d'application. Elle supposait comme accompli un fait qui ne l'était pas, et donnait au possesseur qui n'avait pas encore usucapé, le droit de revendiquer, comme si l'usucapion avait eu lieu [1]. Cette action avait pour objet de favoriser tout possesseur de bonne foi ayant un juste titre, et qui n'établissait pas la preuve du *dominium ex jure quiritium* [2].

191. — Au temps de Gaïus, la publicienne pouvait recevoir application dans quatre cas distincts :

1° Quand une chose *mancipi* avait été livrée par le véritable propriétaire avec intention d'en transférer le *dominium* à celui qui la recevait, mais sans qu'on eût accompli la mancipation ou autre mode d'acquérir du droit civil, et que le possesseur en voie d'usucaper cette chose en perdait la possession. Dans cette circonstance, la revendication civile n'était pas donnée à l'ex-possesseur, la publicienne lui était donc utile [3].

2° Lorsqu'on avait reçu, avec juste titre et de bonne foi, mais *à non domino*, une chose soit *mancipi*, soit *nec mancipi*, si on perdait la possession avant d'avoir usucapé, la publicienne était nécessaire. Mais, dans ce cas, elle ne produisait pas contre toute per-

---

[1] V. *De public. act.*; Inst. ff. *De actionib.*, § 4.
[2] L. 1, pr. ff. *De public. in rem act.*
[3] Gaïus, C. 2, § 41 et C. 4, § 36, combinés.

sonne le même effet que dans le cas précédent. Ainsi, si elle était intentée contre le véritable propriétaire, comme il eût été contraire à l'équité, partant au but de l'action publicienne, de dépouiller le véritable maître, on donnait à ce dernier l'exception *justi dominii* pour repousser la demande [1]; de même, si, toujours dans le même cas, la publicienne était intentée contre un possesseur qui avait reçu la chose à juste titre et de bonne foi, dans le but d'en acquérir le domaine, on appliquait l'adage : « *in pari causâ melior est causa possidentis*, » et la prétention du demandeur était repoussée, sans distinguer entre le cas où c'était le même tiers qui avait fait la tradition aux deux contendants, et celui où c'étaient deux personnes différentes [2].

3° Celui qui, dans les provinces, avait possédé assez longtemps pour être en droit d'opposer l'exception *longi temporis*, pouvait, en cas de perte de sa possession, recourir à l'action publicienne, l'action en revendication lui étant refusée, parce que la prescription n'é-

[1] Gaïus, C. 4, § 36 ; L. 1, ff. *De public. in rem act.* — V. Ducaurroy, t. II, n° **1190**.

[2] L. **17**, ff. *De public. in rem actione;* L. **126**, § 2, *in fine*, et L. **128**, *De reg. juris;* Ortolan, t. II, p. **515**; Etienne, t. II, p. 419. — V. cependant la L. **31**, § 2, ff. *De act. empt. et vend.*, dans laquelle la dernière tradition n'est préférée à la première qu'autant qu'elle est faite *à domino;* et aussi la L. **9**, § 4, ff. *De publiciana*, dans laquelle Ulpien ne maintient le détenteur actuel qu'autant que la tradition a été faite par deux auteurs différents.

tait pas un moyen de devenir propriétaire. Quant au possesseur provincial qui perdait la possession avant d'être fondé à opposer l'exception *longi temporis*, c'est-à-dire avant l'écoulement des dix ou vingt ans de possession exigés, il n'avait pas droit d'invoquer la publicienne proprement dite, mais on lui accordait la *publiciana actio utilis* [1].

4° Le propriétaire qui voulait user de la *rei vindicatio* était tenu, pour triompher contre son adversaire, d'établir qu'il avait le *dominium ex jure Quiritium*, c'est-à-dire qu'il avait reçu la chose de ses auteurs, véritables propriétaires, en remontant ainsi jusqu'au maître originaire. Il ne pouvait suppléer à cette preuve qu'en invoquant l'usucapion, qui lui conférait un droit indépendant de celui de ses prédécesseurs ; et s'il n'avait pas encore possédé un temps suffisant pour que l'usucapion fût accomplie, il avait le plus grand avantage à user de la publicienne [2].

192. — Les possesseurs de bonne foi étant seuls capables d'usucaper, eux seuls pouvaient invoquer la publicienne [3]. De même, les choses vicieuses n'étant pas susceptibles d'usucapion, ne pouvaient être l'objet de l'action publicienne [4]. Toutefois, bien que

---

[1] V. L. 8, C. *De prescript. trigint. ann.;*—Ortolan, t. I, p. 453; t. II, p. 514. — V. § 4, où se trouve l'explication des *actions utiles.*

[2] Gaïus, C. 4, § 36; Instit., *De act.*, § 4; — Etienne, *Inst. trad. et expl.*, t. II, p. 419.

[3] V. L. 1 et L. 7, §§ 11 et 17, *De public, in rem act.*

[4] L. 9, § 5; L. 12, § 4, ff. *De public. in rem.*

les servitudes prédiales ne fussent pas soumises à l'usucapion, comme, d'après le droit prétorien , elles étaient susceptibles d'acquisition par un long usage , l'action publicienne leur était applicable : il en était de même de l'usufruit sous Justinien, qui paraît avoir rendu ce dernier droit susceptible d'usucapion, par dix ans ou vingt ans de possession. — Du reste, sous ce prince, les moyens d'acquérir du droit des gens ayant été confondus avec ceux du droit civil, et la prescription admise dans les provinces et l'usucapion ayant également été confondues, le premier et le troisième cas d'application de la publicienne avaient disparu. Le deuxième et le quatrième restaient seuls en usage (¹).

193. — L'action contraire à la publicienne se donnait à celui contre lequel l'usucapion s'était accomplie pendant qu'il ne pouvait agir, soit qu'il fût absent, soit que le possesseur fût absent, n'ayant point de représentant légal contre lequel on pût revendiquer. Elle permettait à l'ancien propriétaire de revendiquer, dès que la chose serait possible, comme si l'usucapion n'avait pas eu lieu. Mais il fallait pour que la contraire à la publicienne fût accordée, que l'absence du propriétaire, quand l'impossibilité d'agir venait de son fait, fût basée sur une juste cause, comme un service public, une détention chez l'ennemi. Si, au contraire, l'impossibilité d'agir avait été causée par le

(¹) L. 11, § 1, ff. *De public. in rem;* L. 10, § 1, ff. *De usurpat.;* L. 14, ff. *De servitutibus.*

possesseur qui s'était caché pendant les délais de l'usucapion, pour empêcher l'interruption, l'action contraire était accordée, quel que fût le motif de l'absence du possesseur. — Au temps de Justinien, ce dernier cas d'application était inutile ; car cet empereur avait permis l'interruption de l'usucapion contre l'absent, au moyen d'une protestation soit devant le président, soit devant l'évêque, soit même devant le défenseur de la cité (¹).

194. — L'action contraire à la publicienne devait être intentée dans l'année, à partir du jour où l'impossibilité d'agir avait cessé. — Justinien substitua à ce délai celui de quatre années continues (²).

195. — Afin de venir au secours des créanciers victimes des fraudes de leur débiteur, la loi *Ælia Sentia*, portée en l'an 757 de Rome, les avait autorisés à attaquer les affranchissements qu'il avait faits dans l'intention de se rendre insolvable et qui en fait l'avaient rendu tel (³). — Par extension du principe posé dans cette loi, le préteur Paulus accorda aux créanciers le droit d'attaquer les aliénations frauduleuses consenties par leur débiteur. L'action qu'il créa à cet effet fut appelée action Paulienne (⁴).

(¹) L. 1, § 1 ; LL. 2, 9, 13, 14 et 15 ; LL. 21 pr., §§ 1 et 2 ; 22 et 23, pr. et § 4 ; 25 et 26, §§ 2 et 3, ff. *De public. in rem act.;* L. 2, C. *De ann. except.;* Inst., *De act.,* § 5.

(²) V. L. 35, ff. *De oblig. et action.;* tit. *Ex quib. majores;* L. 7, C. *De temp. in integr. restit.*

(³) Inst., *Qui, quibus ex causis,* §§ 2 et 3.

(⁴) Instit., *De action.,* § 6.

196.—Cette action, au moyen de laquelle les créanciers réclamaient la chose aliénée frauduleusement par leur débiteur, tout comme si l'aliénation n'avait pas eu lieu, était une action réelle, ainsi que le prouve la place qu'elle occupe dans les Instituts de Justinien, qui, énumérant les actions réelles prétoriennes, s'en est occupé entre les actions publiciennes et les actions préjudicielles, dont le caractère de réalité ne saurait être contesté ([1]).

197. —Pour triompher par la paulienne, les créanciers devaient établir que leur débiteur avait eu l'intention de les frauder, et qu'en fait il leur avait causé préjudice. Il fallait de plus que les tiers acquéreurs eussent été complices de la fraude, à moins que ces derniers n'eussent reçu la chose à titre gratuit, auquel cas l'action ne se donnait contre eux que jusqu'à concurrence du profit retiré, s'ils avaient traité de bonne foi ([2]).

198. — Pour établir le préjudice dont ils se plaignaient, les créanciers devaient se faire envoyer en possession de l'universalité des biens de leur débiteur ([3]). Une fois cet envoi ordonné, le débiteur était dépouillé de l'administration et de la disposition de ses biens : tous ses droits passaient à ses créanciers ou au syndic choisi par eux. La vente se faisait par adjudication et l'acheteur était considéré comme un

([1]) V. Ducaurroy, n°s 1198 et suiv.; Etienne, t. ii, p. 423.
([2]) LL. 6, § 14, 9, 10, § 2 et 25, ff. *Quæ in fraud. credit.* — V. les auteurs cités.
([3]) Gaïus, C. 3, § 78 et suiv.

successeur universel du débiteur. Ce n'était qu'après cette vente que l'action paulienne était accordée aux créanciers (¹).

199. — Le préjudice occasionné aux créanciers ne donnait lieu à l'action paulienne qu'autant que le débiteur frauduleux avait fait sortir des biens de son patrimoine : il ne suffisait pas qu'il eût manqué de faire une acquisition qui lui était possible. Ainsi, quand un débiteur refusait d'accepter une hérédité ouverte à son profit, ses créanciers n'avaient pas droit à l'action paulienne alors même que ce refus leur était nuisible (²).

200. — A côté de cette action réelle, le Digeste rapporte un édit du préteur qui avait établi une action personnelle, *in factum* et arbitraire, dont le but était de faire révoquer les actes qu'un débiteur avait faits en fraude de ses créanciers, sans distinguer entre les aliénations et les obligations par lui consenties. Elle était donnée dans les mêmes cas et sous les mêmes conditions que l'action réelle paulienne (³).

201. — L'une et l'autre devaient être intentées dans l'année utile; dans les quatre années continues, à partir de la vente, depuis Justin. Mais l'action personnelle s'accordait après ce délai jusqu'à concurrence du profit retiré (⁴).

(¹) Gaïus, *ib.;* — Etienne, p. 423.

(²) L. 6 pr. et § 2, ff. *Quæ in fraudem credit.*—V. l'art. 788 de notre code civil, qui a adopté une disposition contraire.

(³) et (⁴) L. 10, § 24, ff. *Quæ in fraudem;* L. 7, pr. C. *De temporibus in integr.*, etc.

202. — Un interdit restitutoire était en outre accordé aux créanciers fraudés, dans le même but que les actions dont nous venons de parler. Par cet interdit, appelé *fraudatoire*, les créanciers n'étaient tenus de prouver que la possession de la chose aliénée par leur débiteur, à la différence du cas où ils agissaient par l'action réelle paulienne, et dans lequel ils devaient établir la propriété de celui-ci [1].

203. — L'action servienne, appelée ainsi du nom de son auteur, le préteur Servius, avait pour but de permettre au bailleur d'un fonds rural la revendication des objets que le colon avait promis d'y apporter comme sûreté de ses fermages. Elle se donnait contre tout tiers détenteur desdits objets, même contre le débiteur. Pour que cette action pût être exercée par le propriétaire du fonds, il n'était pas nécessaire que les choses affectées au prix du fermage eussent déjà été apportées dans la ferme. Il faut ajouter qu'à la différence du contrat ordinaire de gage, qui, chez les Romains, se formait par la tradition seule de l'objet du gage, et qui même, dans le principe, n'existait que si le débiteur avait transporté (fiduciairement) la propriété de la chose au créancier, dans le cas de l'action servienne, au contraire, la poursuite du gage pouvait se faire en vertu de la convention seule, même avant toute tradition faite au bailleur, et aussi alors qu'il en avait perdu la possession [2].

[1] L. 10, pr. ff. *Quæ in fraud. credit.*

[2] L. 17, § 2, ff., *De pactis;* tit. 1 et 2, lib. 20, ff.; C. lib. 8, tit. 14 et 15; L. 12, § 7, ff., *Qui potiores;* Instit., § 7, *De action.*

204. — Par extension de l'action servienne, l'action *quasi-servienne* ou *hypothécaire* était donnée à celui auquel, par la seule convention, un débiteur avait affecté un objet comme garantie de sa dette. Cette faculté accordée au débiteur de créer par un simple pacte un droit de gage sur sa chose au profit de ses créanciers, avait été introduite dans le but de faciliter son crédit en lui permettant d'assurer le payement de ses obligations (¹).

205. — De cette convention, il résultait pour le créancier, comme dans le gage proprement dit, un droit réel qui lui permettait de suivre l'objet affecté dans la main de tout détenteur. Le gage et l'hypothèque furent considérés comme une même chose, parce qu'ils donnaient lieu à la même action : néanmoins on réserva la dénomination de gage au cas où l'objet affecté avait été livré, le mot *hypothèque* s'appliquant spécialement au cas contraire (²). On voit combien cette possibilité de conférer un droit réel par une simple convention était contraire aux principes rigoureux du droit civil, et ce n'est que par l'immense avantage qu'on en retirait pour le crédit qu'on peut expliquer l'introduction d'un tel moyen dès avant le temps de Cicéron (³).

206. — A la différence des règles de notre droit d'après lesquelles une hypothèque conventionnelle ne

---

(¹) L. 12, § 7, ff. *Quib. mod. pign.*; L. 16, § 3, *De pign. et hypoth.*

(²) L. 12, § 7, ff. *Qui potior. in pign.*; L. 9, § 2, *De pigner. act.*; L. 4, *De pign. et hypot.*; L. 238, § 2, *De verbor. signific.*

(³) V. Cic., *Ad familiar.*, XIII, 56.

peut frapper que les biens présents, la convention de gage ou d'hypothèque pouvait dans le droit romain s'étendre sur les biens à venir (¹).

207. — La même législation reconnaissait des hypothèques tacites. Telles étaient celle du fisc sur les biens de son débiteur ; celle des mineurs de vingt-cinq ans sur les biens de leurs tuteurs et curateurs; celle des légataires sur les biens de la succession, et celle de la femme mariée pour la reprise de sa dot. Le locateur d'un fonds urbain avait un gage tacite sur les meubles garnissant l'appartement de son locataire : il en faut dire autant du bailleur d'un fonds rural sur les fruits de ce fonds (²).

208. — L'action hypothécaire qui, comme la servienne, donnait au créancier trois droits bien distincts : celui de vente, celui de préférence et celui de suite, ne pouvait pas, comme en droit français, être exercée par un créancier hypothécaire que d'autres créanciers hypothécaires auraient primé, à moins qu'il ne les eût désintéressés. Mais, d'un autre côté, la date de l'établissement des gages ou hypothèques déterminait la préférence, de telle sorte que le créancier hypothécaire non possesseur primait le créancier nanti du gage, mais postérieur en date. Il y avait toutefois exception à cette dernière règle pour certaines hypo-

___

(¹) L. **12**, pr. et § 3; L. **34**, § 2, ff. *De pign. et hypot.*

(²) V. LL. 4 et 7 ff. *In quib. causis* ; L. 5, C. *De loc. et cond.*; L. 6, C. *in quib. causis pign.*; L. 8, § 4, C. *De sec. nupt.*; L. 6, § 4, C. *De bon. quæ lib.*; L. 46, § 3, C. *De jure fisci*; LL. 1 et 2, C. *in quib. caus. pign.*; L. **20**, *ib. De administ. tut.*

6.

thèques : notamment pour celle du fisc, celle de la femme pour sa dot, etc. (¹).

209. — Le créancier qui agissait par l'action hypothécaire devait établir que le droit réel lui avait été valablement consenti et que l'objet sur lequel il prétendait l'exercer était *in bonis debitoris* au temps de la convention. On pouvait lui opposer les mêmes exceptions qu'au débiteur agissant par la revendication ou par la publicienne. On avait encore contre ce créancier le *beneficium excussionis*, ou de discussion, par lequel toute personne ayant à la fois une hypothèque spéciale et une hypothèque générale était tenu de recourir à son hypothèque spéciale, quand le tiers détenteur auquel il s'adressait en vertu de son hypothèque générale lui opposait la discussion. La novelle 4, ch. 2, introduisit un second bénéfice de discussion au profit du tiers détenteur poursuivi hypothécairement. Ce dernier eut la faculté de renvoyer le créancier poursuivant au débiteur et à ses cautions, et de paralyser ainsi l'action hypothécaire jusqu'à ce que les biens de ces derniers eussent été discutés. Ce second bénéfice n'était pas opposable au créancier mis en possession de la chose grevée et qui aurait perdu cette possession (²).

(¹) V. ff. lib. **20**, tit. **1** et **4**, et spécialement L. **12** pr. et § **7** de ce dernier titre; LL. **1** et **5** pr. ff. *De distractione pignorum;* Cod. tit. **18**, lib. **8**, LL. **4**, **8** et **12**; L. **1**, tit. **46**, lib. **4**. — V. Ducaurroy, n° **1204**.

(²) L. **23**, ff. *De probat. et præsumpt.;* LL. **18** et **29**, § **2**, ff. *De pignorib. et hypoth.*

210. — Les actions préjudicielles étaient celles dans lesquelles il s'agissait uniquement d'arriver, par décision judiciaire, à la constatation d'un état ou d'un fait, constatation dont on ne prétendait faire résulter aucune condamnation immédiate, mais dont on se proposait de tirer un avantage ultérieur. Nous savons que la formule de ces sortes d'actions ne contenait que l'*intentio*. Longtemps on avait cru que leur usage se bornait aux questions d'état; il est certain aujourd'hui qu'elles étaient souvent employées pour la simple constatation d'un fait, par exemple, pour la fixation de la dot; pour la question de savoir si les *sponsores* ou les *fidepromissores* avaient été avertis de l'étendue de leur obligation, comme le voulait la loi Apuléia. Toutes ces actions, moins la *causa liberalis*, avaient été créées par le droit prétorien (¹).

211. — La *causa liberalis* était employée, soit qu'il s'agît de faire déclarer une personne esclave, soit qu'on voulût la faire déclarer libre. Jusqu'à Justinien, l'homme litigieux était revendiqué devant le magistrat par un licteur, ou *assertor libertatis;* la question pouvait être résolue jusqu'à trois fois, si le magistrat se prononçait pour l'esclavage. Mais Justinien ayant autorisé l'homme litigieux à se défendre lui-même, avait

(¹) Gaïus, C. 3, § 423 ; C. 4, § 44 ; Inst., *De act.*, § 13.

N. B. Il ne faut pas confondre ces actions avec les *præjudicia,* dont nous avons déjà parlé plus haut, nᵒˢ 139 et suiv., et sur lesquels nous aurons à revenir *infrà*, chap. 2, sect. 2. Dans ce dernier cas, *præjudicium* veut dire *présomption*, *préjugé*, solution implicite d'une question qui doit être réservée.

voulu que la chose jugée fût jugée à l'égard de tous (¹). Justinien présente l'*assertor libertatis* comme étant, avant qu'il ne l'eût supprimé, indispensable à cette instance, soit que l'homme litigieux fût ou non en possession de la liberté (²). Toutefois, il est douteux qu'il en dût être ainsi d'une manière absolue, quand cet homme était *in libertate* et revendiqué comme esclave : que serait-il arrivé en effet dans le système contraire, s'il n'avait pas trouvé d'*assertor* (³) ?

212. — Un *præjudicium* existait également sur la question de savoir si telle personne était ingénue ou affranchie. Le magistrat en accordait également quand on voulait faire décider si tel était *sui juris* ou fils de famille, s'il était parent ou allié de telles personnes (⁴).

213. — Par extension du droit civil, le préteur avait introduit un grand nombre d'actions qui étaient tantôt réelles, tantôt personnelles, suivant qu'elles correspondaient à des actions civiles ayant l'un ou l'autre de ces caractères. Parmi elles, Gaïus énumère l'action qu'on donnait pour ou contre l'étranger qu'on feignait citoyen romain ; celle qui se donnait contre un débiteur *diminué de tête*, qu'on feignait n'avoir pas subi cette diminution ; celle qui était accordée à l'envoyé en possession de biens prétorienne; celle qui

---

(¹) L. 2, ff. *De origine juris;* L. 6, C. *De liberali causa.*

(²) V. L. 1, C. *De adsertione tollenda.*

(³) Bonjean, t. II, p. 233 ; Etienne, p. 363.

(⁴) Inst., *De action.*, § 13; L. 1, § 2, ff. *De rei vindic.;* L. 5, C. *Ne de stat. def.;* L. 2, C. *De ord. judic.;* L. 3, § 4, ff. *De agnosc. et alend. liber.*

compétait à l'acheteur de biens, et qu'on appelait *ser-vienne* quand elle était exercée par l'acheteur des biens d'un défunt, et qui se nommait *rutilienne* quand elle était donnée à l'acheteur des biens d'un vivant [1].

214. — L'action accordée au possesseur de biens, quand elle tendait à la poursuite d'une obligation que l'héritier pouvait réclamer par une action personnelle civile, était donnée à ce possesseur de biens comme action personnelle, et la formule en était ainsi rédigée : « *Soyez juge, si Aulus Agérius, dans le cas où il serait héritier de Séius, et si quelque chose était dû à Séius, s'il appert que Numérius Négidius doive donner dix mille sesterces à Aulus Agérius, etc.* [2]. »

215. — De même, dans le cas où il y avait lieu à une action personnelle contre un étranger, par exemple, dans le cas de vol, le préteur donnait une formule ainsi conçue : « *Soyez juge, s'il appert qu'un vol d'une coupe d'or a été commis par Dion ou à l'aide de ses conseils, délit pour lequel il faudrait condamner Dion comme voleur, s'il était citoyen romain, etc.* » Si c'était au contraire l'étranger qui intentait l'action de vol, on disait : « *Soyez juge, s'il appert qu'un vol a été commis par Séius au préjudice de Dion, délit pour lequel il faudrait condamner Séius envers Dion, si ce dernier était citoyen romain, etc.* [3]. »

216. — L'acheteur de biens (*emptor bonorum*) pou-

[1] V. Gaïus, C. 4, §§ 34 et suiv.; 70 et suiv.; Inst., *De action.*, § 9 ; ff. lib. 13, tit. 5 ; Cod. lib. 4, tit. 18.

[2] Gaïus, c. 4, § 34.

[3] Gaïus, c. 4, § 37.

vait agir au moyen d'une formule dans laquelle il se feignait héritier, et qui était rédigée comme celle dont le possesseur de biens faisait usage. Mais quelquefois il procédait autrement; car, écrivant son *intentio* du chef de celui dont il avait acheté les biens, il s'attribuait l'effet de la *condemnatio;* c'est-à-dire qu'il demandait que son adversaire fût condamné au nom du vendeur à lui faire avoir ce qui était la chose de ce dernier, ou ce qu'on était tenu de lui donner. Cette action particulière s'appelait *rutilienne*, du nom de son auteur le préteur Publius Rutilius (¹). L'action fictive était désignée sous le nom d'action *servienne* (²).

217. — Quand, au moyen d'un changement d'état opéré dans sa personne, un débiteur voulait se soustraire à l'acquittement de ses obligations, le préteur donnait contre lui une action dans laquelle il supposait ce changement non survenu (³).

218.—Au nombre des actions purement personnelles prétoriennes, on comptait encore les actions *quod jussu, exercitoire, institoire, tributoire, de peculio,* de constitut, et la classe innombrable des actions *in factum.*

(¹) Gaïus, 4, § 35.

(²) Gaïus, *ib.* — Cet auteur nous apprend que le nom de rutilienne était réservé à l'action de l'acheteur des biens d'un vivant, tandis qu'on désignait par l'épithète *serviana* l'action accordée à l'acheteur des biens d'un défunt. Il faut se garder de confondre cette dernière action avec la *servienne,* qui compétait au bailleur d'un fonds rural au sujet des meubles que le colon avait promis comme sûreté des fermages.— V. *suprà,* n° 203, et Gaïus, c. 3, §§ 77 à 80, et c. 4, § 86.

(³) Gaïus, C. 4, § 38. — V. *infrà,* § 4.

219.—Les actions *quod jussu, exercitoire, institoire, tributoire, de peculio,* étaient données contre le père ou le maître d'un fils de famille ou d'un esclave, pour les affaires qu'un tiers avait faites avec ce fils ou cet esclave. On remarque avec raison qu'elles étaient plutôt des attributs des diverses actions qu'on aurait données contre le père ou le maître, si l'affaire avait eu lieu directement entre lui et le tiers, qu'elles n'étaient des actions spéciales. Ainsi, dans les cas où le fils ou l'esclave avait fait un achat, une vente, un louage, c'étaient les actions *empti, venditi, conducti, locati,* qui étaient données contre le père ou le maître, avec une modification de formule que nous ne connaissons pas. On appelle ces actions *indirectes* par opposition à celles qu'on aurait données si l'affaire eût été conclue avec le maître, et qu'on appelait *directes.*

220.—Si l'affaire avait été faite par l'ordre du père ou du maître, le préteur donnait action pour le tout contre le père ou le maître. C'était le cas de l'action *quod jussu* ([1]).

221. Les actions *exercitoire* et *institoire* se donnaient, la première contre le père ou le maître qui avait préposé son fils ou son esclave à la direction de son navire, et lorsqu'on avait contracté avec ce préposé dans le cercle de ses attributions; la seconde contre celui qui avait préposé son fils ou son esclave à la tête de son cabaret ou de tout autre établissement, et lorsqu'on avait contracté avec le fils ou l'esclave dans les limites de ses attributions. Leur dénomination se ti-

([1]) Gaïus, c. 4, § 70.

rait de ce qu'on appelait *exercitor* le préposé à la tête d'un navire, et *institor* le préposé d'une taverne. Elles se donnaient pour le tout contre le maître ou le père, parce que l'engagement paraissait avoir été contracté d'après leur volonté.

222. — Elles se donnaient même dans le cas où le préposé était étranger au préposant, qu'il fût esclave ou homme libre.—Il est bon de remarquer que, dans le cas de ces deux actions et de l'action *quod jussu*, on ne considérait pas le fils ou l'esclave, ou le tiers étranger préposé, comme un mandataire, mais plutôt comme l'expression même de la volonté de son père ; car si on l'avait considéré comme mandataire, nous savons que le préposant n'aurait pas été tenu vis-à-vis des tiers contractants, puisque, dans les principes du droit romain, le mandataire n'obligeait pas son mandant vis-à-vis des tiers. Mais comme si, dans ces cas, on avait appliqué vis-à-vis du fils ou de l'esclave les principes du mandat, il serait arrivé que le mandant ne pouvant être poursuivi que *de in rem verso* ou *de peculio*, les tiers auraient été facilement lésés, le droit prétorien corrigea cette iniquité au moyen des trois actions que nous venons d'examiner. Quant à l'extension de cette règle d'équité à tout préposé autre que le fils ou l'esclave, elle s'explique par cette considération que le tiers qui traitait avec ce préposé avait en vue le préposant, et devait même croire le plus souvent contracter directement avec lui, qu'il ne connaissait pas (1).

(1) Gaïus, c. 4, § 71.

223. — L'action *tributoire* se donnait à celui qui, au sujet de la distribution que le père ou le maître avait à faire du pécule aux créanciers de son fils ou de son esclave, ayant commercé sur son pécule avec son autorisation, se plaignait de la répartition, qu'il ne trouvait pas équitable. Le partage devait être fait au marc le franc, sans préférence pour les créances du père ou du maître, qui n'avait que le droit de concourir (¹).

224. — Le préteur avait aussi introduit l'action *de peculio* et *de in rem verso* contre le père ou le maître en faveur de celui qui avait traité avec le fils ou l'esclave, qui commerçait, à l'insu de son père ou de son maître, sur son pécule. Elle se donnait, jusqu'à concurrence du pécule, si le père ou le maître n'avait profité en rien de l'acte à l'occasion duquel il était actionné, et jusqu'à concurrence du profit qu'il en avait retiré, s'il y avait eu profit. Cette action avait une double condamnation. Le juge était dans l'usage d'examiner préalablement s'il y avait eu profit pour le père ou le maître, et de condamner jusqu'à concurrence de ce profit, le cas échéant. Il ne passait à l'estimation du pécule que dans le cas contraire. Quand il y avait lieu à l'examen du pécule, on en déduisait préalablement ce qui était dû au père ou au maître (²).

225. — Celui qui avait en sa faveur l'une des actions *quod jussu*, *exercitoire*, ou *institoire*, pouvait intenter

---

(¹) Gaïus, § **72**, Inst., *Quod cum eo contractum est*, § **3**.
(²) Inst., *ib.* § **4**.

cette action ou bien l'action *tributoire* ou celle *de peculio*, à son choix ; mais il avait un intérêt évident à ne pas choisir l'une des deux dernières, puisque, dans la *tributoire*, il concourait avec le maître et n'avait droit qu'au pécule ou à une fraction, et que, dans l'action *de peculio*, il était primé par le père ou le maître, à moins qu'il n'y eût profit pour ce dernier, — tandis que, dans l'exercice des trois premières actions, il agissait pour le tout [1].

226.—Celui qui avait droit à l'action *tributoire* pouvait également agir par l'action *de peculio* et *de in rem verso*. Le plus souvent cette dernière lui était plus avantageuse que la *tributoire*, par laquelle il n'obtenait que ce qui avait été employé du pécule au commerce du fils ou de l'esclave, et ce qui avait été reçu par lui à l'occasion de ce commerce ; au lieu que, par l'action *de peculio*, il obtenait tout le pécule, et même au delà, s'il y avait eu profit pour le père ou le maître.—Toutefois, comme le père ou le maître primait les créanciers agissant *de peculio*, s'il n'y avait pas eu profit pour lui, et que tout le pécule, ou la majeure partie du pécule, eût été employé au commerce du fils ou de l'esclave, et si, en outre, il était dû quelque chose au père ou au maître, les créanciers avaient souvent plus d'intérêt à exercer la *tributoire*, car elle ne donnait qu'un droit de concours et non de préférence au père ou au maître [2].

227. — L'action de constitut, d'origine préto-

---

[1] Gaïus, c. 4, § 74 ; Instit, *ib.* § 5.
[2] Gaïus, *ib.* ; Inst., *ib.*

rienne, était donnée à celui auquel on avait promis par le pacte de constitut, de payer à jour fixe une dette préexistante. Elle avait été introduite par imitation d'une action civile, appelée *receptitia*, et qui n'avait application que dans un cas spécial, celui où un banquier (*argentarius*) avait promis de payer pour un de ses clients la dette de celui-ci. L'action de constitut était extensive de la première et se donnait contre toute personne capable de s'obliger, qui avait promis le payement à jour fixe. — L'une et l'autre existèrent simultanément, produisant des effets différents. Ainsi, l'action *receptitia* était perpétuelle, s'appliquait à toute sorte d'objets, et se donnait soit qu'il y eût eu ou non dette préexistante; celle de constitut, au contraire, supposait toujours une dette préexistante, était annale, et ne s'appliquait qu'aux choses s'appréciant au poids, au nombre ou à la mesure. Justinien confondit les deux actions en une, qu'il appela action *de constituta pecunia*, qu'il déclara perpétuelle, se donnant contre toute personne et pour toute sorte d'objets; mais il maintint la nécessité d'une dette préexistante (¹).

228. — La classe innombrable des actions *in factum* était d'origine prétorienne. Nous allons examiner, dans le paragraphe suivant, en quoi elles différaient des actions *in jus*.

§ 3. — *Actions* in jus, — *actions* in factum.

229. — Les actions *in jus* étaient celles dont la formule posait au juge une question de droit civil à exa-

______

(¹) V. Inst., *De actionib.*, §§ 8 et 9; L. 2, C. *De const. pecun.*

miner, soit de propriété (*si paret hominem ex jure Quiritium Auli Agerii esse*), soit d'obligation (*si paret*, ou *quidquid paret dare facere oportere*). Leur formule avait trois parties, la *demonstratio*, l'*intentio* et la *condemnatio*, à l'exception des *præjudicia*, dont nous avons déjà parlé (nᵒˢ 127, 210 et suiv.) et qui n'avaient que l'*intentio*. Rappelons également que la *demonstratio* pouvait être supprimée dans toutes les formules d'actions réelles (nᵒˢ 128 et 148). Dans l'action *in factum*, au contraire, il n'y avait que deux parties, précisément par suite de son origine historique, cette formule ayant existé avant la formule *in jus*, et étant venue du système de procédure applicable aux pérégrins qui, ne participant pas au droit civil, ne pouvaient point invoquer les règles de ce droit et devaient nécessairement borner leur prétention à la constatation d'un fait, dont le juge tirait la conséquence. Dans l'action *in factum*, la *demonstratio* se confondait avec l'*intentio*, pour former la première partie de la formule, qui était immédiatement suivie de la *condemnatio*. Gaïus nous fournit plusieurs exemples de ces sortes de formules (¹).

(¹) Gaïus, c. 4, § 46 et suiv. Formule *in jus* : JUDEX ESTO. — *Demonstratio* : QUOD A. AG. APUD N. NEG. MENSAM ARGENTEAM DEPOSUIT, QUA DE AGITUR. — *Intentio* : QUIDQUID, OB EAM REM, N. NEG. A. AG. DARE FACERE OPORTET EX FIDE BONA EJUS. — *Condemnatio* : ID JUDEX N. NEG. A. AG. CONDEMNATO; SI NON PARET, ABSOLVITO.

Formule *in factum* : JUDEX ESTO. — *Demonstratio* et *intentio* réunies : SI PARET AUL. AG. APUD N. NEG. MENSAM ARGENTEAM DEPOSUISSE EAMQUE DOLO MALO N. NEGIDII A. AGERIO REDDITAM NON ESSE. — *Condemnatio* : QUANTI EA RES ERIT, TANTAM

230. — Ces deux espèces d'actions ne différaient pas seulement sous le rapport de la formule. Les unes étaient susceptibles de produire certains effets qui ne pouvaient avoir lieu pour les autres. Ainsi la *litis contestatio* opérait novation d'une action *in jus* (à moins qu'elle ne fût réelle), et n'entraînait pas la même conséquence à l'égard d'une action *in factum* (un fait ne pouvant pas être nové). La plus-pétition n'entraînait déchéance du droit dans une formule *in jus* qu'autant qu'elle avait eu lieu dans l'*intentio*, à la différence du cas où elle s'était produite dans une formule *in factum*, où elle faisait toujours encourir la déchéance. Les actions *in jus* étaient en général perpétuelles, à la différence des actions *in factum*, qui étaient annales. Enfin, les premières n'étaient accordées qu'à ceux qui avaient une personnalité propre et non à ceux qui se trouvaient sous la puissance d'autrui. Ainsi, les fils de famille ne recevaient du magistrat que des actions *in factum* [1].

231. — Dans les différentes actions que nous avons déjà examinées et dont la plupart sont *in jus*, nous avons vu que plusieurs avaient leur origine dans le droit prétorien [2]. Toutefois, le plus souvent c'était par une formule *in factum* que le préteur investissait

PECUNIAM JUDEX N. N. AULO AGERIO CONDEMNATO; SI NON PARET, ABSOLVITO.

[1] V. *infrà*, n° 270 ; § 9, n°s 281 et suiv. de cette section, et sect. 2 du ch. suiv.;—Gaïus, c. 4, § 60 ; L. 13, ff. *De obligat. et actionibus;* Gaïus, Comm. 2, §§ 86 et 96; Comm. 3, § 163.

[2] M. Boujean (*Encycl. cath.*, v° *Act. dr. Rom.*, p. 347, et

d'une action les droits introduits par lui, ou qu'il étendait certaines actions civiles d'un cas prévu à des cas imprévus. Ainsi, quand le droit civil était inapplicable à raison de certaines circonstances, quand, par exemple, les fils de famille prétendaient un droit de propriété ou d'obligation pour eux-mêmes, comme ils n'avaient pas de personnalité distincte, et comme la propriété ou la créance était au père et non à eux, le droit civil ne leur accordait pas d'action ; mais les actions *in factum*, ne soulevant aucune question de propriété ou d'obligation, pouvaient être exercées par les fils de famille. Aussi leur accordait-on les actions de dépôt et de commodat, lesquelles pouvaient faire l'objet d'une formule *in factum* aussi bien que d'une formule *in jus* (1).

232. — Plusieurs actions *in factum* étaient accordées pour étendre l'application d'un principe ou d'une loi. Nous en avons un exemple à l'occasion de la loi Aquilia. Il est même à remarquer que le droit prétorien avait introduit deux actions *in factum* au sujet de cette loi : la première, appelée *actio utilis in factum ex lege Aquilia*, qui s'appliquait aux cas analogues à ceux prévus par la loi même ; et une action qualifiée purement *in factum*, parce que les faits pour lesquels elle était donnée ne présentaient pas la même analogie avec ceux qu'avait prévus la loi Aquilia (2).

Traité des actions, § 269) enseigne à tort que toutes les actions *in jus* étaient *essentiellement* civiles.

(1) V. LL. 9 et 13, ff. *De oblig. et act.;* Gaïus, c. 4, § 47.

(2) Ortolan, t. II, p. 467, note 3 ; Ducaurroy, n°s 1223 et 1224.

233. — Un grand nombre d'actions *in factum*, de création purement prétorienne, qui n'empruntaient rien aux actions civiles, avaient été introduites soit pour sanctionner un principe d'équité étranger au droit civil, notamment pour réprimer la violence ou le dol, soit pour faire respecter l'autorité des magistrats. Telles étaient l'action *quod metûs causâ*, sur laquelle nous reviendrons ultérieurement, en traitant des actions arbitraires; celle de dol, qui se donnait contre celui qui avait employé des ruses, supercheries ou machinations, pour tromper son adversaire ; l'action *de albo corrupto*, contre celui qui aurait dégradé l'album du préteur ; celle contre la partie qui avait, sans permission préalable, appelé *in jus* son père ou son patron; et une foule d'autres (¹).

234. — Toutes les actions réelles civiles, et presque toutes les actions réelles prétoriennes étaient *in jus*. Toutefois l'action servienne accordée au bailleur d'un fonds rural, quoique réelle, était conçue *in factum*, de même que les actions accordées à l'emphytéote et au superficiaire. — Les *condictiones certi* et *incerti* étaient *in jus*. Il en faut dire autant des actions nées des contrats et des quasi-contrats reconnus par le droit civil ; de celles qui naissaient des délits pour la réparation desquels le droit civil les avait créées. On voit donc que presque toutes les actions *in factum* étaient personnelles, et qu'elles avaient toutes leur origine dans la juridiction prétorienne (²).

(¹) Inst., *De action.*, §§ 12 et 31.

(²) L. 1, C. *Si pignor. convent.;* — Zimmern , § 65. — M. Bon-

235. — Les textes nous montrent quelquefois l'action *in factum* en opposition avec l'action prétorienne. Il n'en faut pas conclure que celle-ci était *in jus*; car le contraire est presque toujours la vérité, ainsi que nous venons de l'établir : quand il est dit notamment que l'action *in factum* était donnée au lieu de l'action de dol (qui était aussi *in factum*), cela doit s'entendre en ce sens que dans ce dernier cas le juge devait décider d'après les principes relatifs au dol, et non se borner à constater matériellement le fait en lui-même; il devait apprécier ce fait, en reconnaître le caractère et déterminer s'il constituait un dol; dans l'action *in factum strictiori sensu*, celle *de jurejurando*, par exemple, il suffisait que le juge constatât le fait sans l'apprécier (¹).

236. — A côté des actions *in factum* que nous venons de parcourir, et qui ne donnaient au juge qu'un point de fait à examiner, on voit figurer l'action civile *præscriptis verbis*, qui, dans les textes, est appelée fréquemment *actio in factum præscriptis verbis*, et quelquefois même simplement *actio in factum*. Mais il faut se garder de la confondre avec l'*actio in factum* ordinaire, dont elle diffère essentiellement. Ainsi, cette action, qui naissait des contrats réels et innommés, *do ut des*, *do ut facias*, *facio ut facias*, *facio ut des*, avait une *intentio civilis*, conçue *in jus*, dont l'objet était

jean, § 269, enseigne à tort que *toutes* les actions *in factum* étaient personnelles.

(¹) L. 11, § 1, ff. *De dolo;*—Zimmern-Étienne, § 54; Ducaurroy, n° 1218.

indéterminé, et se rédigeait ainsi : « *Quidquid ob eam rem dare facere oportet.* » Elle n'était *in factum* que sous le rapport de la *demonstratio*, et en ce sens qu'on y exposait l'énoncé du fait générateur de l'obligation, parce qu'on ne pouvait pas le désigner par une dénomination légale qui n'existait pas [1].

§ 4. — *Actions directes, — utiles, — fictives, — contraires, — indirectes, — noxales.*

237. — Quand le préteur accordait une action par extension d'un cas prévu à un cas imprévu, cette action était dite *utile*, par opposition à celle dont elle était extensive et qu'on appelait *directe*, comme ayant été créée spécialement et directement pour un cas déterminé. Cette extension pouvait se rencontrer soit relativement à une action civile (ainsi on disait *actio utilis legis Aquiliæ*), soit à l'égard d'une action prétorienne (on disait aussi *interdictum utile uti possidetis* [2].

238. — Quand l'action utile reposait sur une fiction (nous en avons plusieurs exemples dans les actions prétoriennes que nous avons déjà parcourues, nᵒˢ 189 et suiv., 213 et suiv.) elle était appelée action *utile fictive.* Aussi Gaïus désigne-t-il par *actio utilis fictiva*, celle qu'on donnait contre l'individu qui avait subi une di-

---

[1] L. 6, C. *De transact.;* L. 6, C. *De pactis inter empt. et vend.;* L. 6, C. *De perm.;* L. 9, 22, C. *De donat.;* L. 7, § 2, ff. *De pactis;* L. 23, ff. *Comm. divid.;* LL. 1, pr. et § 2; 6 ; 8 ; 9 ; 15; 16; 19, ff. *De præscript. verbis.*

[2] V. L. 7, pr. et § 1, ff. *De religiosis;* Instit., *De lege Aquilia,* § 16; *Fragment. Vatic.,* § 90.

7.

minution de tête, laquelle on considérait comme non avenue. Remarquons qu'une action *fictive* était toujours *utile*, puisqu'elle ne se donnait que par ce motif qu'on considérait comme accompli un fait qui ne l'était pas, ou comme non arrivé un fait accompli, ce qui impliquait toujours extension d'un cas prévu à un autre non prévu. Mais la réciproque n'avait pas toujours lieu, car il arrivait souvent que le cas imprévu pour lequel on accordait une action établie pour un autre cas n'était point une fiction. Ainsi l'action utile de la loi *Aquilia* n'était point fictive. Il faut, du reste, ne pas confondre ces fictions avec celles dont Gaïus parle plus haut, comme ayant servi de transition du premier système de procédure au système formulaire [1].

239. — La dénomination d'action *directe* était aussi employée par opposition à celle d'action *contraire*. Ainsi, quand dans un contrat synallagmatique les deux actions qui pouvaient en résulter, par exemple, dans le mandat, dans le dépôt, dans le gage, et aussi dans quelques quasi-contrats, comme la tutelle, n'avaient pas reçu chacune une dénomination particulière, on disait l'action *directe* de mandat, de dépôt, de gage, de tutelle, par opposition à l'action *contraire* de mandat, de dépôt, de gage, de tutelle [2].

240. — Si l'action donnée contre une personne

[1] V. Gaïus, Comm. 4, §§ 34 et suiv.; §§ 10 et 32; — Zimmern, § 54, p. 152, note 11; p. 155, Observ. de M. Etienne; Ducaurroy, n° 1221.

[2] Instit., *Quib. mod. re contrah. oblig.*; *De mandato*; *De oblig. quasi ex contractu*.

était née directement d'un fait qui lui était personnel, en d'autres termes, si elle en était tenue pour son propre compte, on l'appelait aussi *directe*, par opposition à celle qui était donnée contre une personne pour le fait de son fils, de son esclave ou de tout autre préposé. Cette dernière était appelée action *indirecte*. Nous en avons donné l'explication en traitant des actions personnelles prétoriennes, n°s 218 et suiv. [1].

241. — Enfin, on opposait encore l'action *directe* à l'action *noxale*. Cette dernière était donnée contre le père ou le maître, à l'occasion des délits de ses enfants ou de ses esclaves. Elle était *arbitraire*, et permettait au père ou au maître de se soustraire à l'obligation de réparer le dommage, en abandonnant au demandeur en propriété l'auteur du délit si c'était un de ses esclaves, et en *mancipium* si c'était un de ses enfants. Ce *mancipium* pouvait cesser par la satisfaction du créancier, satisfaction qui rendait le mancipé *sui juris*, au lieu de le replacer sous la puissance de son père. — Justinien abolit, quant aux enfants, l'abandon noxal, que l'usage avait déjà laissé tomber en désuétude ; mais il le conserva relativement aux esclaves [2].

242. — Quoique personnelle, l'action noxale se donnait contre tout détenteur de l'auteur du délit : d'où il résultait que cette action pouvait devenir directe si l'esclave était affranchi, ou si le fils était devenu *sui*

---

[1] Instit., *Quod cum eo contract. est.*
[2] Instit., *De noxalibus action.*

juris, comme, à l'inverse, si le délit avait été commis par une personne libre qui était devenue esclave ou fils de famille, l'action qui était directe dans le principe devenait noxale (¹).

§ 5. — *Actions pénales, — non pénales, — mixtes.*

243. — On appelait *pénales* les actions qui tendaient à la poursuite d'une peine. En conséquence, toutes les actions qui naissaient des délits étaient pénales. Toutefois, parmi ces actions, il y en avait qui, outre la poursuite de la peine, tendaient à celle de la chose ou d'une indemnité, et qu'à cause de cela on appelait mixtes. De ce nombre était l'action de la loi Aquilia, lorsqu'elle était intentée au double contre celui qui avait nié, et quelquefois lorsqu'elle était intentée au simple : l'action *vi bonorum raptorum* était également mixte (²).

244. — Les actions qui ne tendaient qu'à la poursuite de la chose étaient appelées *persequendæ rei* (persécutoires de la chose). De ce nombre étaient toutes les actions réelles : et, parmi les actions personnelles, presque toutes celles qui naissaient des contrats ou des quasi-contrats. Toutefois, l'action de dépôt nécessaire, quand elle se poursuivait contre le dépositaire même, était mixte, car elle se donnait au double. De même, dans le cas où un *sponsor* avait payé pour celui qu'il avait cautionné et n'était pas remboursé dans les six mois, il avait contre ce débiteur l'action *depensi* qui

(¹) Instit., § 5.
(²) V. Instit., *De actionibus*, §§ 18 et 19.

était au double. De même, dans le cas de chose jugée, l'action *judicati* se donnait au double contre le défendeur qui avait nié la condamnation. De même enfin, l'action *ex testamento* était mixte contre le défendeur qui avait nié un legs *per damnationem* dont il était tenu. Mais, sous Justinien, l'action *depensi* n'existait plus ; l'action *ex testamento*, à part le cas où elle tendait à la réclamation d'un legs pieux, était simplement persécutoire ; l'action *judicati* était également persécutoire (¹).

245. — Les trois actions personnelles, *familiæ erciscundæ, communi dividundo, finium regundorum*, étaient appelées actions mixtes, mais dans un sens autre que celui des actions par lesquelles on poursuivait une chose et une peine. Dans ces trois actions particulières, la formule attribuait au juge le pouvoir d'adjuger la propriété et de prononcer une condamnation ; il y avait donc pouvoir sur la chose et sur les personnes ; et c'est en ce sens seulement que le texte des Institutes a pu dire que ces actions étaient *tam in rem quam in personam*. En effet, d'après ce que nous avons dit en définissant l'action réelle et l'action personnelle, on voit qu'une action ne pouvait pas, dans le sens absolu, être à la fois réelle et personnelle, puisque l'*intentio* de l'*actio in rem* ne nommait pas le défendeur, au lieu que celle de l'*actio in personam* le nommait, et qu'on ne peut pas à la fois nommer et ne pas nommer une personne. C'est là ce qui a fait dire à Gaïus : « Nous

______
(¹) Gaïus, c. 4, §§ 25 et 171 ; Inst., *ib.* §§ 17 et 19.

ne pouvons pas réclamer de quelqu'un notre chose en ces termes : « *S'il appert qu'il doit donner.* » — D'ailleurs, Justinien qualifie lui-même d'actions personnelles les trois actions qui nous occupent [1].

246. — Ulpien les qualifie de mixtes, en ce sens que chacune des parties y joue à la fois le rôle de demandeur et celui de défendeur [2].

[1] L. **1**, ff. *Finium regundorum* : « *Finium regundorum actio in personam est, licet pro vindicatione rei est* » ; L. **1**, § **1**, C. *De annali exceptione, etc.*; Inst., *De actionibus*, § **20**; — Walter, ch. **3**, p. **35**, trad. Laboulaye ; Ortolan, t. **II**, p. **534** ; Ducaurroy, n° **1236** ; Bonjean, *Encycl. cath.*, v° *Action*, p. **254** et **255**. — M. Etienne, t. **II**, p. **366**, expose la théorie suivante au sujet de la difficulté qui nous occupe : « Les actions mixtes sont des actions personnelles par leur *intentio ;* mais au fond, quand on les intente, on veut arriver à la détermination d'un lot, ou à la fixation d'une limite, à laquelle un adversaire ne peut point consentir : le but est d'être déclaré propriétaire d'un lot ou jusqu'à une limite, au moyen de l'adjudication du juge. Cette adjudication au profit du demandeur a de l'analogie avec la décision, consignée dans un *jussus,* que rendrait le juge pour constater le triomphe du demandeur par suite d'une revendication. En effet, par cette adjudication, le demandeur sera déclaré propriétaire, et il le sera devenu sans le consentement ou le fait du défendeur ; mais il n'y a là qu'analogie avec le *jussus* de la revendication, et c'est pourquoi le § **20** du titre *De actionibus,* aux Institutes, porte : « *Mixtam causam habere videntur tam in rem quam in personam* ». Le caractère réel de cette action n'apparaît pas dans l'*intentio ;* mais il se manifeste dans l'*adjudicatio.* C'est par ce motif que l'on rencontre l'*adjudicatio* avec la *condemnatio* seulement dans les trois actions dont il s'agit. »

[2] L. **37**, § **1**, ff. *De oblig. et act.*

§ 6. — *Actions au simple, — au double, — au triple, —
au quadruple.*

247. — Toutes les actions non pénales étaient au simple. L'action d'injures, quoique pénale, était au simple, ainsi que toutes celles dont la condamnation était déterminée. On agissait au double dans les actions de vol non manifeste, de la loi Aquilia, quant au chef relatif à l'*adstipulator, servi corrupti* contre celui qui avait corrompu ou tenté de corrompre un esclave, de dépôt nécessaire et de legs pieux. Les actions *furti concepti* et *furti oblati* étaient au triple; Justinien les supprima et les remplaça par celle qu'il créa contre un demandeur qui, dans la citation, avait demandé plus qu'il ne lui était dû. L'action de vol manifeste, celle *quod metûs causâ,* celle que Justinien établit contre les huissiers qui avaient exigé des parties au delà du tarif, étaient au quadruple. — Les actions de vol manifeste ou non manifeste, l'action *servi corrupti* étaient toujours au quadruple, au triple ou au double, à la différence des autres actions non au simple, qui n'étaient au quadruple, au triple ou au double, qu'en cas de dénégation [1].

§ 7. — *Actions de bonne foi, — de droit strict, — arbitraires.*

248. — Les actions de bonne foi étaient celles dans lesquelles le juge prenait l'équité pour base de sa dé-

____

[1] Inst., *De action.,* §§ 22 et suiv.; Gaïus, c. 3, § 191 ; c. 4, §§ 7 et suiv. et 173.

cision, sans être tenu d'appliquer les principes rigoureux du droit civil. Il avait un pouvoir plus étendu que dans les autres actions. Ainsi, bien que la formule contînt une question de droit civil à examiner, il prenait en considération la bonne foi, et devait admettre les prétentions contraires des parties, si elles étaient fondées sur l'équité. On appelait ces actions actions de bonne foi, parce que leur formule contenait, ajoutés à la question de droit qu'elle posait, les mots *ex fide bonâ*, ou ceux-ci : *quod æquius melius*, ou autres équivalents (¹).

249. — Elles naissaient : des contrats synallagmatiques, des quasi-contrats de communauté entre héritiers et autres, de la gestion d'affaires, de la fiducie, du mandat, du dépôt et de la tutelle. L'action *præscriptis verbis*, naissant du contrat estimatoire ou de l'échange, était aussi de bonne foi. Enfin la *petitio hereditatis*, quoique réelle, fut rangée par Justinien dans cette classe. Cet empereur y rangea aussi, dans un cas spécial, l'action *ex stipulatu*, qui était éminemment de droit strict de sa nature. La raison qui le porta à faire rentrer ainsi, pour un cas unique, l'*actio ex stipulatu* parmi les actions de bonne foi, tient à ce que, sous la législation de ce prince, l'action *rei uxoriæ*, accordée à la femme pour la réclamation de sa dot, et qui était de bonne foi, fut supprimée, et fit place à celle *ex stipulatu*, à laquelle Justinien transporta les

____

(¹) Cic., *De off.*, III, 16 et 17; *Topic.*, 36; Gaïus, c. 4, §§ 47 et 63 ;—Zimmern-Etienne, § 63 *bis*.

effets de la première. Avant cette suppression, les deux actions *rei uxoriæ* et *ex stipulatu* existaient pour des cas distincts. La première était générale, et se donnait à la femme, de quelque manière que la dot eût été constituée. La seconde ne se donnait que s'il y avait eu stipulation que la dot serait restituée : elle était de droit strict, et en conséquence beaucoup plus rigoureuse à l'égard du mari, qui ne pouvait faire aucune retenue, réclamer aucun délai, ni opposer le bénéfice de compétence, à la différence de ce qui arrivait quant à l'action *rei uxoriæ* [1].

250. — Dans ces sortes d'actions, le juge était plus spécialement appelé arbitre. On désignait l'action sous le nom d'*arbitrium* [2].

251. — De ce que, dans les actions de bonne foi, le juge prenait l'équité pour base de sa décision, il résultait que tout fait de dol, tant de la part du demandeur que de celle du défendeur, devait être suppléé par lui, sans qu'il fût nécessaire au demandeur d'invoquer l'action de dol ou la stipulation dite *cautio de dolo*, et sans que le défendeur eût besoin de faire insérer dans la formule l'exception de dol, ou toute autre déduite de la mauvaise foi, notamment celle *pacti conventi* [3].

---

[1] Instit., *De actionib.*, § 29 ;—Bonjean, § 302 ; Etienne, *Instit. traduites et expliquées*, t. ii, p. 443. — V. *infrà*, n° 280.

[2] L. 24, ff. *Depositi ;* L. 52, § 2, *Fam. ercisc. ;* L. 15, C. *Fam. ercisc. ;* L. 26, ff. *Comm. divid. ;* L. 14, § 7, *De religiosis ;* Gaïus, 4, § 141 ; Cic., *pro Roscio*, 5 ; *Topic.*, 17 ; L. 18, C. *Fam. ercisc.*

[3] L. 7, § 3, ff. *De dolo malo ;* L. 84, § 5, ff. *De legat. ;* LL. 3,

252. — De même, dans ces actions, le magistrat n'enjoignait pas au juge d'établir la compensation, laquelle paraissait s'accommoder aux actions de bonne foi, et qu'il était du devoir du juge de régler. En effet, rien ne serait plus contraire à l'équité que de condamner un défendeur à payer le montant de son obligation sans lui tenir compte de ce qui lui est dû par son adversaire (¹).

253. — De même, le juge devait d'office condamner le défendeur à la valeur des fruits des choses dues, ou à payer les intérêts s'il s'agissait de sommes d'argent, et cela du jour où il était en demeure, car dès ce moment il était en faute. Il n'était pas besoin d'une demande à part, à la différence de ce qui avait lieu relativement aux actions de droit strict (²).

254. — De même enfin, dans ces sortes d'actions, le juge devait suppléer d'office tout ce qui était d'usage commun dans les mœurs et dans la coutume, car rien n'eût été plus contraire à l'équité que de n'en pas tenir compte, alors que les parties avaient dû le prendre en considération (³).

255. — A part ces traits caractéristiques, les actions de bonne foi ne différaient pas des actions de droit

et 6, ff. *De rescindenda vendit.; Vaticana fragm.*, § 94 ; L. 7, §§ 5 et 6 ; L. 58, ff. *De pactis;* LL. 6, § 1 ; 72, *De contrah. empt.;* L. 12, *De præscript. verbis;* L. 11, §§ 3 et 6, *De act. empti.*—V. *infrà*, ch. 2, sect. 1.

(¹) Gaïus, c. 4, § 63.

(²) L. 32, § 2 ; L. 34, ff.; L. 31, pr. ff. *De rebus creditis.*

(³) L. 31, § 20, ff. *De ædilit. edict.*

strict. Ainsi, toutes les exceptions qui n'étaient pas basées sur la mauvaise foi ne pouvaient être suppléées d'office par le juge. Il fallait, notamment, pour qu'il pût les prendre en considération, que les exceptions *procuratoriæ*, *cognitoriæ*, *litis residuæ*, *rei judicatæ*, *quod facere possit*, fussent insérées dans la formule (¹).

256. — Dans les actions de droit strict, le juge ne pouvait pas s'écarter des principes du droit civil, ni, en conséquence, prendre en considération la bonne foi et l'équité en dehors de ses principes. Aussi avons-nous vu que, dans les actions de la loi, dans l'*actio sacramenti*, sa mission se bornait à déclarer le *sacramentum* juste ou injuste, et dans la *condictio* que le demandeur réclamait de son adversaire une chose certaine, qu'il obtenait en entier ou n'obtenait pas, sans que le juge pût lui accorder une partie du montant de sa demande en lui refusant le reste.

257. — Tel était le droit rigoureux du premier système de procédure que nous avons parcouru; mais en passant dans le système formulaire, si le principe fut maintenu, il dut nécessairement subir quelques modifications en s'accommodant à la formule. Ainsi, il est vrai que le juge ne pouvait pas, dans ce système, suppléer d'office ce qui était bien et équitable, alors que le droit civil n'avait pas prévu la circonstance particulière qui était alléguée par le défendeur, dont l'obligation existait civilement, mais entachée d'un

____

(¹) L. 8, ff. *De except. rei judicatæ;* Gaïus, c. 4, § 107; L. 7, ff. *De exceptionibus;*—Etienne, *Inst. trad. et expliq.*, t. II, p. 371; Zimmern-Etienne, § 63.—V. *infrà*, ch. 2, sect. 1.

vice né de cette circonstance. C'est précisément pour prévenir une décision inique et contraire à l'équité que le préteur avait introduit dans sa formule certaines restrictions à l'ordre de condamner contenu dans la *condemnatio*, restrictions qui furent appelées *exceptions*. Si, par exemple, le demandeur actionnait une personne en vertu d'une stipulation dont les solennités avaient été régulièrement accomplies, le lien de droit était formé, alors même que la promesse eût été surprise par dol ou arrachée par violence, car le droit civil ne tenait pas compte de la circonstance dans laquelle la promesse avait été faite. — Mais comme il y aurait eu, dans ce cas, iniquité à condamner le défendeur, le préteur introduisait dans la formule, sur la demande de ce dernier, l'exception de dol ou de violence, qui permettait au juge de prendre ce fait en considération (¹).

258. — De même si, après qu'une obligation civile avait été formée, les parties convenaient par pacte que le montant de l'obligation ne serait pas demandé, et que la première obligation fût née d'un contrat de droit strict, le juge ne pouvait avoir égard à la convention de pacte, que le droit civil ne regardait point comme obligatoire, qu'autant que l'exception *pacti conventi* avait été insérée dans la formule (²).

259. — Il en faut dire autant du cas où il y aurait eu chose jugée dans un cas où le droit primitif n'était pas éteint *ipso jure* par la sentence, sauf à remarquer

(¹) V. Instit., *De exceptionibus*, § 1; Gaïus, c. 4, § 116.
(²) Instit., *loc cit.*, § 3.

ici que le défendeur avait besoin d'invoquer l'exception *rei judicatæ*, que l'absolution eût été prononcée en sa faveur dans une action de bonne foi ou dans une action de droit strict (¹).

260. — En règle générale, les actions civiles étaient de droit strict; mais il faut entendre par actions civiles celles qui avaient pris naissance dans l'ancien droit civil. Ainsi, les *condictiones* étaient toutes de droit strict; quant aux *condictiones* qui avaient hérité de l'ancienne *condictio*, et qu'à raison de cela on appelait *condictiones certi*, ainsi que nous l'avons vu plus haut (nᵒˢ 183 et suiv.) comme elles tendaient toutes à une dation certaine, elles produisaient toujours ce résultat rigoureux, que le juge était borné par les termes de la formule, et n'avait aucune latitude d'appréciation, soit quant à l'objet de l'obligation, soit quant aux obligations réciproques des parties; à moins que le magistrat ne lui eût enjoint, par une exception, d'y avoir égard. — Les *condictiones incerti*, qui avaient recueilli l'héritage de la *judicis postulatio*, et dont le but était de faire prononcer une condamnation incertaine, quoiqu'elles fussent également actions de droit strict, laissaient par leur nature même, comme l'ancienne *judicis postulatio*, une plus grande latitude au juge, puisqu'il y avait pour lui nécessité d'apprécier les faits générateurs de l'obligation, pour fixer *quidquid dare facereve oportebat* (²).

(¹) V. *infrà*, ch. 2, sect. 1, § 3.

(²) V. Gaïus, c. 4, §§ 53, 131, 136 et 137; L. 75, § 7; L. 76, § 1, ff. *De verborum obligat.*

261. — De ce qui précède, on peut conclure que les *condictiones incerti*, précisément à cause de la latitude qu'elles laissaient au juge, et de leur *condemnatio*, qui était *incerta* comme celle des actions de bonne foi, sans cesser d'être de droit strict, ont cependant servi de transition, de chaînon destiné à rattacher les actions du droit strict originaire aux actions de bonne foi (¹).

262. — Nous avons vu, en exposant la division capitale des actions du système formulaire, que l'une des deux grandes classes de cette division comprenait les actions par lesquelles le demandeur prétendait un droit absolu sur une chose qu'il désignait comme sienne, tandis que celles par lesquelles il arguait d'une obligation formaient la seconde classe. Nous avons expliqué également que la distinction entre les actions par lesquelles on réclame un droit absolu, et celles par lesquelles on prétend un droit d'obligation, tenait à la nature même des actions; qu'elle se retrouvait dans tous les systèmes de procédure. Nous savons aussi qu'à l'époque des actions de la loi, quand le *sacramentum* avait trait à une question de propriété ou autre droit réel, celui des contendants auquel la possession intérimaire était accordée fournissait une garantie appelée *prædes litis et vindiciarum*, qui assurait à l'adversaire, en cas de gain du procès, la restitution de la chose même et de ses fruits. Passant à la transfusion du système des ac-

____

(¹) Zimmern, §. 62.

tions de la loi avec celui des formules, nous avons remarqué qu'en matière de droits réels la formule *per sponsionem* était une imitation du *sacramentum;* qu'ici, comme dans l'ancien droit, le possesseur intérimaire garantissait, par une caution appelée *pro præde litis et vindiciarum*, la restitution de la chose et de ses fruits. L'idée expresse de la restitution de la chose et de ses fruits passa jusque dans la formule pétitoire elle-même, en ce sens que le juge y fut chargé, quand il reconnut la justesse du droit du demandeur, d'ordonner cette restitution, et de ne prononcer de condamnation pécuniaire contre le défendeur que faute par celui-ci de restituer (1).

263. — A cet effet, le juge reçut du magistrat, et dans la formule même, le pouvoir de prononcer un *jussus* ou *arbitrium*, ordre préalable par lequel il ordonnait au défendeur de restituer la chose réclamée. Ce n'était qu'à défaut d'obéissance à cet ordre que la condamnation pécuniaire était prononcée. Les actions dans les formules desquelles ce *jussus* ou *arbitrium* pouvait être inséré furent appelées *arbitraires*, à cause du caractère distinctif de l'*arbitrium*, qui les séparait des actions de droit strict et des actions de bonne foi (2).

264. — Toutes les actions réelles, moins les actions *préjudicielles*, qui ne contenaient pas de *condemnatio*,

(1) LL. 9; 58 et 68, ff. *De rei vindic.;* L. 57, ff. *De hereditatis petitione.*

(2) Instit., *De actionibus*, § 31.

et la *petitio hereditatis*, que Justinien a classée parmi les actions de bonne foi, étaient arbitraires, tandis que les actions personnelles étaient en général *stricti juris* ou *bonæ fidei*. Toutefois, les actions personnelles *ad exhibendum, finium regundorum, de eo quod certo loco, quod metûs causâ, de dolo*, l'action paulienne, qu'elle fût personnelle ou réelle, et enfin les actions noxales, étaient arbitraires [1].

265. — Toute personne qui voulait revendiquer la propriété d'une chose mobilière était intéressée à se la faire représenter à l'effet d'en constater l'identité, et de s'assurer ainsi que c'était bien la chose sur laquelle elle avait le *jus dominii*. C'est dans le but de lui venir en aide qu'on créa l'action *ad exhibendum* [2].

266. — Cette action, introduite pour faciliter la revendication, mais appartenant en général à quiconque était intéressé à l'exhibition d'une chose, était accordée contre toute personne à qui la possession ou la simple détention rendait l'exhibition possible, et même contre celui qui, par dol, se serait mis dans l'impossibilité d'exhiber [3].

267. — L'exhibition devait être faite *cum omni causâ*, c'est-à-dire dans l'état où était la chose au moment de l'introduction de l'instance. Le demandeur devait

---

[1] Instit., *De action.*, §§ 31 et 33; LL. 2, § 1; 4, § 3; 8, § 1, ff. *Finium regundorum*; L. 10, §§ 20 et 25, ff. *Quæ in fraud. credit.*

[2] L. 3, §§ 3, 4 et 15; L. 5, §§ 2; L. 9, § 2; LL. 13 et 14, ff. *Ad exhibend.*

[3] LL. 1; 13 et 3, § 7, ff. *Ad exhib.*

donc être indemne du dommage qu'une exhibition tardive pouvait lui causer ; notamment en ce qui concernait les fruits perçus pendant le litige ; et si l'usucapion s'était accomplie depuis la demande, ce défendeur qui restituait devait consentir à ce que la revendication pût s'exercer sur la chose tout comme s'il n'avait pas usucapé ([1]).

268. — Il ne faut pas confondre l'action *ad exhibendum* avec l'interdit du même nom. — Ce dernier se donnait pour la restitution des personnes libres *alieni juris* que le père voulait se faire représenter, tandis que l'action était relative aux choses et aux esclaves ([2]).

269. — L'action *finium regundorum*, qui se donnait entre voisins, était arbitraire en ce que le juge pouvait avoir à prononcer le *jussus* ou ordre préalable de faire des restitutions, d'abattre des arbres ou des constructions, pour le rétablissement des limites ([3]).

270. — L'action *quod certo loco* était utile à celui auquel on avait promis l'acquittement d'une obligation en un certain lieu, et qui voulait l'obtenir ailleurs. Comme il y avait plus-pétition à demander ailleurs qu'au lieu convenu, le créancier, en agissant ainsi, s'exposait à être repoussé de sa demande. Mais comme d'un autre côté il avait souvent intérêt à recevoir le payement dans cet autre endroit, le préteur imagina une modification à la formule, modification qui per-

[1] LL. 9, §§ 5, 6, 7 et 8; 10 et 11, ff. *ad exhib.*

[2] V. *infrà*, n° 427 ; — L. 13, ff. *Ad exhib.*; L. 1, § 2, ff. *De rei vindic.*; Inst., *De interd.*, § 1.

[3] LL. 2, § 1 ; 4, § 3 ; 8, § 1, ff. *Ad exhib.*

mit au créancier d'agir hors du lieu convenu, sans craindre de déchéance pour plus-pétition. Ce changement consista à rendre la formule arbitraire, en subordonnant la *condemnatio* au cas où le défendeur ne satisferait pas. De plus, le préteur rendit la *condemnatio* incertaine dans ce cas, pour qu'il fût permis au juge de prendre en considération la différence de lieu et d'en tenir compte dans sa sentence. — Observons que si le créancier agissait par une action de bonne foi, ou même par une *condictio incerti*, comme il n'y avait pas lieu à plus-pétition, et que le juge était libre de déterminer le montant de la condamnation en appréciant la différence de lieu, il n'était pas besoin de l'action *quod certo loco* (¹).

271. — Du reste, le créancier ne pouvait pas, même en usant de l'action *quod certo loco*, exiger son payement partout ailleurs qu'au lieu fixé pour l'acquittement de l'obligation. Il n'avait le droit de choisir que l'un des lieux suivants : soit le domicile particulier du défendeur; soit Rome, qui était le domicile commun; soit le lieu où le défendeur s'était obligé (²).

272.—Le défendeur pouvait être absous alors même que l'*intentio* du demandeur était reconnue bien fondée; il suffisait en effet qu'il donnât caution de payer au lieu indiqué pour l'accomplissement de son obli-

---

(¹) V. L. 2, pr. ff. *De eo quod certo loco dari oportet*; Gaïus, c. 4, § 47; Instit., *De actionibus*, § 33.

(²) L. 2, C. *De jurisd. omn. jud.*; L. 3, C. *Ubi in rem*; L. 33, ff. *Ad municipal.*; L. 19, §§ 1 et 2; L. 20, ff. *De judic.*

gation. C'est en ce sens qu'on peut dire que l'action *de eo quod certo loco* était arbitraire (¹).

273.—Nous avons déjà expliqué (n⁰ˢ 233 et 247) que l'action *quod metûs causâ* était une action prétorienne au quadruple : elle se donnait contre toute personne qui avait tiré profit de l'aliénation ou de tout autre acte arraché par la violence. On l'appelait *actio personalis in rem scripta*, parce que son *intentio* était rédigée *in rem*, c'est-à-dire d'une manière générale et absolue. — L'action de dol, au contraire, ne se donnait que contre l'auteur du dol (²).

274. — Les actions noxales ont aussi été traitées aux n⁰ˢ 241 et suiv. Nous ne nous en occuperons ici que pour établir, contrairement à l'opinion de quelques commentateurs, notamment M. Ortolan, que ces actions étaient arbitraires. Cela résulte clairement du texte du § 31, liv. 4, tit. 6, des *Instit.*, ainsi conçu : « *Prætereà, quasdam actiones* arbitrarias, *id est, ex arbitrio judicis pendentes, appellamus : in quibus, nisi arbitrio judicis is cum quo agitur actori satisfaciat, veluti rem restituat, vel exhibeat, vel solvat,* vel ex noxali causa servum dedat, *condemnari debeat.* » En outre, dans le § 1ᵉʳ *De officio judicis,* on lit : « *Si noxali judicio addictus est observare debet (judex) ut si condemnandus videtur dominus ità debeat condemnare :* Publium Mœvium Lucio Titio in decem aureos condemna, aut noxam de-

---

(¹) V. L. 4, § 1, ff. *De eo quod certo loco.*—V. aussi Ducaurroy, *Inst. traduites et expliquées,* t. ii, p. 401, n⁰ 1263.

(²) V. L. 9, § 8, ff. *Quod metus causa ;* ff. *De dolo.*

dere. » Or, n'est-ce pas précisément à cet ordre de donner la chose même qu'on reconnaît le caractère distinctif de l'action arbitraire; et peut-on dire que l'abandon noxal n'était pas ordonné au défendeur, quand on voit que Justinien considère comme rentrant dans le devoir du juge l'obligation d'y condamner ce défendeur? Ajoutez aux deux textes cités un fragment de Paul, où il est dit: « *Arbitrio judicis absolvi eum oportet,* » en parlant du maître d'un esclave délinquant; et le doute ne sera plus permis (¹).

275. — Dans le principe, le *jussus* ou l'*arbitrium* n'était point obligatoire, en ce sens qu'on ne pouvait contraindre le défendeur à l'exécution, si ce n'est indirectement et par crainte de la condamnation. Le même principe resta applicable même sous le troisième système, toutes les fois que la satisfaction ordonnée tendait à autre chose qu'à la restitution ou à l'exhibition d'une chose corporelle. Mais dans ce dernier cas, l'*arbitrium* put, par la suite, être exécuté *manu militari*, à défaut de satisfaction volontaire. Cicéron semble indiquer qu'il en était ainsi de son temps (²).

276. — Les actions *in factum* ne posant pas de question de droit civil à examiner, le juge n'y était pas renfermé dans les principes de ce droit; elles n'étaient donc pas de droit strict. On ne peut pas dire non plus

____

(¹) L. 4, § 1, ff. *De noxalib. act.* — V., dans notre sens, M. Ducaurroy, n° 1291.

(²) Cic., *in Verrem*, II, 12; LL. 9 et 68, ff. *De rei vindicatione.*

qu'elles fussent de bonne foi, puisqu'il n'était pas besoin d'ajouter à la formule les mots *ex fide bonâ*, pour que le juge pût échapper à la rigueur du droit civil qui ne s'appliquait pas. Nous voyons que toutes celles dans lesquelles une restitution ou exhibition était à faire rentraient dans la classe des actions arbitraires. Quant aux autres, elles étaient en dehors de la division que nous venons de parcourir (¹).

§ 8. — *Actions contre lesquelles il était permis d'opposer le bénéfice de compétence.*

277. — Quand une femme actionnait son mari en restitution de sa dot; quand un demandeur poursuivait le pécule d'un fils de famille ou d'un esclave contre le père ou le maître; quand un fils ou un affranchi actionnait son père ou son patron; quand un associé agissait contre son coassocié; quand un créancier poursuivait son débiteur, qui avait fait cession de biens, et sur les biens que celui-ci avait nouvellement acquis; lorsqu'un donataire agissait contre son donateur en exécution de la donation;—dans tous ces cas, le défendeur n'était condamné que jusqu'à concurrence de ce qu'il pouvait payer ou du pécule. On appelait *bénéfice de compétence* ce droit réservé à certains débiteurs en faveur de leur position spéciale vis-à-vis de leurs créanciers (²).

(¹) L. **14**, § **4**, ff. *Quod metus causâ;* L. **18**, ff. *De dolo;* Gaïus, c. **4**, §§ **45** et suiv.; §§ **141**, **163** et **165**.
(²) V. Instit., *De action.*, §§ **36** et suiv.

8.

278. — L'effet de ce bénéfice était de libérer pour le surplus le débiteur qui l'invoquait, soit que son obligation se trouvât novée par la *litis contestatio*, soit qu'il en fût autrement. Le débiteur avait le droit de retenir sur son actif ce qui lui était nécessaire pour subsister ([1]). Le donateur poursuivi par le donataire avait même le droit de retenir ce qu'il devait, mais ce droit particulier ne s'étendit jamais aux autres débiteurs auxquels le bénéfice de compétence était accordé ([2]).

279. — Ni les héritiers ni les cautions ne pouvaient invoquer ce bénéfice, qui était purement personnel. Le débiteur qui avait négligé de s'en prévaloir n'était pas admis à répéter son payement. Si, plus tard, après l'avoir réclamé et obtenu, il acquérait de nouveaux biens, on ne pouvait pas l'inquiéter à l'égard de ces derniers : aussi le préteur ne l'accordait-il à l'un des *associés* et au mari actionné en restitution de dot qu'autant qu'ils s'engageaient par stipulation à payer le surplus quand ils le pourraient ([3]).

280. — Le mari avait, outre le bénéfice de compétence, le droit de faire sur la dot certaines retenues; mais alors seulement qu'il était poursuivi par l'action *rei uxoriæ*, ainsi qu'il a été dit *suprà*, nº 249. Ces retenues consistaient : 1º dans le cinquième, par chaque

---

([1]) L. 173, ff. *De divers. reg. juris.*; L. 19, § 1, ff. *De judiciis et ubi.* — V. nᵒˢ 288 et suiv.

([2]) L. 12, ff. *De donationibus;* LL. 20 et 41, ff. *De re judic.*

([3]) L. 5, pr. ff. *Quod cum eo qui in aliena potestate;* L. 17, § 2, ff. *Soluto matrimonio;* L. 41, § 2, *De re judicata;* LL. 8 et 9, ff. *De condict. indebiti;* L. 1, § 7, C. *De rei uxoriæ actione.*

enfant, lorsque à la mort de la femme il devait restituer la dot profectice; 2° le montant des impenses
utiles et des impenses nécessaires. Il avait seulement
droit d'enlever les impenses voluptuaires (¹). Justinien
supprima le droit de retenue du cinquième par chaque enfant (²). Il n'accorda plus le droit de rétention
que pour les dépenses nécessaires, ne donnant au
mari qu'une action personnelle pour les dépenses utiles, soit de mandat, soit de gestion d'affaires, suivant
que la femme en avait eu ou n'en avait pas eu connaissance (³).

§ 9. — *Actions perpétuelles, — actions temporaires. — Instances
légitimes, — instances contenues dans l'imperium.*

281. — En principe, les actions civiles étaient perpétuelles, c'est-à-dire que le droit de les intenter durait éternellement. — Toutefois, les actions purement
pénales ne pouvant jamais être intentées contre les
héritiers du délinquant, si ce n'est jusqu'à concurrence du profit qu'ils auraient retiré du délit, il en
résulte que ces actions, quoique civiles, étaient nécessairement bornées à la durée de l'existence de l'auteur
du dommage. Ainsi, les actions de vol, celle de la loi
Aquilia, n'étaient perpétuelles qu'en ce sens qu'elles n'é-
taient pas limitées à un délai préfixe. Il y avait encore

(¹) V. Institutes, *De actionibus*, § 29; L. 9, ff. *De impensis in
res dot.* — V. aussi Etienne, t. II, p. 454.

(²) L. 1, § 5, C. *De rei uxoria.*

(³) L. 1, § 1, C. *De dote causa non numerata.*

exception, quant à l'action que le créancier avait contre les *sponsores* et les *fide promissores*, laquelle ne durait que deux ans, d'après la loi Furia, et ne se donnait pas contre leurs héritiers ; quant à l'action de la loi *Julia repetundarum*, qui était limitée à un an contre les héritiers ; quant à celle qu'avait l'adstipulateur, qui ne passait pas aux héritiers, etc. (¹).

282. — Les actions qui dérivaient de la juridiction prétorienne étaient généralement temporaires, c'est-à-dire que le droit de les intenter était borné à un an. Mais il y avait plusieurs actions prétoriennes qui avaient une durée perpétuelle : c'étaient celles qui étaient données par imitation du droit civil ou pour l'adoucir. Ainsi, l'action au quadruple *furti manifesti* était perpétuelle, ce qui était juste, dit Gaïus, car on avait substitué une peine pécuniaire à la peine capitale, que la loi des douze tables avait portée contre le voleur manifeste. Les actions qui se donnaient au possesseur de biens, et à tous ceux qui étaient *loco heredum*, étaient également perpétuelles. — La publicienne, et en général toutes les actions prétoriennes persécutoires de la chose se donnaient après l'année (²).

283. — Dans le Bas-Empire, la perpétuité des actions civiles fut remplacée par une durée de trente

____

(¹) Gaïus, c. 3, § 121; c. 4, § 112; Instit., *De perpetuis et temporalibus*; L. 2, ff. *De lege Julia repetundarum.*

(²) Gaïus, Comm. 4, §§ 110 et 111 ; L. 35, pr. ff. *De oblig. et actionibus.*

ans, sauf quelques cas exceptionnels (notamment celui de l'action hypothécaire), pour lesquels la durée fut portée à quarante ans (1).

284.— Il faut bien se garder de confondre les *judicia legitima* avec les actions perpétuelles, et les *judicia imperio continentia* avec les actions temporaires. En effet, d'une part, nous venons de voir que l'action perpétuelle était celle qu'on n'était pas contraint d'intenter dans un délai déterminé, et que l'action temporaire était celle qu'on avait perdu le droit de faire valoir, par cela seul qu'on avait laissé écouler sans agir le délai d'une année depuis qu'on y avait droit.— D'autre part, Gaïus nous apprend qu'il y avait *legitimum judicium* (instance légitime) si le procès se débattait à Rome ou dans le rayon milliaire autour de Rome, entre citoyens romains, et devant l'*unus judex*, citoyen romain. Le même jurisconsulte ajoute qu'il y avait *judicium imperio continens* (instance contenue dans l'*imperium*) toutes les fois qu'une de ces trois conditions manquait ; et plus bas : « On dit que des instances sont contenues dans l'*imperium*, parce qu'elles ne sont valables que tant que dure le pouvoir du préteur qui les a données. »

285. — En d'autres termes, les *judicia*, qu'ils fussent *légitimes* ou contenus dans l'*imperium*, n'étaient que l'instance, le procès engagé par la délivrance de la formule, abstraction faite du droit de poursuivre, tandis que l'action perpétuelle ou temporaire était le

(1) V. lib. 7, C., tit. 39.

droit de demander au magistrat la formule perpétuel-lement ou pendant un certain temps. On peut dire que le *judicium* était le droit sanctionnateur que l'autorité publique accordait en échange du droit d'agir, préexistant au profit d'une personne qui prétendait qu'une chose était sienne ou qu'une autre personne était obligée envers elle (¹).

286. — Dans le principe, les *judicia legitima* n'avaient pas de limites. D'après la loi *Julia judiciaria* (portée l'an 729 de Rome), leur durée fut bornée à dix-huit mois, à dater de leur organisation. —Quant aux *judicia imperio continentia*, leur durée ne pouvait pas se prolonger au delà de celle du pouvoir du magistrat qui les avait organisés (²).

287. — De la définition que Gaïus donne du *legitimum judicium*, il résulte qu'une instance pouvait être *légitime*, quoiqu'elle ne provînt pas d'une loi, et bien qu'elle fût *temporaire*; si, par exemple, une action prétorienne était poursuivie à Rome ou dans le rayon milliaire, entre citoyens romains et devant un seul juge, citoyen romain. A l'inverse, il résulte de la définition du *judicium imperio continens*, qu'une action née d'une loi pouvait, quoique perpétuelle, donner lieu à une instance contenue dans l'*imperium*; si, par exemple, elle était poursuivie au delà du rayon milliaire, ou dans Rome même, devant des récupérateurs,

____

(¹) V. Etienne, *Instit. de Justinien, traduites et expliquées,* t. ii, p. 485.

(²) Gaïus, c. 4, §§ 104 et 105.

ou si le juge ou l'une des parties n'était pas citoyen romain (¹).

288. — Quoique cette distinction entre l'instance légitime et l'instance contenue dans l'*imperium* fût tout à fait étrangère au droit même d'exercer l'action, elle avait cependant une influence majeure sur ce droit de poursuite. Ainsi, nous voyons que si une action personnelle conçue *in jus*, avait été débattue en instance légitime, la *litis contestatio* ayant nové l'obligation, le demandeur ne pouvait plus intenter de nouveau son action, ce qui rendait inutile l'exception de chose jugée. Et si, après avoir obtenu la formule d'instance légitime, le demandeur la laissait périmer, il ne pouvait pas non plus demander une nouvelle formule, parce que la dation de la première avait nové l'obligation dont elle était née (²).

289. — Mais si l'action débattue en instance légitime était réelle, la péremption de cette instance ou la sentence qui en était résultée n'empêchait pas le demandeur de recommencer le procès, car la *litis contestatio* n'avait pu produire de novation, attendu que les obligations seules pouvaient être novées, et non les droits réels (³).

290. — De même, l'action *in factum*, quoique débattue en *instance légitime*, pouvait être intentée à nouveau, car cette action étant basée sur un fait, et

(¹) Gaïus, c. 4, § 109.
(²) Gaïus, c. 4, § 107.
(³) Gaïus, c. 4, § 107.

ne donnant pas lieu à une formule où le demandeur prétendît une *obligation,* ne pouvait pas être novée. Cette vérité est saillante, si l'on observe la conception de la formule *in factum,* où le magistrat s'exprimait ainsi : « S'il appert que tel fait est vrai, condamnez ; s'il n'appert pas, absolvez. » — Aussi était-il besoin (comme dans le cas où l'action était réelle) de l'exception *rei judicatæ* au défendeur, qui, même en *instance légitime,* avait déjà gagné son procès [1].

291. — Si l'action avait été débattue en *instance* contenue dans l'*imperium,* qu'elle fût réelle ou personnelle, conçue *in jus* ou conçue en fait, elle pouvait toujours être intentée à nouveau par le demandeur qui avait succombé. Aussi le défendeur avait-il besoin d'invoquer l'exception *rei judicatæ* [2].

292. — Mais quelle était la raison de cette différence entre les effets du *judicium legitimum,* alors qu'il éteignait *ipso jure* le droit du demandeur, et ceux du *judicium imperio continens,* qui n'éteignait jamais la première action qu'indirectement et au moyen d'une exception? — MM. Bonjean et Zimmern (*loc. cit.*) enseignent que le *judicium imperio continens* étant un moyen tiré de l'*imperium* du magistrat, ne pouvait détruire une *prétention fondée sur le droit civil.* — Nous croyons que ce motif est inexact. En effet, il arrivait

---

[1] Gaïus, c. 3, §§ 180 et 181 ; c. 4, § 107 ; — Bonjean, t. I, p. 477 ; Walter, p. 38 et suiv.; Zimmern-Etienne, § 120, p. 360; Etienne, *Inst. trad. et expliq., loc. cit.*

[2] V. Gaïus, c. 4, § 106.

fréquemment que la prétention du demandeur, quoique débattue en *judicium imperio continens*, n'était pas fondée sur le droit civil, ce qui, le cas échéant, rendait inapplicable la raison des auteurs cités. En second lieu, Gaïus nous enseigne que l'action, quoique née du droit civil, pouvait être débattue en instance contenue dans l'*imperium*, comme, à l'inverse, une action prétorienne pouvait être jugée en instance légitime. Le moyen pris d'un *legitimum imperio continens* n'était donc pas tiré de l'autorité du magistrat. — Il nous paraît plus vrai de dire que la différence des résultats produits par les deux *judicia* tenait à ce que l'instance légitime avait d'abord une durée illimitée, puis une durée certaine et assez prolongée, dix-huit mois, d'où il résultait toujours pour le demandeur la possibilité de mettre à profit la formule par lui obtenue, tandis que le *judicium imperio continens* n'étant valable que pendant la durée du pouvoir du magistrat qui l'avait organisé, comme il arrivait souvent qu'une instance n'avait pu être formulée que peu de jours avant la fin de la magistrature du préteur, il y avait impossibilité pour le demandeur de tirer profit de la formule obtenue. C'est pourquoi on lui permettait d'en réclamer une nouvelle, afin de ne pas le rendre victime d'une circonstance qui lui était étrangère. Et si le défendeur opposait l'exception *rei judicatæ*, il était tout simple que, reconnue vraie, elle paralysât la nouvelle demande. Que si, au contraire, il n'y avait lieu qu'à l'exception *rei in judicium deductæ*, le demandeur devait obtenir une *duplique* pour repousser cette exception, opposée dans ce cas contrairement à l'équité. Il est probable, toutefois, que cette *duplique* ne produisait son effet qu'autant que le demandeur n'avait pas eu en fait le temps suffisant pour faire usage de sa première formule.

§ 10. — *Actions transmissibles, — actions non transmissibles.*

293. — Les actions réelles et celles qui naissaient des contrats et quasi-contrats, et en général toutes les actions persécutoires, se donnaient aux héritiers du créancier et contre les héritiers du débiteur. Il y avait toutefois exception quant à l'action donnée à l'adstipulateur, laquelle ne passait pas à ses héritiers, et quant aux actions qui compétaient contre les *sponsores* ou *fidepromissores*, lesquelles ne pouvaient s'exercer contre leurs héritiers. Les actions pénales ne se donnaient point contre les héritiers du délinquant, si ce n'est jusqu'à concurrence du profit qu'ils en avaient retiré ; mais elles compétaient aux héritiers de celui qui avait souffert du délit, à moins qu'elles ne fussent, comme l'action d'injures, de nature à ne pouvoir être appréciées que par la personne injuriée. Si l'instance avait une fois été organisée, les actions pénales se donnaient contre les héritiers, c'est-à-dire que l'instance pouvait se poursuivre contre eux (1).

294. — Il faut observer également que les actions persécutoires se donnaient contre les héritiers du délinquant (2).

---

(1) Gaïus, c. 4, § 112 ; Instit., *De perpetuis et temporalibus actionibus.*

(2) Instit., *De obligat. quæ ex delict. nascuntur.*

CHAPITRE II.

Exceptions, répliques, dupliques, etc. — Prescriptions.

Section I. — Exceptions, répliques, dupliques.

§ 1. — *Des exceptions en général.*

295. — Le défendeur pouvait combattre la prétention de son adversaire, soit en invoquant des moyens de défense fournis par le droit civil (par exemple, en établissant que le demandeur n'avait point prouvé l'existence de l'obligation ou le fondement de son droit réel, ou bien que le contrat par lui allégué était nul d'après le droit civil, ou bien encore que l'obligation avait été éteinte par un des moyens d'extinction du droit civil); soit en paralysant le droit du demandeur par une prétention distincte de la demande et qui ne tendait pas à nier positivement le fondement de cette dernière, mais à l'empêcher de triompher, par des motifs pris en dehors du droit civil. Ce dernier moyen de défense était appelé *exception* (¹).

296. — Les exceptions étaient d'origine purement prétorienne. Elles ne furent introduites que sous le système formulaire, comme moyen d'empêcher qu'une condamnation inique ne vînt atteindre un défendeur poursuivi par une action née dans le droit civil et qui,

______

(¹) V. Étienne, *Inst. trad. et expliq.*, t. ıı, p. 377 ; Zimmern-Étienne, § 91 ; Bonjean, t. ıı, § 309.

quoique parfaitement conforme à ce droit, n'était pas, à cause de circonstances non prévues par lui, en rapport avec les principes de l'équité (1). Peu à peu, certains sénatus-consultes, certaines constitutions impériales et même des lois, créèrent des exceptions, marchant ainsi dans la voie tracée par le droit honoraire, et préférant éluder par un détour l'application de règles trop rigoureuses au lieu de les abroger ouvertement. Tels furent les sénatus-consultes *Trébellien*, *Velléien* et *Macédonien*, les lois *Julia* et *Cincia*. Une constitution de Marc-Aurèle établit l'exception de compensation. L'exception *justi dominii* fut admise en vertu du droit civil proprement dit (2).

297. — L'exception ne tendait pas à détruire le droit invoqué par le demandeur, mais uniquement à en paralyser les effets. Le préteur arrivait à ce résultat en insérant dans la formule une restriction à l'ordre de condamner donné au juge dans la *condemnatio*. Cette restriction était habituellement conçue en forme de condition négative opposée à la *condemnatio : « Condemna, nisi pactum conventum fuerit* (3). » Nous avons

---

(1) et (3) V. Cic., *De inv.*, II, 19 ; L. 3, § 1, ff. *De const. pec.;* Gaïus, Comm. 4, § 108 et §§ 116 et 119 ; Instit., *De exceptionibus; —* Zimmern, § 91 ; Étienne, *Inst. trad. et expliq.*, loc. cit.; Bonjean, t. II, §§ 309 et 310.

(2) Inst., *De except.*, § 7 ; *De fidecomm. heredit. ;* ff. *Ad S. c. Velleian.;* ib. *De S. c. Macedonian.;* ff. *De cess. bonor.;* Inst., *De replic.*, § 4 ; *Fragm. Vatic.*, §§ 266, 298 et suiv.; Inst., *De action.*, § 30 et § 39 ; LL. 4, 5 et 15, ff. *De compensationib.;* L. 16, ff. *De public. in rem act.; —* V. Ducaurroy, n° 1338;

déjà fait remarquer *suprà*, n°s 251 et suiv., que certaines
exceptions n'avaient pas besoin d'être insérées dans la
formule des actions de bonne foi pour que le juge en
tînt compte. Il nous suffira de rappeler que le moyen
imaginé par le droit honoraire pour autoriser le juge
à avoir égard à certaines défenses opposées par le défendeur à une action *stricti juris*, produisait dans ces
sortes d'actions un résultat différent de celui auquel
on arrivait dans les actions de bonne foi, en opposant
les mêmes moyens. En effet, l'exception justifiée faisait absoudre le défendeur et perdre le droit du demandeur, tandis que, tout en tenant compte des règles de l'équité, le juge n'était pas amené à repousser
nécessairement pour le tout la prétention du demandeur. Il se bornait à la réduire au reliquat *ex æquo et
bono*. Répétons aussi que les exceptions qui n'étaient
pas basées sur le dol ou la mauvaise foi ne pouvaient
être suppléées d'office par le juge dans les actions de
bonne foi ; d'où il suit qu'une fois insérées dans la
formule et justifiées, elles entraînaient forcément
l'absolution du défendeur, de même que dans les actions *stricti juris*.

§ 2. — *Division des exceptions.*

298. — Les exceptions se divisaient soit à raison de
leur forme, de la rédaction qu'elles comportaient
dans la formule (on distinguait ainsi les exceptions

Bonjean, § 183 ; Étienne, t. II, p. 379. — V. *infrà*, n°s 333 et
suiv.

in factum, qui ne soumettaient au juge que l'examen d'un fait déterminé, de celles dans lesquelles il avait à apprécier si on avait violé les règles établies par les constitutions impériales, par les sénatus-consultes ou par les lois qui avaient admis certaines exceptions ; on les distinguait aussi de l'exception de dol, dans laquelle le magistrat ne précisait aucun fait particulier, laissant au juge le soin, non-seulement de vérifier les faits de fraude allégués par le défendeur, mais encore d'en apprécier la moralité et la gravité) ; soit à raison de leur nature (on disait ainsi *exceptions réelles, exceptions personnelles, exceptions dilatoires* et *exceptions péremptoires*) ([1]).

1re DIVISION. — *Exception* in factum *par opposition :* 1° *à l'exception tirée d'une loi, d'un sénatus-consulte ou d'une constitution impériale ;* 2° *à l'exception de dol.*

299. —1°— Quand le magistrat donnait une exception, elle était généralement rédigée en fait, car le juge recevait par là le pouvoir de reconnaître si tel fait avancé par le défendeur était vrai ou faux. Cette vérification une fois faite, et la véracité du fait étant reconnue, le juge absolvait le défendeur, tandis que, dans le cas contraire, il prononçait la condamnation. Mais quand l'exception soumise à l'examen du juge était tirée du droit civil, il avait alors à décider, de

([1]) V. Étienne, t. II, p. 379 et 380 ; Zimmern-Étienne, § 91 ; — Bonjean, § 312.

même que dans l'*intentio in jus*, si elle était invoquée conformément aux règles du droit civil, et dans ce sens, on peut dire qu'il y avait des exceptions *in jus*, par opposition aux exceptions *in factum*. Toutefois, hâtons-nous de reconnaître, avec les commentateurs, que la dénomination d'*exceptio in jus* n'est pas employée dans les textes du droit romain. Aussi cette division n'offre-t-elle aucune importance et n'a-t-elle d'utilité qu'en ce qui concerne la netteté d'une classification exacte (¹).

300. — 2° — Les textes opposent, au contraire, fréquemment l'*exceptio in factum* à celle de dol, voulant indiquer par là, dans le même sens qu'ils opposent l'action *in factum* à l'action de dol (*suprà*, n° 235), la différence entre les exceptions ordinaires, qui ne donnent au juge qu'un simple fait à vérifier, et l'exception de dol, dans laquelle sa mission est d'apprécier la gravité et la moralité des faits de fraude reprochés au demandeur (²).

301. — Le défendeur qui avait l'exception de dol à faire valoir avait ordinairement le choix entre celle-ci et une exception *in factum*. C'était à lui à voir celle qui lui présentait le plus d'avantages. Mais il ne pouvait recourir qu'à l'exception *in factum* contre certaines personnes, alors même que ces dernières auraient agi

---

(¹) Bonjean, t. ɪ, § 183, et t. ɪɪ, p. 304, note 3; Zimmern, § 91.

(²) L. 2, §§ 4 et 5; L. 4, § 32, ff. *De doli mali et metus except.*; L. 1, § 4, *De exceptione rei vendit.*

frauduleusement; il en était ainsi quand un affranchi était défendeur contre son patron, et quand un fils jouait le même rôle vis-à-vis de son père (¹).

2ᵉ DIVISION. — *Exceptions réelles, exceptions personnelles.*

302. — On appelait exception réelle *activement* (*in rem* ou *rei cohærens*), celle qui pouvait être opposée soit par le défendeur, soit par ses fidéjusseurs, soit par ses successeurs. L'exception était réelle *passivement* alors qu'elle pouvait être alléguée contre tout demandeur. Quant à celles que le défendeur, ses fidéjusseurs ou ses successeurs, avaient le droit d'invoquer contre tout demandeur, elles étaient *in rem* activement et passivement (²). On entendait par exception personnelle celle qui ne pouvait être invoquée que par telle personne déterminée, sans que ses fidéjusseurs ni ses successeurs universels pussent y recourir et qui n'était opposable qu'à telle personne déterminée (³).

303. — L'exception *quod metus causa* était *in rem* passivement, en ce qu'elle pouvait être opposée à tout demandeur agissant en vertu de l'obligation contractée par violence, que ce demandeur eût ou non participé à la violence. Elle était aussi *in rem* active-

---

(¹) V. L. 4, § 16, *De doli mali except.*

(²) L. 2, §§ 1 et 2 ; L. 4, § 33, ff. *De doli mali;* L. 3, ff. *De except. rei venditæ.*

(³) V. Etienne, t. II, p. 380.

ment en ce qu'elle pouvait être opposée par l'obligé et par ses fidéjusseurs et successeurs ([1]).

304. — L'exception *rei venditæ et traditæ* était aussi *in rem* dans les deux sens ([2]).

305. — Celle *doli mali* était au contraire personnelle passivement en ce sens qu'elle ne se donnait que contre l'auteur des manœuvres frauduleuses, et non contre tous autres qui agissaient en vertu de l'acte frauduleux. Mais cette exception était *in rem* activement, en ce qu'elle compétait aux successeurs et fidéjusseurs de l'obligé ([3]).

3e DIVISION. — *Exceptions dilatoires, exceptions péremptoires.*

306. — En droit romain, on entendait par exception *péremptoire* celle qui pouvait être opposée au demandeur, quelle que fût l'époque à laquelle il agissait. On disait d'une telle exception qu'elle était *perpétuelle*, parce que jamais le droit de la proposer ne s'éteignait, à la différence de l'exception *dilatoire*, qui n'avait de force qu'autant qu'elle était proposée dans un certain temps, après lequel le demandeur pouvait utilement agir ([4]). Mais que l'exception opposée valablement fût péremptoire ou dilatoire, elle produisait toujours le

([1]) V. L. 4, § 33, ff. *De doli mali except.*, et Étienne, t. II, p. 380.

([2]) L. 3, ff. *De except. rei venditæ et tr.*

([3]) V. L. 2, §§ 1 et 2; L. 4, § 33, ff. *De doli mali;* — Étienne, *loc. cit.*

([4]) Inst., *De except.*, §§ 9 et 10; Gaïus, Comm. 4, §§ 121 et 122.

9.

même effet, en ce sens que le juge, chargé de statuer, devait toujours absoudre le défendeur qui établissait le fondement de son exception, à moins qu'une réplique ne vînt la combattre victorieusement. En d'autres termes, l'exception dilatoire du droit romain n'avait aucune ressemblance avec nos exceptions dilatoires, lesquelles tendent à obtenir du juge un sursis au jugement du procès, sauf au demandeur à former de nouveau sa demande ultérieurement. Elle n'était appelée dilatoire qu'en ce qu'elle ne paralysait le droit du demandeur que pendant un certain temps, après lequel elle n'aurait eu aucune efficacité, à la différence des exceptions péremptoires, qui détruisaient l'action, à laquelle elles formaient un obstacle perpétuel. Ainsi, lorsqu'un débiteur était convenu avec son créancier que celui-ci ne demanderait pas son payement avant trois mois, si le créancier agissait avant l'expiration de ce délai, on lui opposait l'exception *pacti conventi*, qui ici était dilatoire, et, répétons-le, le créancier était déchu pour plus-pétition, pour n'avoir pas attendu l'expiration des trois mois avant d'exercer ses poursuites. Si, au contraire, ce dernier n'agissait qu'à l'expiration des trois mois, l'exception *pacti conventi* était inefficace dans l'espèce, à la différence d'une exception péremptoire (celle qui serait résultée, par exemple, d'un pacte de ne jamais demander le payement), qui aurait pu être opposée perpétuellement. Dans notre droit français, au contraire, l'exception résultant d'un pacte par lequel le créancier aurait promis de n'agir que dans trois mois, ne ferait pas péricliter le droit du demandeur, mais l'obligerait seulement à renouveler sa demande après l'expiration du délai stipulé (¹).

307. — L'exception dilatoire dont nous venons de parler prenait aussi le nom de *temporaire*, de même que l'exception péremptoire était dite perpétuelle; mais l'une et l'autre étaient péremptoires, en ce sens qu'elles faisaient encourir la déchéance quand elles étaient opposées utilement (²). On appelait aussi exception *dilatoire temporaire* l'exception *litis residuæ*, qu'un défendeur opposait au demandeur qui l'actionnait devant des juges différents au sujet de demandes différentes formées en même temps. Cette exception ne pouvait être efficace qu'autant que la nouvelle demande formée devant un autre juge était produite pendant la même préture. Il en faut dire autant de l'exception *litis dividuæ* opposée contre un demandeur qui n'avait réclamé qu'une partie de son droit, et qui, dans la même préture, demandait une nouvelle formule pour le surplus (³).

308.—Certaines exceptions étaient dilatoires, mais non temporaires, en ce sens qu'elles pouvaient toujours être opposées au demandeur, qui avait la faculté d'y échapper, pourvu qu'il en tînt compte *in jure*,

---

(¹) V. C. de proc., art. 174 et suiv.;—Bonjean, §§ 314 et suiv.; Étienne, t. II, p. 381.

(²) V. Ducaurroy, n° 1340.

(³) Gaïus, c. 4, § 124; Inst., *De except.*, § 11; L. 2, § 4, ff. *De except.*

avant la délivrance de la formule. Elles étaient pure-ment dilatoires, à peu près comme celles de notre droit français, car elles ne faisaient que retarder l'action toutes les fois que le demandeur évitait leur insertion dans la formule, en se conformant à la prétention de son adversaire ; mais elles en différaient en ce qu'elles paralysaient l'action, lorsqu'elles étaient justifiées devant le juge, de la même manière que les autres ex-ceptions. Nos exceptions dilatoires n'entraînent jamais une telle conséquence. De ce nombre nous citerons celle qu'opposait, *in jure*, un fidéjusseur au créancier, pour qu'il divisât son action entre tous les fidéjusseurs, que lui fidéjusseur prétendait être solvables, et les excep-tions *cognitoriæ* ou *procuratoriæ*, opposées au *cognitor* ou *procurator*, n'ayant pas capacité pour représenter le demandeur, par exemple à un militaire. Dans le premier cas, si le demandeur consentait à la division, son action était réduite contre chaque fidéjusseur à sa part contributoire ; si, au contraire, il laissait déli-vrer la formule avec l'exception en s'obstinant à agir *in solidum* contre le fidéjusseur, ce dernier devait être absous alors qu'il justifiait de la solvabilité de ses cofidéjusseurs. Dans le second cas, le créancier pouvait choisir un autre *cognitor* ou *procurator*, ou agir par lui-même : s'il persistait à maintenir l'incapable, il perdait son droit par suite du bien fondé de l'excep-tion (¹).

(¹) LL. 28 et 51, ff. *De fidejussoribus et mandat.;* L. 2, § 4, *De except.;* Gaïus, c. 4, § 124 ; Instit., *De except.,* § 11.

§ 3. — *De quelques exceptions en particulier.*

309. — Nous traiterons successivement des exceptions : *quod metus causa, doli, erroris, pacti conventi, jurisjurandi, rei judicatæ, rei in judicium deductæ, compensationis; procuratoriæ* et *cognitoriæ, rei residuæ, litis dividuæ* et *non numeratæ pecuniæ*. Nous dirons aussi quelques mots au sujet des exceptions tirées des sénatus-consultes Trébellien, Velléien, Macédonien, et de celles auxquelles les lois *Julia* et *Cincia* avaient donné naissance.

310. — *Exception quod metus causa.* — Celui qui avait consenti par crainte à s'obliger était tenu civilement, pourvu qu'il eût contracté dans les formes du droit civil, et ne pouvait échapper à une condamnation qu'au moyen de l'exception *quod metus causa*, que le préteur insérait dans la formule. Cette exception était *in rem* passivement, en ce sens que tout demandeur contre lequel elle était opposée et justifiée était repoussé dans sa demande, alors même qu'il n'eût point participé à la violence (¹).

311. — Pour que la violence fût de nature à vicier le contrat, il fallait que le danger fût vraisemblable et difficile à éviter; que la menace fût grave, comme la mort, des blessures ou la perte de la liberté, et adressée soit à l'obligé, soit à ses enfants, mais dirigée contre la personne; la menace adressée à la réputation

(¹) V. L. 4, § 33, ff. *De doli mali et metus causa except.*

ou à la fortune ne produisait pas cet effet. Il était nécessaire enfin que la crainte eût été causée dans le but de forcer le défendeur à contracter (¹).

312. — *Exception doli mali.* — L'exception de dol appartenait à celui qui s'était obligé par suite de manœuvres frauduleuses imputables au demandeur lui-même ; elle n'était pas *in rem* passivement, mais bien activement, en ce sens que non-seulement le défendeur, mais encore ses fidéjusseurs et ses successeurs universels pouvaient l'opposer. Que le dol eût été exercé au moment même du contrat ou à une autre époque, antérieure ou postérieure, l'exception était efficace, à la différence de l'exception *quod metus causa,* qui ne produisait son effet qu'autant qu'elle avait déterminé le contrat (²).

313. — Pour que le dol viciât le contrat, il fallait qu'il eût déterminé l'intention de contracter, c'est-à-dire qu'il fût *principal ;* s'il n'était intervenu que dans le cours d'un *negotium* commencé, il donnait seulement lieu à des dommages-intérêts, qu'on obtenait soit par l'action de dol, soit par l'exception *doli mali,* alors qu'on avait préféré attendre les poursuites du demandeur avant d'arguer du dol par lui pratiqué.

(¹) LL. 3, § 1 ; 4 ; 6 ; 7, § 1 ; 8, pr. §§ 1, 2 et 3 ; 9 ; 14, § 3 ; 21 ; 22 et 23, §§ 1 et 2, ff. *Quod metus causa ;* L. 3, ff. *Ex quib. caus. majores ;* L. 13, C. *De transactionibus ;* L. 7, C. *De his quæ vi, metusve causa ;* L. 184, ff. *De diversis reg. juris.*

(²) L. 2, § 5, ff. *De doli mali except.* — V. *suprà,* n°s 233 et 273.

Quand le dol était principal, c'était aussi par une action de dol qu'on pouvait faire prononcer la nullité du contrat, à moins qu'on ne préférât attendre les poursuites du demandeur, auquel cas on avait l'exception *doli mali* [1].

314. — *Exception erroris.* — Si, par ses manœuvres, le demandeur avait induit en erreur celui qui s'était lié croyant s'obliger pour une cause qui n'existait pas, ce dernier avait contre lui l'exception de dol dont nous venons de parler. Mais si le créancier n'avait employé aucune manœuvre, et que le débiteur eût contracté pour une cause fausse, il avait une exception *in factum* dont les termes devaient être : « *nisi errore lapsus.. convenerit* » [2].

315. — *Exception pacti conventi.* — Les simples conventions ou pactes n'étaient pas reconnus par le droit civil comme cause d'extinction des obligations. — En conséquence, si un débiteur était convenu, par simple pacte, avec son créancier, que celui-ci n'exercerait pas ses poursuites, soit pendant un certain temps, soit *in infinitum*, il avait besoin de recourir à l'exception *pacti* pour repousser l'action du demandeur, soit pendant le délai que ce dernier lui avait accordé, soit

[1] L. **12**, § **1**, ff. *De jure dotium;* L. **13**, § **4**, ff. *De action. empti et vend.;* L. **7**, pr. *De dolo malo.* — Le dol dont nous nous occupons ici était appelé *dolus malus*, par opposition au *dolus bonus*, qui déjouait avec adresse les projets de la violence ou de la mauvaise foi. — V. *suprà*, n°s **233** et **273.**

[2] Instit., *De except.*, § **1.**

in infinitum si le pacte portait que le créancier ne le poursuivrait jamais [1].

316. — *Exception jurisjurandi.* — Elle était accordée à celui qui, provoqué extrajudiciairement, par un prétendu créancier, à prêter le serment « *nihil se dare oportere* », avait juré ne rien devoir. Le fait de prestation de serment sur la provocation de la partie adverse était considéré comme une transaction que le droit civil ne reconnaissait pas, mais que le droit honoraire protégeait par une exception. Celui qui, poursuivi, alléguait ainsi la prestation de serment, avait, lorsqu'elle était contestée, le choix entre l'exception *jurisjurandi* et l'exception générale de dol [2]. Si le serment avait été prêté *in jure* ou *in judicio*, soit sur la provocation du demandeur, soit déféré par le magistrat ou par le juge, l'action du demandeur, si elle était personnelle et *in jus*, avait été éteinte par la *litis contestatio* ou par la sentence : il ne pouvait donc plus agir de nouveau ; l'exception *jurisjurandi* était, en conséquence, inutile [3]. Si l'action primitive du demandeur était *in factum* ou réelle, comme il n'y

[1] Instit., *De except.*, § 3. — Faisons observer que cette exception était inutile dans le cas où le pacte serait intervenu au sujet d'un contrat consensuel, le mutuel dissentiment étant suffisant pour éteindre *ipso jure* les obligations qui en résultaient. — Instit., *Quib. modis oblig. tollitur*, § 4.

[2] Instit., *De except.*, § 4 ; L. 2, ff. *De jurejurando ;* L. 25, *ib.*

[3] V. *suprà*, nᵒˢ 288 et suiv., ce que nous avons dit au sujet des *judicia legitima* et des *judicia imperio continentia.*

avait pas eu de novation possible, il était besoin d'une exception : on donnait alors l'exception *rei judicatæ* ou celle *rei in judicium deductæ*, dont nous allons nous occuper. Il en faut dire autant du cas où l'action personnelle *in jus* avait été débattue dans un *judicium imperio continens* [1].

317.—*Exception rei judicatæ*.—Dans le but de mettre fin aux procès, on a reconnu nécessaire d'admettre que la décision rendue par un juge serait considérée comme une vérité : *res judicata pro veritate habetur* [2]. Si donc un demandeur voulait poursuivre l'exécution d'une sentence rendue en sa faveur, et si le défendeur condamné contestait qu'il y eût chose jugée à son égard, il y avait lieu d'examiner si réellement une sentence avait été rendue, et à cet effet on donnait au demandeur l'action *judicati*, dans laquelle le juge n'avait point à vérifier si le droit sur lequel le demandeur prétendait qu'il avait été déjà statué était ou non fondé, mais uniquement à apprécier si la question avait ou non été décidée par un premier jugement [3]. Si, à l'inverse, le demandeur avait échoué dans sa première action et voulait la reproduire, nonobstant la sentence déjà rendue, le défendeur lui opposait l'exception *rei judicatæ* [4]. Cette exception était,

[1] Voyez la note précédente, et *infrà*, n° **363**.
[2] L. **207**, ff. *De diversis regulis juris*.
[3] V. *suprà*, nᵒˢ **288** et suiv.
[4] Instit., *De exception.*, § **5**; L. **9**, § **2**, ff. *De exceptione rei judic.*

du reste, inutile toutes les fois que la première sentence avait été rendue sur une action personnelle *in jus* débattue dans une instance légitime, car dans ce cas, la *litis contestatio* avait produit novation et éteint *ipso jure* le droit sur lequel se fondait l'action. On n'avait besoin de l'invoquer qu'autant que l'action débattue en premier lieu l'avait été dans une instance contenue dans l'*imperium*, ou, si ce débat avait eu lieu dans un *judicium legitimum*, qu'autant que l'action était réelle ou *in factum* (¹).

318. — On ne reconnaissait l'autorité de la chose jugée et l'on n'accordait, en conséquence, l'action ou l'exception *judicati* qu'autant : 1° que la question à juger était la même que celle qui avait déjà été l'objet d'une sentence ; peu importait qu'elle apparût sous une autre forme avec une autre espèce d'action; 2° que la même question était débattue entre les mêmes personnes ; 3° que les deux actions procédaient de la même cause (²).

319. — La question agitée dans la seconde instance était la même que celle qui avait fait l'objet du premier litige, quand elle portait sur le même corps ou sur une partie de ce corps, ou alors qu'elle comportait quelque chose de plus. Ainsi, celui qui, après avoir succombé dans la revendication d'un fonds en récla-

______

(¹) Gaïus, Inst., c. 3, §§ 180 et 181 ; 4, §§ 103 et suiv.; — V. *supra*, nᵒˢ 288 et suiv.

(²) V. LL. 3 ; 7, § 4 ; 12 ; 13 ; 14 ; 19 et 22, ff. *De except. rei judic.*

mait l'usufruit par une action nouvelle, était repoussé par l'exception *rei judicatæ* alors qu'il demandait l'usufruit comme dépendant du droit de propriété, tandis que cette exception ne lui était pas opposable si la seconde action ne prétendait l'usufruit que comme une servitude, parce qu'il reconnaissait par là qu'il n'avait point droit à la propriété, ce qui était respecter la chose jugée (¹).

320. — La question était considérée comme agitée entre les *mêmes personnes* non-seulement quand elle était débattue entre les individus ayant figuré au premier procès ; mais entre leurs successeurs universels et entre ceux qui avaient plaidé pour les parties (²).

Les causes étaient les mêmes quand la prétention du demandeur reposait sur le même fondement. Si, au contraire, il invoquait un nouveau titre, la cause était différente et la chose jugée n'était point opposable. Ainsi, après avoir succombé dans l'action par laquelle une personne réclamait cent en vertu d'une vente, elle pouvait très-bien réclamer plus tard la même somme comme lui étant due *ex stipulatu*, et l'exception *judicati* n'était pas recevable contre elle (³). De même, celui qui avait échoué dans la revendication d'un fonds qu'il avait d'abord déclaré sien en vertu d'une mancipation (*expressa causa*), pouvait agir de nouveau

(¹) L. 14, ff. *De except. rei jud.;* LL. 21, § 3; 11, § 6; 17 et 26, *ib.*
(²) LL. 11, § 3 ; 9 et 10, *ib.;* 4 et 11, § 7, *ib.*
(³) L. 14, § 2, ff. *De except. rei jud.*

en réclamant le même objet *ex causa legati* [1]. Observons, en ce qui concerne l'action *in rem*, que le plus souvent l'exception *rei judicatæ* paralysait la nouvelle demande, parce que le motif de l'action première n'étant pas indiqué, le juge avait compris dans son examen tous les titres en vertu desquels la propriété avait pu être acquise [2].

321. — *Exception rei in judicium deductæ.* — Quand un demandeur avait laissé périmer la formule d'action qu'on lui avait délivrée (elle durait pendant dix-huit mois ou pendant le temps que le magistrat dont elle émanait restait en fonctions, suivant les distinctions que nous avons faites plus haut, nᵒˢ 288 et suiv.), et voulait faire usage de cette formule périmée, il était repoussé par l'exception *rei in judicium deductæ*. Cette exception n'était nécessaire, de même que la précédente, qu'autant que la *litis contestatio* n'avait pas produit de novation, c'est-à-dire que pour repousser toute action autre que les actions personnelles *in jus* précédemment débattues dans un *judicium legitimum* [3].

322. — *Exception de compensation.* — Le juge qui avait mission de statuer dans les actions de bonne foi était tenu de prendre l'équité pour base de sa décision : il devait en conséquence ne condamner le défendeur qu'au montant de ce qu'il restait devoir, déduction faite de ce que le demandeur lui devait de son

[1] L. 11, § 2, *ib.*
[2] L. 11, § 4 ; L. 25, *ib.*
[3] V. Gaïus, c. 3, §§ 180 et suiv.; c. 4, §§ 106 et 107.

côté, car il y aurait eu injustice à accorder l'intégralité de la créance sans tenir compte de la dette réciproque qui en diminuait le *quantum*. Cette déduction ou imputation réciproque de la créance sur la dette et de la dette sur la créance s'appelait *compensation*. Dans l'origine, elle ne pouvait être faite par le juge qu'autant que les deux dettes et les deux créances provenaient du même contrat, *ex eadem causa*; d'où il suit qu'elle n'était pas possible dans les contrats de droit strict qui ne produisaient pas d'obligations des deux côtés. Aussi, le défendeur poursuivi par une action *stricti juris* devait-il être condamné pour la totalité de sa dette, sauf à intenter de son côté une action contre son adversaire pour obtenir ce qui lui était dû par ce dernier *ex alia causa*. Mais, sous Marc-Aurèle, on considéra comme un dol de la part du demandeur le refus de tenir compte d'une semblable compensation, et l'on accorda l'exception de dol pour repousser la prétention du demandeur qui n'avait pas déduit ce qu'il devait lui-même *ex alia causa*. Dès lors, et par la force des choses, la compensation qui s'opérait *ipso jure* dans les actions de bonne foi, ne fut plus restreinte aux obligations provenant *ex eadem causa* (¹).

323. — La compensation que le juge faisait de lui-même dans les actions de bonne foi, permettait au de-

(¹) L. 1, ff. *De compens.*; Gaïus, c. 4, § 61; Inst., *De action.*, §§ 30 et 39; — Janus à Costa, *ad.* § 39, h. tit.; Schulting, *ad. Paul.*, 2, sent. 8, § 3.

mandeur de recevoir l'excédant de sa créance sur sa dette, tandis que l'exception de dol, au moyen de laquelle le défendeur l'opposait dans les actions de droit strict, avait pour résultat de le faire absoudre complétement et de faire perdre absolument le droit du demandeur. Ce dernier ne pouvait échapper à un tel résultat qu'au moyen d'une *præscriptio* qu'il devait prendre soin de faire insérer en tête de la formule [1].

324. — Le droit romain antérieur à Justinien n'exigeait pas, comme notre droit, que les créances et les dettes réciproques fussent liquides pour pouvoir être compensées : il suffisait que le juge les eût liquidées. Or, dans ce système, les condamnations civiles étant toutes pécuniaires, cette liquidation était toujours possible ; c'est ce qui nous explique comment dans les contrats synallagmatiques qui produisaient des obligations portant sur des objets de nature différente, la compensation était cependant possible [2].

325. — Justinien voulut que dans toute action, réelle ou personnelle, *stricti juris* ou *bonæ fidei*, sauf l'action de dépôt, la compensation s'opérât *ipso jure*, c'est-à-dire pût être ordonnée par le juge, sans qu'une exception fût nécessaire. Mais il exigea que les deux dettes fussent liquides [3].

326. — Avant Justinien, et même antérieurement au règne de Marc-Aurèle, les *argentarii* (banquiers)

---

(1) V. *suprà*, nᵒˢ 134 et suiv.; et *infrà*, nᵒˢ 340 et suiv.
(2) Étienne, t. ii, p. 261 et suiv.; Ducaurroy, nᵒˢ 1272 et 1274.
(3) Instit., *De action.*, § 30 ; L. 14, § 1, C. *De compensat.*

étaient tenus de restreindre leur demande au reliquat du solde de leur débiteur, à peine de déchéance pour plus-pétition. Cette déchéance aurait été encourue par eux par cela seul qu'ils auraient omis de borner leur prétention au reliquat, et sans qu'il fût nécessaire d'invoquer contre eux l'exception *doli* ou de compensation. Ainsi, l'argentier auquel son débiteur devait vingt mille et qui devait, de son côté, dix mille à ce dernier, faisait rédiger l'*intentio* de la formule en ces termes : « SI PARET TITIUM SIBI X MILLIA DARE OPORTERE AMPLIUS, QUAM IPSE TITIO DEBET; » c'est-à-dire qu'il établissait lui-même la compensation entre sa dette et sa créance (¹).

327. — Gaïus oppose la compensation à laquelle l'argentier était soumis, à la *deductio* qu'on obligeait le *bonorum emptor* à faire. La compensation différait de la déduction en ce que dans la première on ne faisait entrer que des dettes de même genre et de même nature, tandis que dans la seconde étaient comprises des choses qui n'étaient pas de même genre. Ainsi, l'*emptor bonorum* créancier d'une somme d'argent, et débiteur d'une quantité de blé ou de vin, ne devait agir que pour le reliquat, déduction faite de la valeur de ce blé ou de ce vin. On comprenait aussi dans la *deductio* ce qui était dû à terme : dans la compensation, au contraire, on ne faisait entrer que les dettes exigibles. En outre, la compensation était placée dans l'*intentio* (d'où cette conséquence

____

(¹) V. Gaïus, c. 4, § 64.

que la *plus petitio* était à craindre pour l'argentier), à la différence de la *deductio* qui était comprise dans la *condemnatio*, qu'elle rendait incertaine [1].

328. — *Exceptiones procuratoriæ et cognitoriæ.* — Certaines personnes n'étaient pas aptes à représenter les plaideurs : tels étaient les militaires, les personnes notées d'infamie. On pouvait, en conséquence, opposer l'exception *procuratoria* ou *cognitoria*, au *procurator* ou au *cognitor*, qu'on avait choisi parmi ces incapables [2].

329. — *Exception rei residuæ.* — Si un demandeur n'avait demandé qu'une partie de ce qui lui était dû, et si plus tard, mais pendant la même préture, il réclamait le surplus, l'exception *rei residuæ* lui était valablement opposée et entraînait la perte de son droit. Si, au contraire, il attendait la préture suivante avant d'agir pour ce surplus, sa nouvelle action était recevable [3].

330. — *Exceptio litis dividuæ.* — Celui qui avait plusieurs contestations avec une personne et qui n'agissait que pour quelques-unes, de manière à suivre plusieurs instances devant des juges différents, était repoussé par l'exception *litis dividuæ* si, pendant la même préture, il intentait une action au sujet des contestations précédemment écartées [4].

---

[1] V. Gaïus, c. 4, §§ 65 à 69.

[2] L. 7, C. *De procuratorib.;* Instit., *De except,* § 2. — V. *suprà*, n° 308.

[3] V. Gaïus, c. 4, § 122.

[4] V. Gaïus, *ib.*

331. — *Exception non numeratæ pecuniæ.* — La promesse faite par stipulation ou *litteris* de rendre une somme d'argent, produisait une action de droit strict, soit l'action *ex stipulatu*, soit la *condictio certi*, contre celui qui s'était engagé. Mais comme l'équité ne permettait pas qu'on contraignît une personne à rendre ce qu'elle n'avait pas reçu, on accordait au défendeur qui prétendait que le prêt allégué n'avait pas été effectué, l'exception *non numeratæ pecuniæ* pour repousser l'action du prétendu créancier. Cette exception *in factum* avait cela de remarquable qu'elle n'obligeait pas le défendeur à la prouver, ainsi qu'il arrive dans toutes les autres exceptions. Il suffisait de l'invoquer pour placer le demandeur dans la nécessité d'établir la numération : sinon il perdait son procès [1].

332. — Cette exception n'était valablement opposée que pendant un délai qui, fixé d'abord à une année, fût porté à cinq ans par Dioclétien, et enfin ramené à deux par Justinien. Ce délai courait du jour de la promesse. Le débiteur pouvait actionner le créancier qui n'agissait pas contre lui avant l'expiration du délai légal, et le contraindre à le libérer [2].

333. — *Exception tirée du sénatus-consulte Trébellien.* —L'exception tirée du sénatus-consulte Trébellien se donnait au grevé d'une hérédité fidéi-commissaire qui l'avait restituée d'après les règles portées par ce sénatus-

---

[1] Instit., *De except.*, § **2**; *De litterar. obligat.*; Gaïus, c. **4**, § **116**; LL. **2**, § **3**, et **4**, § **16**, ff. *De dol. mal. et met.*

[2] Inst., *De except.*, § **2**; L. **14**, C. *De non numer. pecun.*; L. **7**, *eod. tit.*

consulte, et qui était poursuivi passivement à cause de l'hérédité rendue au fidéi-commissaire [1].

334. — *Exception du sénatus-consulte Velléien.* — Le sénatus-consulte Velléien avait défendu aux femmes de s'obliger en aucune manière pour autrui ; de se porter cautions, *intercedere pro aliis.* Si elles s'étaient ainsi obligées, elles pouvaient repousser l'action du créancier par l'exception tirée du sénatus-consulte ; et si elles avaient payé dans l'ignorance du secours que leur offrait le sénatus-consulte, la *condictio indebiti* leur était accordée [2].

335. — *Exception du sénatus-consulte Macédonien.* — Par le sénatus-consulte Macédonien, qui défendait de faire aux fils de famille aucun prêt d'argent, on venait en aide à celui qui s'était obligé par un *mutuum,* sans le consentement de l'ascendant sous la puissance duquel il était. Le créancier qui avait un tel débiteur pour obligé, était repoussé par l'exception tirée du sénatus-consulte quand il exerçait son action, pourvu toutefois qu'au moment du contrat, il eût su ou pu savoir que l'emprunteur n'était pas *sui juris* [3].

336. — *Exception de la loi Julia.* — D'après la loi *Julia,* un débiteur était autorisé à mettre fin aux poursuites de ses créanciers, en leur faisant l'abandon de tout ce qu'il avait [4], sauf à ceux-ci à agir ultérieu-

----

[1] V. Inst., *De fidecommissariis heredit.*

[2] L. 2, § 1, ff. *Ad S. c. Velleianum ;* Paul., sent. 2, 11, *Ad S. c. Velleian.;* LL. 3 et 16, C. *Ad. S. c. Vell.;* L. 9, cod. tit.

[3] L. 12, ff. *De S. c. Macedonian.;* L. 3, pr. et § 2, *ib.*

[4] L. 4, C. *Qui bon. ced. poss.*

rement sur les nouveaux biens qu'il acquérait (1). L'exception *nisi bonis cesserit* était accordée à ce débiteur lorsqu'il était poursuivi après la cession, et qu'il voulait invoquer le bénéfice de la loi Julia (2).

337. — *Exception de la loi Cincia.* — Aux termes de la loi *Cincia*, il était défendu de donner au delà d'une valeur déterminée à toute personne, sauf certains parents du donateur et quelques autres donataires. Mais le donateur qui avait transféré à son donataire les objets donnés malgré cette prohibition ne pouvait pas les revendiquer. Si, au contraire, il n'avait pas livré les objets donnés, il pouvait repousser la prétention du donataire qui agissait contre lui, en lui opposant l'exception tirée de la loi *Cincia*, mais seulement en ce qui concernait l'excédant de la quotité disponible. Quand il ne s'était qu'obligé *donationis causa*, sans transférer la propriété, il avait en outre la *condictio indebiti*, s'il avait payé, sans préjudice de l'exception avant d'avoir payé. S'il s'agissait de meubles donnés et livrés, le donateur avait même l'interdit *utrubi* pour les réclamer, quoiqu'il eût réellement transféré la propriété (3).

338. — *Exception justi dominii.* — Nous avons suffisamment expliqué *suprà*, n°s 178 et 191, l'utilité de l'exception *justi dominii*.

---

(1) L. 7, ff. *De cess. bonor.*; LL. 4 et 6, *eod.*; Instit., § 40, *De act.*

(2) Instit., *De replic.*, § 4. — V. n° 380.

(3) V. *Fragmenta vaticana*; §§ 298 et suiv.; Ulpian. reg. 1 ; L. 5, § 2, ff. *De doli mali et met.*; *Frag. vat.*, § 266 ; L. 24, ff. *De donat.*; L. 21, § 1, *ib.*

§ 4. — *Des répliques, des dupliques, des tripliques.*

339. — La *réplique* était à l'exception ce que celle-ci était à l'action. Elle avait pour but de permettre au juge de statuer d'après l'équité au lieu d'être astreint aux règles rigoureuses du droit civil. La *duplique* produisait le même résultat à l'égard de la réplique. La *triplique* était à son tour la réponse à la duplique, et ainsi de suite (¹).

SECTION II. — DES PRESCRIPTIONS.

340. — Nous avons déjà parlé des prescriptions *suprà*, nᵒˢ 134 et suiv., en détaillant les parties dont se composaient les formules d'actions que délivrait le magistrat. Quelques explications nous paraissent toutefois devoir encore trouver ici convenablement leur place.

341. — Les prescriptions avaient été introduites dans l'intérêt du demandeur aussi bien que dans celui du défendeur. Parmi les prescriptions qu'un demandeur pouvait invoquer, Gaïus cite celle que l'acheteur d'un fonds qui n'avait droit qu'à exiger la mancipation de ce fonds quant à présent, faisait placer en tête de la formule afin de restreindre sa demande à la mancipation et de se réserver ainsi pour la suite l'action *empti*, à l'effet d'obtenir la tradition (²). Le même

______

(¹) V. Instit., *De replicationibus.*
(²) V. *suprà*, nᵒˢ 138, et Gaïus, c. 4, § 131.

jurisconsulte cite encore la prescription dont faisait usage le demandeur créancier de prestations périodiques qui voulait limiter sa demande aux prestations échues, afin de se ménager un recours pour les prestations futures (1).

C'était, comme on le voit, un moyen accordé au demandeur à l'effet de le préserver de la plus-pétition, qui entraînait la déchéance de son droit. Zénon atténua toutefois les conséquences de la plus-pétition à l'égard du créancier qui avait agi avant l'exigibilité. Il accorda, dans ce cas, au débiteur, un délai double de celui qui résultait de l'obligation; mais cet empereur laissa subsister la peine de la déchéance contre tout demandeur qui avait demandé plus de toute autre manière qu'en agissant avant l'échéance. Justinien compléta le système de modération indiqué par Zénon, en substituant, pour les autres cas, à la peine de la déchéance, celle du triple de tous les dommages éprouvés par le débiteur contre lequel on avait demandé plus.

On pouvait demander plus, soit *à re*, à raison de l'objet en litige (quand, par exemple, on réclamait deux chevaux alors qu'on n'avait droit qu'à un; quand on demandait un fonds alors qu'on ne devait prétendre, quant à présent, qu'à la mancipation de ce fonds), soit *tempore* (lorsqu'on agissait avant l'exigibilité de sa créance), soit *loco*, à raison du lieu (lorsqu'on demandait partout ailleurs qu'au lieu fixé pour

(1) V. Gaïus, c. 4, § 131, et *suprà*, n° 137.

10.

le payement. — V. à cet égard ce que nous disons aux n°s 270 et 271 de l'action *de eo quod certo loco*, introduite pour faciliter au demandeur l'exercice de son action ailleurs qu'au lieu de son exigibilité, sans qu'il encourût déchéance); soit *causa* (lorsqu'on intentait une action sans laisser au défendeur le choix qui lui était réservé; quand, par exemple, il était débiteur sous une alternative et qu'on demandait purement et simplement l'un des objets dus [1].

Il ne pouvait y avoir lieu à plus-pétition dans les actions de bonne foi, dont l'*intentio* ne précisait aucun objet, non plus que dans toutes celles où la prétention du demandeur était indéterminée [2]. Elle ne se produisait que dans les actions *stricti juris* tendant à un *certum*, dans les actions *in factum*, lorsqu'elles avaient pour objet une chose déterminée, et dans les actions réelles, ainsi que dans les autres actions arbitraires d'une *intentio certa* [3].

342. — Parmi les *prescriptions* introduites au profit du défendeur, nous ne nous occuperons que de la *præscriptio fori*, des *præjudicia* et de la *præscriptio temporis*.

343. — La première répondait à ce que nous appelons l'exception d'incompétence. Quand le magistrat ne reconnaissait pas lui-même son incompétence

---

[1] V, Instit., *De action.*, § 33.

[2] V. *suprà*, n° 270.

[3] Gaïus, c. 4, §§ 41, 47 et 54; Instit., *De action.*, § 33. — V. *suprà*, n° 276, où nous établissons que les actions *in factum* n'étaient ni *bonæ fidei* ni *stricti juris*.

proposée par le défendeur, il accordait une formule en tête de laquelle il plaçait la *præscriptio fori* pour que le juge vérifiât les faits sur lesquels le défendeur basait sa prétention et décidât si elle était bien ou mal fondée (1).

344. — *Præjudicium*, préjugé, s'entendait ici d'une restriction qui tendait à subordonner la décision du litige au cas où cette décision n'impliquerait pas la solution d'une autre question non encore vidée et qu'il importait de ne pas préjuger (2). Il ne faut pas confondre les *præjudicia* avec les actions *préjudicielles* dont nous avons parlé *suprà*, nos **210** et suivants.

345. — La *præscriptio temporis* était accordée à un défendeur contre lequel on agissait tardivement, par exemple, au possesseur d'un fonds provincial qui l'avait possédé pendant dix ou vingt ans sans être inquiété, et contre lequel l'ancien maître intentait sa réclamation après ce délai. Cette *præscriptio* produisait le même effet que les exceptions, en ce sens qu'elle entraînait l'absolution du défendeur quand elle était justifiée, et l'anéantissement du droit du demandeur. Les autres prescriptions invoquées par le défendeur ne

---

(1) V. C. Theod., *De appell.*, 65, const. Honor. et Theod.; L. 13, C. Just., *De except.*; LL. 50 et 52, ff. *De judic.*, § 22, et 3; L. 7, pr. ff. *Qui satisd. cog.*

(2) V. *suprà*, nos 140 et 141; — Zimmern, § 55; Étienne, t. II, p. 383 et suiv.; Ortolan, t. II, p. 448; Bonjean, § 319; — Gaïus, c. 4, § 133; L. 25, § 17, ff. *De hered. pet.*; L. 13, ff. *De except.*; L. 32, § 10, ff. *De recept.*; L. 5, § 2, *De hered. pet.*; L. 3, § 8, ff. *De Carbon. edicto.*

produisaient pas ces conséquences. Elles retardaient seulement le litige, soit qu'il y eût lieu au renvoi devant un autre magistrat, soit que le juge saisi dût surseoir à cause d'un *præjudicium* opposé ([1]).

346. — Toutes les *præscriptiones a parte rei* avaient été converties en exceptions dès le temps de Gaïus; elles prirent ainsi place près de la *condemnatio* de la formule, au lieu de continuer à figurer en tête avant les parties principales ([2]).

CHAPITRE III.

Procédure des actions formulaires.

ART. Iᵉʳ. — *Procédure ordinaire.*

347. — Dans ce système, comme dans le précédent, l'ajournement (*in jus vocatio*) était donné sans que le demandeur fût tenu de faire connaître pour quels motifs il citait son adversaire *in jus*. Toutefois, il le faisait ordinairement par une *litis denuntiatio*. Le défendeur pouvait, en donnant la caution *judicio sistendi*, c'est-à-dire de comparaître au jour convenu,

([1]) V. L. 76, ff. *De contrah. emptione;* ff. *De exceptionibus seu præscriptionibus;* C. *eod. tit.* — La *præscriptio temporis* répondait à notre prescription libératoire : la prescription acquisitive du droit français répond à l'*usucapion* du droit romain.

([2]) Gaïus, c. 4, § 133; L. 1, § 1, ff. *Famil. erciscundæ;* LL. 13, 16 et 18, ff. *De exceptionib.;* L. 25, § 17, ff. *De heredit. petitione;* L. 12, pr. C. *De petit. hereditatis.*

se dispenser de suivre le demandeur. S'il refusait de le suivre et de fournir caution, il était condamné à une amende : il est à présumer que cette pénalité dut faire disparaître l'usage de la violence pour contraindre le défendeur à comparaître. Le recouvrement de l'amende se poursuivait par une action *in factum* [1]. Un décret de Marc-Aurèle consacra l'usage de la *litis denuntiatio*. Le *vadimonium*, ou promesse de se représenter à jour fixe, avait lieu quand l'affaire ne pouvait être terminée le jour même de la comparution.

348. — Si le défendeur était absent ou se cachait, le magistrat pouvait ordonner la *missio in possessionem* de ses biens, pour le forcer à se présenter, car à Rome on ne connaissait pas les jugements par défaut. Nous verrons *infrà* en traitant des *cognitiones extraordinariæ*, l'effet de cette *missio in possessionem*. Le demandeur avait en outre la faculté d'agir *ex stipulatu* contre le débiteur et ses cautions à l'effet de les faire condamner au montant du *vadimonium*. — En cas d'absence du défendeur, le magistrat pouvait aussi le considérer comme *indefensus*, et le traiter comme s'il avait été condamné; ce qui, du reste, n'avançait pas beaucoup le demandeur, puisque dans l'ancien droit on ne connaissait que l'exécution sur la personne [2].

[1] Aurel. Victor, *De Cæsar.*, 16; Gaïus, c. 4, § 184; L. 2, § 1, ff. *Si quis in jus vocat.*; L. 1, § 3, ff. *De inspiciendo ventre*; L. 131, ff. *De verbor. signif.*

[2] Cic., *pro Quinctio*, 6 et 19; Gaïus, c. 3; §§ 77 et 78;

349. — Certaines personnes ne pouvaient être appelées *in jus* qu'en vertu d'une autorisation du magistrat. Tels étaient l'ascendant actionné par son descendant, et le patron poursuivi par son affranchi. Une action pénale était accordée au père ou au patron contre le descendant ou l'affranchi qui n'avait pas accompli cette formalité (¹).

350. — Quand les parties étaient en présence du magistrat, le demandeur indiquait l'action dont il voulait se servir. C'était l'*editio actionis*. Il demandait ensuite à haute voix l'action désignée. C'était la *postulatio actionis* ou *judicis postulatio*. Le magistrat accordait ou refusait l'action. Il la refusait si elle lui paraissait mal fondée ou mal présentée, ou si l'affaire était de nature à être réglée par lui définitivement. Sinon, il rédigeait la formule comme nous l'avons vu, n° 125, sur les indications des parties. Cette délivrance de la formule avait pour effet de préciser le litige et de fixer le point de fait ou de droit que le juge avait à décider. On disait alors que le procès était *lis contestata*, qu'il y avait eu *litis contestatio* (²).

351. — Le principal effet de la *litis contestatio* était la novation nécessaire qu'elle opérait dans le droit des

LL. 2; 3; 5 et 6, ff. *Quib. ex caus. in possess. eat.;* Senec., *De benef.,* IV, 39; L. 2, § 5, ff. *Qui satisdar. cogant.;* LL. 12, § 1; 14, § 1, *Si quis caut.*

(¹) Gaïus, c. 4, §§ 146, 183 et 187; Instit., *De pœna temere litigant.,* § ult. — V. n° 369, *in fine.*

(²) L. 27, ff. *De verb. oblig.;* L. 42, ff. *De mortis causa don.;*

plaideurs. Nous avons déjà expliqué, n°s 288 et suiv., comment et pourquoi la novation judiciaire n'avait lieu qu'autant que l'action avait été débattue en *judicium legitimum* et qu'elle était personnelle *in jus*. Elle différait de la novation ordinaire en ce qu'elle n'anéantissait pas comme celle-ci l'obligation avec tous ses accessoires; la nouvelle obligation comprenait le principal et les accessoires de l'obligation antérieure, tels que gages, priviléges et intérêts (¹).

352. — Un autre effet très-remarquable de la *litis contestatio* c'était de rendre, par suite de la novation qu'elle produisait, perpétuelles les actions qui auparavant n'étaient que temporaires (²).

353. — C'est au moment de la *litis contestatio* que le

L. 31, ff. *De judic.*; LL. 16 et 17, ff. *De procur.*; L. 25, ff. *De rei vend.*; Gaïus, c. 3, §§ 180 et suiv.; Cic., *pro Rosc.*, 11; *De inv.*, II, 19. — Contre l'opinion que nous venons d'émettre au sujet de la *litis contestatio*, on objecte la loi 1, C. *De litis contestat.*, attribuée par Tribonien à Sévère et à Antonin, et qui dit formellement que la *litis contestatio* avait lieu au moment où l'exposé de l'affaire commençait en présence du juge. Nous croyons avec M. Bonjean que ce texte ne doit point être pris en considération, et qu'il ne doit pas ébranler notre opinion, appuyée sur la foi d'une foule de textes positifs. Il est probable que la définition de la loi 1, C. *De litis contest.*, se réfère à la procédure *extra ordinem* et qu'elle a été mal à propos attribuée à Sévère et à Antonin.

(¹) Gaïus, c. 3, § 180; c. 4, § 107; LL. 86 et 87, ff. *De reg. juris*; L. 29, ff. *De nov.*

(²) L. 8, ff. *De fidej. et nomin.*; L. 29, ff. *De nov.*; L. 24, ff. *De liber. caus.*; L. 139, *De reg. jur.*; LL. 9, § 3, et 26, ff. *De jurej.*; L. 58, ff. *De oblig. et act.*

juge devait se reporter pour déterminer si l'action était ou non fondée. — Quant aux restitutions à faire, elles ne devaient être ordonnées qu'autant qu'elles étaient possibles au moment de la sentence, à moins qu'il n'y eût eu dol de la part du défendeur. — Après la *litis contestatio*, le demandeur pouvait obtenir que le défendeur fût condamné nonobstant sa non comparution [1].

354. — Quand les parties étaient devant le magistrat, elles pouvaient s'adresser l'une à l'autre, et le magistrat pouvait d'office faire à chacune des questions ayant pour but d'obtenir les renseignements nécessaires à la rédaction de la formule. C'était là ce qu'on appelait interrogations *in jure*. L'effet de ces interrogations était de lier *quasi ex contractu* la partie qui, par dol, avait reconnu comme vrai ce qui lui était demandé, par exemple, de faire considérer et tenir comme héritier celui qui, interrogé *in jure* sur la question de savoir s'il était héritier, avait répondu affirmativement; et de faire condamner *in solidum* celui qui niait ce fait, si ultérieurement on en établissait la vérité. Il en était de même au cas de refus de répondre. — A la suite de ces interrogations, le magistrat donnait une formule d'action appelée *actio interrogatoria* [2].

____

[1] LL. 18; 20; 27, § 1, et 42, ff. *De rei vend.*; L. 8, §§ 4 et 5, ff. *Si servus vindic.*; L. 10, ff. *De accresc. usufr.*; L. 42, § 1, ff. *De nox. act.*

[2] LL. 4; 7 et 11, §§ 1 et suiv., ff. *De interr.*; LL. 1; 2; 3 et 9, § 6, *ib.*; L. 17, *ib.*

355. — L'aveu spontané du défendeur, s'il était fait *in jure*, le faisait considérer comme s'il avait été condamné, pourvu toutefois que cet aveu portât sur une somme déterminée. De là la maxime *confessus pro judicato habetur*. — L'aveu du demandeur sur les contradictions proposées par le défendeur empêchait l'action d'être accordée (¹).

356. — Le serment pouvait être déféré par l'une des parties à l'autre , soit *in jure*, soit *in judicio*, soit d'office par le magistrat ou par le juge. L'effet du serment prêté, quand il avait été déféré par l'une des parties, était le même que celui d'un jugement. Le plaideur auquel son adversaire le déférait était tenu de le prêter ou de le référer, ainsi qu'il sera expliqué au n° 363; c'est pourquoi on l'appelait serment *nécessaire* par opposition au serment *volontaire*, déféré extrajudiciairement, et dont nous avons expliqué la portée *suprà*, n° 316 (²).

357. — Après la délivrance de la formule , les parties se donnaient jour pour comparaître devant le juge. — Il ne paraît pas que , sous ce système , elles fournissent aucune garantie pour assurer cette comparution (³).

358. — Si le demandeur ne comparaissait pas au jour fixé, le défendeur pouvait requérir jugement. Le juge pouvait prononcer soit l'absolution, soit la con-

---

(¹) Paul., *Sent.* ii, 1, § 5; L. 6, pr., et § 1, ff. *De confess.*

(²) LL. 3, § 1 et pr.; 7, pr.; 34, § 6; 21 et 22, ff. *De jurejur.;* L. 15, ff. *De except.*

(³) Asconius, *in Verr.*, i, 9.

damnation. Si le défendeur ne requérait pas jugement, il pouvait y avoir lieu à la péremption de l'instance, suivant ce qui a été expliqué n°ˢ 288 et suiv. — En cas de défaut, le demandeur devait solliciter du magistrat une ordonnance qui enjoignît au défendeur de comparaître. Cette ordonnance était renouvelée deux ou trois fois, à des intervalles de dix jours. Après la dernière citation, le juge pouvait prononcer [1].

359. — Les parties présentes, et après la production des rescrits impériaux, des réponses des prudents, les témoins entendus, les parties ou leurs avocats plaidaient leur cause. Le juge prononçait sur-le-champ ou ordonnait une ou plusieurs remises, soit pour préparer la décision, soit pour l'administration des preuves [2].

360. — Les moyens de preuve admis en matière civile étaient les témoins, les titres, le serment et l'aveu.

361. — Quand des témoins étaient produits, ils étaient interrogés par les plaideurs ou par leurs avocats. S'ils ne voulaient pas comparaître, ils pouvaient déposer par écrit. Ils n'étaient tenus de répondre qu'à une citation faite par l'autorité du magistrat [3]. Les

[1] L. 27, § 1, ff. *De liber. causa;* L. 6, § 3, ff. *De confess.;* L. 28, ff. *De appellat.;* LL. 68 et suiv., *De judic.*

[2] V. tit. *De delat.* au D. et au C.; L. 36, ff. *De judic.;* L. 2, C. *De div. rescr.;* Cic., *pro Flacco,* 20; *pro Cæcina,* 2, 3, 33; *pro Quinct.,* 9 et 22; Macrob., *Sat.* 9, 12, *in fine.*

[3] V. Quinct. J, O. v, 7.

témoins n'étaient astreints à prêter serment que dans les affaires criminelles. Le juge attachait aux dépositions la confiance qu'elles paraissaient mériter, quel que fût le nombre de témoins produits. Les impubères, les parjures, ceux qui s'étaient laissé corrompre, et les criminels, n'étaient pas admis en témoignage (¹).

362. — Moins en faveur que la preuve testimoniale, la preuve par écrit était cependant en usage en matière civile. Tout écrit dont on voulait se servir en justice devait être produit, au moins en copie, au moment de l'*editio actionis*. Quand on contestait la sincérité d'un écrit, on était admis à en demander la vérification par témoins. On ne pouvait généralement opposer un écrit à son adversaire qu'autant qu'il émanait de lui (²).

363. — Si l'un des plaideurs déférait le serment à l'autre, soit *in jure*, soit *in judicio*, celui-ci était libre de le prêter ou de le référer, ou bien de prouver que la prétention de son adversaire était mal fondée ; sinon, il perdait son procès, à moins toutefois qu'il ne demandât à son adversaire de jurer lui-même qu'il n'agissait point *par calomnie*, et que ce dernier ne résistât à cette provocation. — Mais le juge pouvait déférer

(¹) L. 2, § 3, ff. *De jud.*; LL. 1, § 2, et 3, § ult., ff. *De test.*; Sueton., *Claud.* 15; Quinct., O. v, 7; LL. 3, § 5; 13; 16 et 19, ff. *De test.*; Paul., *Sent.* v, 5, § 1. — V. Bonnier, *Traité des preuves*, p. 209; Étienne, *Institut. trad. et expliq.*, p. 342, t. I.

(²) L. 1, ff. *De fide instrum.*; L. 67, ff. *De administ. et peric. tut.*; L. 11, C. *De fide instrum.*; Paul., *Sent.* v, 15, § 4; LL. 5, 6 et 7, C. *De probat.*; L. 26, § 2, ff. *De positi.*

le serment *supplétoire* soit au demandeur, soit au défendeur, quand les preuves produites étaient insuffisantes, sans qu'il fût, du reste, lié par la prestation ou par le refus de ce serment, qui n'était régulièrement déféré que dans les actions réelles, dans celles *bonæ fidei* ou dans l'action *ad exhibendum*, lorsqu'il y avait dol ou mauvaise foi. Le *juramentum in litem* était en outre quelquefois déféré par le juge au demandeur pour déterminer le montant de la condamnation (¹).

364. — L'aveu du défendeur produisait le même effet que la sentence, et donnait au demandeur les voies d'exécution accordées à celui qui avait un jugement à invoquer à son profit. Si l'aveu ne portait que sur une somme indéterminée et que le défendeur se refusât à préciser une somme certaine, le magistrat nommait un juge chargé d'estimer la chose avouée par le défendeur (²).

365. — Le juge devait prononcer la sentence à haute voix et à l'audience, dans le principe en langue latine, par la suite, soit en latin, soit en grec. Elle devait être motivée et prononcée les parties présentes, à peine de nullité, sauf le cas de coutumace, après avertissement. Le juge ne pouvait se dispenser

---

(¹) LL. 2, § 1 ; 4, § 4 ; 5, § 1 ; 8 et 10, ff. *De in litem jurando;* C. eod. *tit.;* L. 3, C. *De reb. cred.;* LL. 3 ; 7 ; 25, § 3 ; 31 et 34, §§ 4, 6 et 7 ; 37 ; 54, § ult., ff. *De jurej.;* Quinct., O. v, 6. — V. *suprà,* n° 316.

(²) Paul., *Sent.* ii, 1, § 5 ; L. 6, § 1, ff. *De confess.*

de prononcer la sentence qu'en jurant *sibi non li-quere* [1].

La sentence par laquelle le juge condamnait le défendeur opérait une novation semblable à celle qui résultait de la *litis contestatio*. Si elle portait absolution, la sentence produisait au profit du défendeur l'exception *rei judicatæ*, au moyen de laquelle il écartait toute prétention nouvelle du demandeur se fondant sur les causes du premier procès; dans le cas de condamnation, le demandeur avait l'action *rei judi-catæ*, ou plus simplement, l'action *judicati* [2].

366. — Sous le second système, il fut permis de se faire représenter en justice, soit comme demandeur, soit comme défendeur. Le représentant prenait le nom de *cognitor*, s'il avait été constitué devant le magistrat, en présence de l'adversaire et au moyen de paroles solennelles, et celui de *procurator*, si l'une de ces trois conditions manquait. — Le *cognitor* était substitué à sa partie, avec laquelle il s'identifiait complétement, à tel point que la chose jugée vis-à-vis du *cognitor* était opposable à celui qui l'avait constitué, à la différence du *procurator*, qui ne s'identifiait pas avec le représenté, d'où il résultait que le droit du mandant n'était pas éteint par l'action accordée au man-

---

[1] LL. 48 ; 59, § 1 ; 60, ff. *De re judic.;* L. 12, C. *De sent.;* LL. 1 ; 2 et 3, C. *De sent.;* L. 53, § 3, ff. *Quæ sent. sine app.;* L. 7, C. *Quom. et quand.;* Gaïus, c. 3, § 180 ; Cic., *pro Cluent.*, 47, 28, 38 ; Aul. Gell., *Noct. att.*, XIV, 2.

[2] Gaïus, c. 3, §§ 180 et 181 ; c. 4, §§ 106 et suiv.; LL. 3, § 11 ; 9, ff. *De pecul.* — V. *suprà*, nos 317 et suiv.

dataire. L'adversaire ne pouvait se garantir de l'exercice d'une nouvelle action intentée par le mandant qu'au moyen de la caution *de rato* qu'il exigeait du *procurator*. Par la suite, il fut décidé que tout *procurator* que le *dominus* aurait présenté lui-même au magistrat, sans paroles solennelles, ou auquel il aurait donné mandat par acte public, serait mis sur le même rang que le *cognitor*. Le *defensor* était celui qui, sans mandat, plaidait pour autrui, pour le défendeur ordinairement. Les tuteurs et curateurs pouvaient aussi agir ou défendre pour leurs pupilles [1].

Par suite de ce que l'action était intentée par ou contre un *cognitor* ou *procurator*, la formule subissait certaines modifications. — Ainsi, dans le cas où le demandeur était *cognitor* ou *procurator*, il faisait écrire l'*intentio* du chef de sa partie, et faisait rédiger la *condemnatio* à son profit. L'*intentio* désignait le défendeur lui-même, dans le cas inverse, et la *condemnatio* était dirigée contre le représentant.—Si l'action était réelle, l'*intentio* n'était pas différente, soit que l'action fût poursuivie contre un *procurator* ou *cognitor*, soit qu'elle fût exercée contre le maître de l'action, car l'*intentio* de ces actions ne désignait pas le défendeur; mais la condamnation était prononcée contre le *cognitor* ou contre le *procurator* [2].

---

[1] Instit., *De his per quos;* Gaïus, c. 3, §§ 83, 84, 85, 97 et 98; Paul., *Sent.* I, 3, § 1; *Vat. Fragm.*, §§ 317 et 331; — Étienne, *Inst. tr. et expl.*, t. II, p. 477.

[2] Gaïus, c. 4, §§ 86 et 87.

367. — Certaines garanties étaient exigées des plaideurs pour assurer les droits de l'adversaire. — Ainsi, au temps de Gaïus, dans l'action réelle, le défendeur devait fournir la caution *judicatum solvi*, caution contre laquelle on pouvait agir au cas de condamnation du défendeur et d'inexécution de la sentence. Cette caution devait être donnée par le défendeur, qu'il défendît en son nom ou au nom d'autrui. Du reste, la caution différait suivant qu'on agissait *per formulam petitoriam* ou *per sponsionem*. Dans le premier cas, il y avait lieu à la caution *judicatum solvi;* dans le second, à la stipulation *pro præde litis et vindiciarum* (n°s 107 et suiv.). Dans l'action réelle, le demandeur qui agissait pour lui-même ne donnait pas caution. Le *cognitor* ne la fournissait pas non plus, car il était considéré comme substitué à son mandant : le *procurator* devait, au contraire, donner la caution *de rato* (que le mandant ratifierait), car il était à craindre que le mandant n'intentât lui-même action pour la même affaire, inconvénient qui n'était pas à redouter quand le demandeur était *cognitor*, puisque dans ce cas il était admis que le mandant ne pouvait pas plus intenter action pour la même affaire que s'il avait agi lui-même. — Les tuteurs et curateurs étaient mis, quant à la caution, sur le même rang que les *procuratores;* toutefois, dans la pratique, on les en dispensait quelquefois. — Si l'action était personnelle, le demandeur était tenu comme dans une action réelle. Le défendeur qui défendait pour autrui devait fournir caution

lui-même, s'il était *procurator*, tuteur ou curateur; s'il était *cognitor*, c'était au maître à fournir la caution *judicatum solvi*. Celui qui défendait pour lui-même ne donnait caution que dans des cas déterminés. Deux causes pouvaient motiver cette caution : le genre de l'action et la personne du défendeur, lorsqu'il était suspect. Le genre de l'action y donnait lieu dans les cas de chose jugée (*rei judicatæ*), de chose payée (*depensi*), et lorsqu'on agissait relativement aux mœurs d'une femme; la personne du défendeur nécessitait la caution lorsqu'on agissait contre un banqueroutier (*qui decoxerit*), contre un débiteur dont les biens étaient possédés ou poursuivis par ses créanciers, ou lorsque sa personne était suspecte aux yeux du préteur ([1]).

Telles étaient les garanties dont les plaideurs étaient tenus au temps des Antonins. Mais l'usage vint modifier ce système de cautions qu'il remplaça par le suivant, encore en vigueur au temps de Justinien.

On ne fit plus, à cet égard, aucune distinction entre les actions réelles et les actions personnelles. Dans l'un et l'autre cas, le défendeur qui agissait pour lui-même était tenu, non plus de fournir la caution *judicatum solvi*, exigée autrefois du défendeur à l'action réelle, mais de garantir qu'il resterait en cause jusqu'à la fin du procès (*carere se in judicio sisti usque ad terminum litis*) ([2]). Cette caution correspondait à

(1) Gaïus, c. 4, §§ 88 et suiv.; 96 et suiv. — V. *suprà*, n° 244.

(2) M. Ducaurroy, nᵒˢ 1307 et 1308, enseigne, à tort selon nous, que cette garantie n'est rien autre chose que la caution

l'ancien *vadimonium* dont nous avons parlé aux nᵒˢ 93, 347 et 348. Quelquefois on se contentait d'une

judicatum solvi, restreinte, dans le cas qui nous occupe, à la clause *de re defendenda*. Pour établir le fondement de sa proposition, le professeur fait remarquer que la caution *judicatum solvi* contenait plusieurs clauses, par lesquelles celui qui la fournissait s'engageait non-seulement à payer le montant de la condamnation, mais encore à rester *in judicio* jusqu'à la fin du procès ; il ajoute que le défendeur qui, au temps de Justinien, agissait pour lui-même, n'ayant été dispensé que de garantir le payement de la condamnation, restait tenu de la clause personnelle de la caution *judicatum solvi*, et qu'en conséquence c'était cette caution à laquelle il était soumis.

Il est facile d'échapper à ce raisonnement, qui n'est que spécieux. Pour cela il suffit : 1° de se rappeler que la caution *judicatum solvi* n'était exigée, au temps de Gaïus, que du défendeur à l'action réelle, d'où il suit que si on peut, jusqu'à un certain point, se baser sur ce que la garantie à fournir au temps de Justinien par le défendeur à l'action *in rem* comprenait l'une des clauses de l'ancienne caution *judicatum solvi*, pour prétendre qu'il était tenu de donner la même satisdation, mais seulement en ce qui concernait cette clause, on ne saurait en dire autant à l'égard du défendeur à l'action personnelle ; 2° de combiner attentivement les §§ 1, 2, 4 et 5 du tit. XI, liv. IV des Instit. pour se convaincre que la caution exigée du défendeur agissant pour lui-même n'était pas la caution *judicatum solvi*. En effet, le premier porte, *in fine* : « *Si proprio nomine aliquis judicium accipiebat in personam,* JUDICATUM SOLVI *satisdare non cogebatur ; si quidem alieno nomine aliquis interveniret, omnimodo satisdaret ;* » le deuxième : « *Sed hæc hodie aliter observantur. Sive enim quis in rem actione convenitur, sive in personam suo nomine, nullam satisdationem pro litis æstimatione dare compellitur, sed pro sua tantum persona quod in*

simple promesse de la part du défendeur; d'autres fois on exigeait qu'il prêtât serment de rester en cause jusqu'à la fin du litige (¹). Si, au contraire, le défendeur plaidait par un *procurator*, il devait ou se présenter devant le juge et y confirmer la personne de

judicio permaneat usque ad terminum litis. » Puisque du temps de Justinien il en était autrement qu'à l'époque où la caution *judicatum solvi* était exigée, c'est sans doute parce que cette garantie n'était plus obligatoire. Le § 4 ordonnait enfin que tout défendeur, agissant pour autrui, donnât la caution JUDICATUM SOLVI ou se portât extra-judiciairement fidéjusseur de son *procurator* pour toutes les clauses de cette caution. Or, si Justinien avait voulu obliger tout défendeur à fournir la caution *judicatum solvi*, soit qu'il agît par lui-même, soit qu'il défendît par l'entremise d'un mandataire, il n'aurait pas dit, pour le premier cas, qu'il lui suffisait de garantir sa présence *in judicio* jusqu'à la fin du procès, tandis que dans le second il serait soumis à la caution *judicatum solvi* : il aurait tout simplement décidé que dans les deux cas ladite caution était obligatoire, mais avec des effets différents.

Ajoutons qu'il est quelque peu étrange d'appeler caution *judicatum solvi*, la garantie qui consiste à assurer qu'on restera en cause jusqu'à la fin du litige, alors qu'on ne garantit pas également le *payement du jugé*. — V. du reste, dans notre sens, Etienne, t. II., p. 482; Ortolan sur le tit. XI, liv. IV des Instit.; Bonjean, § 192; Zimmern, § 161 et note 14.

(¹) Instit. *De satisdationibus*, § 2. — V. la paraphrase de Théophile sur le § 2 de ce titre (Edit. *Legat.*), qui en explique très-bien la phrase finale que les traducteurs entendent mal, puisqu'elle signifie, d'après eux, qu'à côté de la caution *in judicio sisti*, se produisait une autre satisdation à laquelle le défendeur pouvait être contraint, satisdation qui ne se confondait pas avec la caution.

son mandataire, en donnant par une stipulation solennelle la caution *judicatum solvi*, ou donner cette caution extra-judiciairement, en se portant fidéjusseur de son procureur pour toutes les clauses qu'elle comportait. Il devait, en outre, consentir une hypothèque sur ses biens, et enfin promettre par fidéjussion de se présenter en personne le jour du prononcé du jugement. A défaut de se présenter, s'il y avait condamnation, le montant en était poursuivi contre le fidéjusseur, sauf l'appel (¹).

Toute personne qui, sans mandat, voulait défendre une partie absente, était tenue de fournir la caution *judicatum solvi* (²).

Tout demandeur agissant pour lui-même était dispensé de fournir caution, comme au temps de Gaïus. Le demandeur pour autrui devait, au contraire, donner caution *de rato*, qu'il fût *procurator*, tuteur, curateur ou administrateur à un autre titre; toutefois, le *procurator* par mandat insinué (par acte authentique), ou confirmé en présence du juge par le *dominus litis*, en était dispensé (³).

368. — Pour prévenir ou réprimer les procès intentés sans fondement et par calomnie, plusieurs peines avaient été établies contre les plaideurs. Parmi celles qui concernaient le défendeur, les unes étaient pécuniaires, d'autres consistaient dans la religion du

(¹) Institutes, *ib.*, § 4.
(²) *Ib.*, § 5.
(³) Inst. *De satisdation.*, § 3.

serment, d'autres enfin dans l'infamie. — Outre la peine pécuniaire de la *sponsio*, nous avons vu que dans certaines actions la condamnation était au double contre le défendeur qui avait nié; que dans d'autres la condamnation était du double, du triple ou du quadruple, qu'on eût nié ou non. — Si aucune de ces garanties n'existait, c'est-à-dire s'il n'y avait lieu ni à la *sponsio* ni à une action au-dessus du simple, le demandeur pouvait exiger du défendeur le serment qu'il ne défendait pas par esprit de calomnie. — Enfin, certaines actions étaient infamantes pour le défendeur condamné ([1]).

369. — La *restipulation* existait dans certaines actions contre le demandeur. L'action de calomnie était aussi accordée au défendeur contre le demandeur dans tout procès. Elle était du dixième du montant de la demande, et se donnait contre celui que le défendeur prétendait avoir intenté une action par esprit de calomnie.—Dans certaines actions, le défendeur avait l'action contraire : elle était du dixième de la demande quand elle était opposée à l'action d'injures, et du cinquième en faveur d'une femme qu'on actionnait comme ayant cédé frauduleusement la possession qu'elle avait obtenue du préteur en se faisant faussement passer pour grosse; et aussi lorsqu'on la donnait à celui qui était actionné comme ayant empêché la prise de possession ordonnée par le préteur. L'ac-

____

([1]) Gaïus, c. 4, §§ 171 et suiv., et *suprà*, n°s 243, 244, 247 et 363. — V. aussi le 369, 2e et 3e alinéas.

tion contraire était plus sévère que celle de calomnie, en ce qu'elle se donnait contre un demandeur qui avait intenté une action mal fondée, même par suite d'une erreur involontaire. L'action de calomnie et l'action contraire ne pouvaient se cumuler. — Dans tous ces cas, le défendeur pouvait exiger du demandeur le serment qu'il n'agissait pas par esprit de calomnie; mais il n'avait que le choix, sans pouvoir cumuler ces moyens (1).

Justinien imposa, en outre, ainsi qu'il sera expliqué au titre IIIe, l'obligation du serment aux avocats des deux parties, sans préjudice du serment que ces dernières étaient tenues de prêter.—Il voulut aussi que le plaideur qui perdait sa cause fût condamné aux dommages et aux dépens du procès. Cette peine remplaça l'action de calomnie et l'action contraire. La *sponsio* et la *restipulatio* n'étaient plus en usage. La peine du double, du triple ou du quadruple, fut conservée pour les cas rappelés au numéro précédent et énumérés aux n°s 243, 244 et 247. L'infamie fut maintenue contre les défendeurs condamnés soit dans les actions *furti, vi bonorum raptorum, injuriarum, de dolo;* soit dans les actions directes *tutelæ, depositi;* soit enfin dans l'action *pro socio.* Dans les quatre premières actions l'ignominie atteignait le défendeur, qu'il eût transigé ou qu'il eût été condamné; il n'en était pas ainsi dans les autres cas, le fait donnant naissance à l'action ne présentant pas la même gravité.

Une amende de cinquante sous d'or était établie

(1) Gaïus, c. 4, §§ 174 et suiv.

contre le descendant ou l'affranchi qui avait cité son ascendant ou son patron *in jus*, sans en avoir obtenu l'autorisation du magistrat (¹).

370. — On pouvait appeler d'une sentence, soit au moment même où elle était prononcée, en déclarant son appel de vive voix, soit dans les deux jours par un libelle contenant le nom du juge, celui de l'appelant et l'indication du jugement attaqué. L'appel était envoyé au juge même qui avait prononcé : une fois formé, il ne pouvait être retiré (²). Dans les cinq jours, l'appelant devait solliciter du magistrat qui avait reçu l'appel l'attestation écrite qu'il avait été formé. On appelait *litteræ dimissoriæ* ou *apostoli* cette attestation, que l'appelant remettait lui-même au magistrat supérieur. Il était tenu , en outre, de fournir, dans les cinq jours qui suivaient la remise des *apostoli*, caution de payer le tiers de la valeur en litige, s'il était reconnu plus tard mal fondé dans sa plainte. L'appel était suspensif, sauf à faire remonter, au cas de confirmation, l'effet de la première sentence au jour où elle avait été prononcée (³). Les parties devaient comparaître devant le juge d'appel le dernier jour du délai

(¹) Justinien, Instit., tit. *De pœna temere litigantium.* — V. *suprà*, nº **349**.

(²) LL. 2 et 5, § 5, ff. *De appell.*; L. 1, §§ 5 et 11, ff. *Quando appell.*; LL. 1, § ult.; 3 et 13, ff. *De appell.*; L. 48, C. Theod., *De appell.*

(³) L. unic. ff. *De libell. dimiss.*; Paul., *Sentent.* v, 34, §§ 1 et 2; *Vatic. Fragm.*, §§ 162 et 163; Paul., *Sentent.* v, 33, §§ 1 à 8; 36; L. 23, § 3, ff. *De appell.*

légal. Ce délai était de deux, quatre, six ou neuf mois, suivant la nature des appels ou selon les distances : il n'était pas besoin d'une citation directe d'avoir à comparaître, l'ajournement étant fixé par l'expiration des deux, quatre, six ou neuf mois, suivant les cas. Le terme de l'appel était fatal en ce sens que l'instance d'appel devait nécessairement être engagée ce jour-là (¹). Si l'appelant ne comparaissait pas, la sentence était confirmée purement et simplement; si c'était l'intimé qui faisait défaut, l'appel se jugeait comme s'il s'était présenté. Quand l'appelant justifiait d'une cause légitime de non comparution, il pouvait se faire relever de la déchéance encourue faute d'avoir comparu. Une seconde déchéance, mais non une troisième, pouvait être réparée *ex justa causa* (²).

L'appel était toujours jugé *extra ordinem* par le magistrat supérieur. Les parties pouvaient faire valoir des moyens nouveaux pour justifier leurs prétentions; mais les demandes nouvelles n'y étaient pas recevables (³). Si l'appel lui paraissait fondé, le juge le déclarait *juste*, et rendait un nouveau jugement; dans le cas contraire, il déclarait l'appel *injuste*, et condamnait l'appelant à une somme qui pouvait s'élever jusqu'au tiers de la valeur en litige (⁴).

(¹) L. **32**, pr. et § **4**, C. *De appell.;* L. **2**, C. *De tempor. et reparat. appell.*

(²) L. **5**, C. *De appell.;* L. **2**, C. Theod., *De reparat. appell.*

(³) L. **6**, § **1**, ff. *De appell.;* L. **4**, C. *De temp. et repar. appell.*

(⁴) Paul., *Sentent.* v, **37**; **33**, §§ **1** à **8**.

371. — En dehors de la voie ordinaire de l'appel, les plaideurs pouvaient, dans certains cas, se pourvoir contre une décision, soit par la rescision (*restitutio in integrum*), soit par voie de nullité. La *restitutio in integrum* sera plus bas l'objet d'un chapitre spécial. — Occupons-nous des voies de nullité.

Tout jugement nul, par suite de l'une ou de plusieurs des conditions essentielles à sa validité, était susceptible d'être arrêté dans son exécution par l'adversaire qui soutenait *non esse judicatum*. Quand les moyens de nullité allégués étaient reconnus vrais, le magistrat refusait l'exécution s'ils lui paraissaient de nature à entraîner la nullité : il l'ordonnait au contraire quand ces moyens ne paraissaient pas fondés. Lorsque les moyens allégués étaient déniés, le magistrat donnait la formule de l'action *judicati*, qui soumettait au juge la question de savoir « *si paret judicatum esse.* » Si, après une absolution, le demandeur renouvelait son instance (il ne le pouvait qu'autant que la *litis contestatio* n'avait pas produit de novation, suivant ce qui a été dit *suprà*, nᵒˢ 288 et suiv.), et si on lui opposait l'exception *rei judicatæ*, le juge avait à examiner « *si judicatum fuisset.* » Toutes les fois que les moyens de nullité invoqués étaient reconnus fondés, le juge décidait qu'il n'y avait pas eu chose jugée, de telle sorte que la sentence attaquée était paralysée dans son exécution. Les moyens de nullité qu'on pouvait faire valoir se tiraient soit *ex persona litigantium* (si la partie condamnée était morte ou absente au moment du prononcé de la sentence, et que, dans ce dernier cas, on n'eût pas agi *per contumaciam*; si l'une des parties était en démence ou en esclavage, ou si, ne pouvant plaider que par procureur, elle avait procédé elle-même, ou si enfin la condamnation avait été prononcée contre le *dominus litis* au lieu de l'être contre le *cognitor*); soit de l'absence des formalités substantielles de la procédure; soit *ex persona magistratus* (si, par exemple, il était incompétent); soit *ex persona judicis* (si, par exemple, il avait outrepassé les pouvoirs que lui accordait la formule); soit enfin d'une violation de la loi ou de la chose jugée (1).

372. — On arrivait à l'exécution des sentences, soit par la contrainte personnelle du défendeur condamné, soit par la saisie de ses biens. La contrainte personnelle s'exerçait au moyen de la *manus injectio*, laquelle, ainsi que nous l'avons dit *suprà*, nos **76** et suiv., et **100**, ne disparut pas avec le système des actions de la loi, mais reçut cependant des adoucissements. Ainsi, la vente du débiteur emprisonné par son créancier ne pouvait plus avoir lieu. Il ne devenait plus esclave, mais était seulement assimilé à l'esclave, et dès qu'il avait acquitté sa dette, il rentrait

(1) V. ff. tit. *De sentent. quæ sine appell. rescinduntur.*—V. aussi L. **59**, § **3**, ff. *De re judic.;* L. **107**, ff. *De regul. juris;* L. **44**, § **1**, *De judic.;* LL. **6** et **7**, C. *cod. tit.;* L. **9**, ff. *De re judic.;* L. **6**, C. *Quomodo et quand. judic.;* L. **39**, ff. *De re judic.;* L. **3**, ff. *De offic. præfect. prætor.;* L. **2**, C. *De sentent.;* L. **19**, ff. *De appell.*

dans la classe des ingénus. Il pouvait, néanmoins, être conduit dans la maison de son créancier, qui avait, du reste, exclusivement droit au travail et aux services de l'*addictus* jusqu'à parfait payement, mais à la charge de le nourrir. Il n'avait pas le même droit à l'égard des enfants de l'*addictus* (¹).

Dans l'article suivant, nous parlerons de l'exécution sur les biens.

Art. II. — *Cognitiones extraordinariæ.*

373. — A côté de cette procédure ordinaire, il y avait souvent lieu à une marche plus simple, dans laquelle le magistrat statuait seul ; on la désignait sous le nom de *cognitiones extraordinariæ.* On ne la rencontre guère dans le système des actions de la loi, si ce n'est dans la *manus injectio ;* mais sous le système formulaire elle devint d'une application de plus en plus fréquente, au fur et à mesure que ce système se développa. — Ces *cognitiones extraordinariæ* avaient lieu dans les restitutions en entier (*restitutiones in integrum*), dans les envois en possession (*missiones in possessionem*), et en général toutes les fois que le magistrat avait à exercer son *imperium.* On les retrouve aussi dans tous les cas que des dispositions législatives

______

(¹) Quintil., *Instit. orat.,* v, 10, 60 ; vii, 3, 27 ; Gaïus, c. 3, §§ 189 et 199 ; Lex. Gall. Cisalp., c. 21 et 22 ; Cic., *pro Flacc.,* 20, 21 ; Plutarque, 20, *Lucullus ;* Diodor., i, 79.

spéciales avaient attribués à la connaissance extraordinaire du magistrat, notamment en matière de fidéicommis; dans les cas de juridiction gracieuse, par exemple, dans les actes solennels de *manumission, vindicte, cessio in jure;* et enfin toutes les fois que le magistrat, qui voulait suppléer aux lacunes du droit civil ou obvier à sa rigueur, avait préféré recourir à ce moyen plutôt que de créer des actions spéciales : ainsi, alors qu'il s'agissait de demandes d'aliments entre ascendants et descendants, patrons et affranchis, ou de demandes d'honoraires ou de salaires de la part des professeurs d'arts libéraux, d'avocats, de nourrices [1].

374. — Nous traiterons *infrà* des restitutions en entier, après avoir parlé des interdits et des stipulations prétoriennes [2]. Nous allons exposer brièvement le système des *missiones in possessionem.*

375. — Les *missiones in possessionem* étaient accordées par le préteur pour assurer à une personne la conservation de ses droits, ou pour contraindre à l'exécution de ses décrets ou des sentences judiciaires. Elles avaient lieu le plus souvent pour une universalité de biens, quoiqu'elles s'appliquassent aussi *in res singulas.* Il y avait *missio in possessionem* contre un débiteur qui se cachait sans se faire défendre, ou qui n'exécutait pas la sentence rendue contre lui, et ce, dans les trente jours qui suivaient le prononcé de la

---

[1] L. 5, ff. *De agnoscendis et alendis liberis;* L.1, ff. *De extraordinariis cognitionibus;* L. 47, § 1, *De negotiis gestis.*

[2] V. n°ˢ 814 et suiv.

décision (1). Dans le premier cas, elle avait pour but de contraindre le débiteur à se présenter, pour qu'on pût le condamner, et, dans le second, d'assurer l'effet de la condamnation. Les créanciers d'une succession vacante pouvaient obtenir l'envoi en possession des biens de leur débiteur défunt. Il y avait un autre cas d'application en faveur de l'enfant qui était encore dans le sein de sa mère; et un autre était fourni par l'édit Carbonien, en faveur de l'impubère successible dont on contestait l'état. En matière de dommage imminent, il y avait aussi lieu à cette *missio*, alors que le propriétaire du bâtiment menaçant ruine refusait la stipulation prétorienne, dite caution *damni infecti*. Enfin, nous savons que les légataires ou les fidéi-commissaires pouvaient l'obtenir contre l'institué qui refusait la *cautio legatorum*, autre stipulation prétorienne. Ces stipulations étaient appelées *actions* dans le sens large, parce qu'elles produisaient le même effet que les actions (V. ch. 5, *des stipulations prétoriennes*).— Dans tous ces cas, l'envoyé en possession n'avait que la garde des biens; c'était une sorte de gage. Il faut se garder de confondre cette possession avec la *bonorum possessio* accordée aux successeurs prétoriens (2).

____

(1) L. 4, § 5, et L. 7, ff. *De re judicata;* Aul. Gell., xx, 1; Festus, vᵒ *Justi;* Macrob., *Sat.* 1, 16.

(2) L. 7, §§ 1 et suiv., ff. *Quib. ex caus. in possess. agatur;* ff. tit. *De incendio, ruina, naufragio;* ib. *De damno infecto;* ib. *Ut in possess. leg.;* C. lib. 7, tit. 72; L. 37, *præm.* ff. *De oblig. et act.*

376. — La *missio in possessionem* des biens d'un débiteur, et celle des biens d'un défunt qui n'avait pas de successeur, étaient suivies d'une possession de trente jours dans le premier cas, et de quinze dans le second. L'envoyé en possession devait conserver sur les lieux les objets qu'il pouvait y garder convenablement : il pouvait enlever et transporter ailleurs ce qui était incommode à surveiller sur les lieux. En aucun cas il n'était autorisé à chasser le propriétaire malgré lui.—Après le délai de trente ou de quinze jours, qui était employé à annoncer la vente des biens, le préteur ordonnait aux créanciers de s'assembler pour élire un *magister* (syndic), choisi parmi eux, et chargé de la vente. L'adjudication ne pouvait avoir lieu que trente jours après cette réunion, s'il s'agissait des biens d'un débiteur vivant, et après quinzaine s'il s'agissait de ceux d'un défunt. La raison de cette différence dans les délais tenait à ce que la vente des biens d'une personne vivante ne devait pas être consentie facilement, attendu qu'elle pouvait l'empêcher, soit en fournissant la caution *judicatum solvi*, soit en payant. Cicéron nous apprend que la *missio in possessionem* des biens d'un débiteur n'était accordée que rarement et sous de sages restrictions, après plusieurs défauts (¹).

Au temps de Gaïus, cette adjudication ne donnait pas le domaine quiritaire à l'acheteur. Elle ne lui donnait que le domaine *in bonis*, en lui permettant d'arriver au véritable domaine par l'usucapion. C'était donc

(¹) Gaïus, c. **3**, §§ **77** et suiv.; Cic., *pro P. Quintio*, **16** et **27**.

un moyen d'avoir la chose *in bonis*, mode qu'il faut ajouter à celui qui résultait de l'aliénation, faite par le véritable propriétaire, d'une chose *mancipi*, sans l'emploi des formalités voulues par le droit civil, et qui, d'après M. Ortolan, est le seul moyen connu d'arriver au domaine *in bonis* [1].

377. — L'*emptio bonorum*, qui suivait la *missio in possessionem* dont nous venons de parler, différait de la *sectio bonorum*, laquelle n'avait lieu qu'en faveur du trésor public, relativement aux biens de celui qui avait été condamné sur une accusation publique. La *sectio bonorum* appartenait au droit civil : aussi les *sectores* (acheteurs) *bonorum* devenaient-ils propriétaires *ex jure Quiritium*, sans qu'il fût besoin de recourir à l'usucapion. La vente se poursuivait par les questeurs du trésor que le préteur envoyait en possession. Faisons observer que, sous Justinien, la différence entre le domaine *in bonis* et le domaine *ex jure Quiritium* avait disparu [2].

378. — La *missio in possessionem* avait remplacé, dans la pratique, la contrainte, qui, autrefois, s'exerçait sur la personne du débiteur, au moyen de la *manus injectio*. Toutefois, ce dernier mode d'exécution s'était perpétué même jusqu'au temps de Justinien, mais avec des adoucissements [3].

[1] Gaïus, c. 2, § 41 ; c. 3, § 80.

[2] Gaïus, c. 4, §§ 145 et 146 ; Asconius, *ad Cic.*, Verr. ɪ, 20 et 23.

[3] Plutarque, 20, *Lucullus* ; Cic., *pro Flacc.*, 20, 21 ; Lex Rubria, c. 21 et 22 ; Diodor., ɪ, 79. — V. *suprà*, nᵒ 372.

379. — La *distractio bonorum* était la vente en détail, faite par l'office d'un curateur, des biens d'un débiteur illustre. Elle était moins rigoureuse que l'*emptio bonorum*, en ce qu'elle n'entraînait aucune déchéance d'état, à la différence de celle-ci, qui faisait éprouver une diminution de tête infamante. Du reste, à la chute du système formulaire, la *distractio bonorum* fut accordée en faveur de tout débiteur. A la différence de l'*emptio bonorum*, elle ne libérait le débiteur que jusqu'à concurrence du prix produit par la vente (¹).

380. — La *cessio bonorum* était l'abandon volontaire que le débiteur faisait de ses biens à ses créanciers, soit judiciairement, soit extrajudiciairement; elle était suivie de la vente comme la *missio in possessionem;* mais elle ne faisait pas éprouver de *capitis deminutio* au débiteur; et, à l'inverse, elle ne le libérait pas complétement, et ne mettait pas à l'abri des poursuites de ses créanciers ses biens futurs, pourvu qu'ils fussent de quelque importance; mais elle lui permettait de réclamer le bénéfice de compétence (²).

381. — Le *pignus prætorium* différait encore des moyens de contrainte qui précèdent. Il était ordonné par le magistrat contre un débiteur condamné ou *confessus*, et consistait en une espèce de séquestre, dont la durée était de deux mois, après lesquels la vente était faite par les *officiales*. Le prix en provenant

---

(¹) LL. 5 et 9, ff. *De curatorib.*; L. 4, *De curat. bon. dando.*
(²) Gaïus, c. 3, §§ 78 et suiv.; L. 4, pr. ff. *De cessione bonorum;* LL. 6 et 9, *ib.;* — V. *suprà*, nᵒˢ 213, 216 et 336.

servait à l'acquit de la dette. Le créancier pouvait devenir adjudicataire, faute d'acheteurs [1].

CHAPITRE IV.

Interdits.

382. — Le but des interdits était : soit de protéger directement, et dans un intérêt d'ordre public, les citoyens contre la violence ou contre la violation des lieux sacrés ; soit de protéger leurs intérêts privés dans les causes urgentes, et de prévenir ou réparer des rixes ou des voies de fait, notamment quant à la possession [2].

A cet effet, le préteur rendait des édits particuliers par lesquels il *défendait* de faire telle ou telle chose, par exemple de rien faire dans un lieu sacré, ou d'employer la violence à l'égard de celui dont la possession n'était pas vicieuse. Ces édits s'appelaient spécialement *interdits*, de *interdicere*, défendre. Les édits rendus en matière d'ordre public, et ceux qui étaient relatifs aux intérêts privés, quand le magistrat prohibait la violence, prenaient toujours le nom d'*interdits* : ainsi, l'on disait : l'interdit *uti possidetis*, l'interdit *utrubi*. Mais le magistrat *ordonnait* aussi souvent d'exhiber ou de restituer une chose déterminée, et dans ces cas, son édit prenait le nom de *décret* [3].

<hr>

[1] LL. 15 et 31, ff. *De re judic.;* L. 1, C. *Si in caus. judic. pignus.*

[2] Gaïus, *Instit.,* c. 4, §§ 139 et 140 ; L. 1, ff. *De interdictis.*

[3] Gaïus, c. 4, § 140.

SECTION I. — DIVISION DES INTERDITS.

1re DIVISION. — *Interdits prohibitoires; — interdits restitutoires; — interdits exhibitoires.*

383. — Tous les interdits, envisagés sous le rapport de leur objet et sous celui des termes employés par le magistrat, se divisaient en *prohibitoires, restitutoires* et *exhibitoires* [1].

§ 1. — *Interdits prohibitoires.*

384. — Les interdits *prohibitoires* étaient ceux par lesquels le magistrat défendait qu'on fît telle chose. Ils étaient *possessoires* ou *non possessoires*, suivant qu'ils avaient trait ou non à la possession [2].

385. — Les interdits *prohibitoires possessoires* que les textes nous font connaître sont :

386. — 1° L'interdit *uti possidetis.* — Cet interdit ne concernait que la possession des choses immobilières; il était purement conservatoire, et n'avait jamais pour objet la restitution d'une possession perdue [3].

Il était accordé au profit de celle des parties qui, au moment du prononcé de l'interdit, possédait la chose *nec vi, nec clam, nec precario, ab adversario* [4].

---

[1] Gaïus, *ib.;* Justinien, *Instit., De interdictis,* § **1.**

[2] Nous traiterons *infrà* (n^{os} **430** et suiv.) plus spécialement des interdits *possessoires* et des interdits *non possessoires.*

[3] Gaïus, c. **4,** §§ **149** et **150**; L. **1,** § **1,** ff. *Uti possid.*

[4] Paul, *Sentent.* v, 6, § **1**; Gaïus, c. **4,** § **151.**

La formule en était ainsi conçue : *uti eas œdes quibus de agitur, nec vi, nec clam , nec precario , alter ab altero possidetis, quominus ita possideatis vim fieri veto* [1].

Des termes de la formule il résulte que le magistrat s'adressait aux deux parties à la fois, laissant au juge le soin de décider laquelle se trouvait avoir eu, au moment du prononcé de l'interdit, la possession telle qu'elle était requise. Cette formule donnait au juge, ainsi qu'on le verra plus bas, le droit de faire porter sa condamnation sur l'un ou sur l'autre des plaideurs, après qu'il avait reconnu lequel des deux s'était conformé à l'interdit [2].

L'interdit *uti possidetis* n'avait été introduit que pour protéger la possession correspondant au droit de propriété. La quasi-possession des servitudes personnelles et celle des servitudes réelles négatives était protégée par l'interdit *uti possidetis* utile : celle des servitudes réelles affirmatives était secourue tantôt par l'interdit *uti possidetis* utile, tantôt par des interdits particuliers créés pour chacune d'elles [3].

[1] L. **1**, pr. ff. *Uti possidetis :* « Pour que vous continuiez à » posséder l'édifice en litige comme vous le possédez sans vio- » lence, publiquement et sans précarité vis-à-vis de votre partie » adverse, je défends qu'on vous fasse violence. » Il est bon de remarquer que les caractères de non précarité, de non violence et de publicité, ne sont exigés que relativement à la partie adverse et non d'une manière absolue. Cela résulte des mots *ab adversario* de la formule.

[2] V. *infrà*, nᵒˢ 446, 447, 480 et suiv.

[3] V. L. **20**, ff. *De servitutibus ; Fragm. Vatic.*, §§ **90** et **91**;

387.—2° L'interdit *utrubi* (¹).—Il n'avait trait qu'à la possession des choses mobilières. Le magistrat protégeait, par cet interdit, non pas comme dans le précédent, la possession actuelle, mais celle qui avait été la plus longue dans l'année antérieure à la contestation.

Voici quelle en était la formule : « *Utrubi hic homo de quo agitur, majore parte hujusce anni fuit, quominus is eum ducat vim fieri veto* (²). »

Sous les empereurs du Bas-Empire, la différence que nous venons de signaler entre l'*interdit utrubi*, relatif aux meubles, et l'interdit *uti possidetis*, créé pour les immeubles, disparut complétement, et dans les deux on ne protégea plus que la possession existant au moment du prononcé de l'interdit (³).

388.— 3° L'interdit *de superficiebus*. — Cet interdit était, pour le cas auquel il s'appliquait, le même que l'interdit *uti possidetis* donné utilement (⁴).

389. — 4° Interdits *de itinere actuque privato*. — Leur but était de protéger, d'une part, l'usage du droit; d'autre part, les réparations à faire. Il ne s'appliquait qu'aux servitudes prédiales (⁵).

L. 1, §§ 1 et 8, ff. *Uti possid.;* L. 1, pr. §§ 1 et 2, ff. *De superficiebus;* L. 1, pr. ff. *De itinere actuque privato;* L. 1, ff. *De aqua quotid. et œstiva,* et les nᵒˢ 388 à 394.

(¹) ff. *De utrubi.* — V. *infrà,* nᵒˢ 445 et suiv.

(²) L. 1, ff. *Utrubi.*

(³) Institutes, *De interdictis,* § 4.

(⁴) V. L. 1, ff. *De superficiebus.*

(⁵) L. 1, pr. et § 1, ff. *De itinere actuque privato;* L. 3, §§ 11 et suiv., *ib.*

Ce n'était pas la possession actuelle, mais la possession qu'on avait eue dans l'année, qui était protégée par ces interdits [1].

390. — 5° Interdits *de aqua quotidiana et æstiva* [2]. — L'interdit *de aqua quotidiana* était accordé à celui qui, dans le cours de la dernière année, avait usé de la conduite d'eau, *nec vi, nec clam, nec precario, ab adversario*. Il suffisait qu'on eût usé pendant un seul jour de l'aqueduc pour avoir droit à l'interdit [3].

L'interdit *de aqua æstiva* protégeait la quasi-possession qu'on avait eue dans l'été qui précédait celui où l'on agissait. Par extension, on l'accordait utilement dans le cas où la conduite d'eau avait été exercée dans l'hiver, non dans l'été [4].

391. — 6° L'interdit *de rivis*. — Il avait pour but d'interdire la violence vis-à-vis de celui qui réparait les conduits et les digues pour prendre de l'eau comme il en avait pris pendant l'été précédent. Il n'était relatif qu'aux cours d'eau privés [5].

392. — 7° Les interdits *de fonte*. — L'un tendait à

---

[1] L. 1, pr. *De itinere actuque privato.*

[2] Pour protéger la quasi-possession de la servitude d'aqueduc, soit quotidienne (pouvant s'exercer chaque jour), soit d'été (ne pouvant s'exercer que pendant l'été); — L. 1, §§ 2, 3 et 4, ff. *De aqua quotidiana et æstiva.*

[3] L. 1, §§ 1, 4, 22, 24 et 27, *ib.*

[4] V. L. 1, §§ 32-37, *ib.*

[5] L. 3, § 8, *De rivis.*

protéger le *jus aquæ hauriendæ*, et l'autre les réparations à faire ([1]).

393. — 8° L'interdit *de cloacis*. — Son but était d'assurer le nettoiement, la réparation et la reconstruction des égouts particuliers ([2]).

394. — 9° L'interdit donné contre celui qui, ayant fait la dénonciation de nouvel œuvre, refusait d'accepter la caution que lui offrait son adversaire pour être autorisé à continuer les travaux ([3]).

395. — Les interdits *prohibitoires non possessoires* que les textes nous font connaître sont ceux :

396. — 1° *De mortuo inferendo*, dont le but était de protéger les inhumations ([4]).

397. — 2° *De sepulchro ædificando*, qui avait pour objet d'empêcher la violence vis-à-vis de celui qui construisait un tombeau ([5]).

([1]) L. unic., ff. *De fonte.*

([2]) V. ff. *De cloacis.* — M. Bonjean fait remarquer que dans la formule de cet interdit on ne trouve pas les mots *nec vi, nec clam, nec precario*, quoiqu'il ne soit relatif qu'aux égouts particuliers : la raison en est, suivant cet auteur, qu'en dernière analyse l'intérêt public réclame le bon état des égouts privés tout comme celui des égouts publics. Par le même motif, la dénonciation de nouvel œuvre ne faisait point obstacle à la continuation des travaux ; on pouvait seulement exiger la caution *damni infecti* de celui qui travaillait chez autrui.

([3]) L. 20, § 10, *De operis novi nunciatione.*

([4]) L. 1, pr. ff. *De mortuo inferendo.*

([5]) L. 1, § 5, *ib.*

398. — 3° *Ne quid in loco sacro fiat*, qui interdisait de rien faire de nuisible dans un lieu sacré [1].

399. — 4° *Ne quid in loco publico vel itinere fiat*, qui avait pour les choses publiques le même objet que le précédent pour les lieux sacrés [2].

400. — 5° *De loco publico fruendo*, dont le but était de protéger la jouissance de celui qui avait pris à loyer certaines choses publiques [3].

401. — 6° *De via publica et itinere publico reficiendo*, qui interdisait la violence contre ceux qui rétablissaient ou réparaient la voie publique [4].

402. — 7° *Ne quis via publica itinereve publico ire, agere prohibeat*, dont le but était de protéger la libre circulation sur la voie publique [5].

403. — 8° *Ne quid in flumine publico ripave ejus fiat, quo pejus navigetur*, introduit pour protéger les fleuves et leurs rives contre les usurpations et les dégradations [6].

404. — 9° *Ne quid in flumine publico ripave ejus fiat, quod aliter aqua fluat, atque uti priore æstate fluxit*, qui prohibait les travaux de nature à changer le cours de l'eau [7].

---

[1] Gaïus, *Inst.*, c. 4, §§ 140, 159 ; LL. 1, 2 et 3, ff. *Ne quid in loco sacro fiat.*

[2] L. 1, ff. *Ne quid in loco publico.*

[3] ff. *De loco publico fruendo.*

[4] ff. *De via publica et itinere publico reficiendo.*

[5] L. 2, § 45, *Ne quid in loco publico.*

[6] Gaïus, c. 4, § 159 ; L. 1, § 17, ff. *De fluminibus.*

[7] ff. *Ne quid in flumine publico fiat...*

405. — 10° *Ne quis in flumine publico navigare prohibeatur*, qui interdisait la violence contre celui qui naviguait sur un fleuve ([1]).

406. — 11° *De ripa munienda*, qui protégeait contre la violence ceux qui réparaient les rives des fleuves ([2]).

407. — 12° *De arboribus cœdendis*, par lequel celui sur la propriété de qui s'avançaient des arbres était autorisé à les couper s'ils avançaient sur une maison, et à les ébrancher jusqu'à quinze pieds du sol s'ils empiétaient sur un champ ([3]).

408. — 13° *De glande legenda*, qui permettait au propriétaire des arbres duquel des fruits étaient tombés sur le fonds voisin, de les reprendre pendant trois jours ([4]).

409. — 14° *Ne vis fiat ei qui in possessionem missus erit*, par lequel le magistrat interdisait la violence contre ceux auxquels il avait accordé la possession des biens ([5]).

410. — 15° *De aqua ex castello*, qui avait pour objet

([1]) ff. *Ut in flumina publica navigare liceat.*

([2]) ff. *De ripa munienda.*

([3]) ff. *De arboribus cœdendis.*

([4]) *De glande legenda.*

([5]) L. **1**, pr. et § **3**, ff. *Ne vis fiat ei qui in possessione missus erit.* — Par une action *in factum*, le préteur atteignait le même résultat, et même un résultat plus avantageux dans certains cas, car cette action comprenait tous les genres d'opposition faite au *missus*, tandis que l'interdit n'était donné que contre les actes de violence.

de protéger ceux qui avaient une prise d'eau alimentée par un cours d'eau public (¹).

411. — 16° *De migrando,* qui protégeait le locataire d'une maison contre le bailleur s'opposant sans fondement à la sortie des lieux loués des meubles affectés au payement des loyers (²).

§ 2. — *Interdits restitutoires.*

412. — Les interdits restitutoires étaient ceux qui tendaient à la restitution d'une chose. Par *restituere* on entendait faire avoir à quelqu'un la possession qu'il n'avait jamais eue, aussi bien que lui faire *recourrer* une possession perdue (³). — Dans cette classe, nous trouvons :

413. — 1° Les interdits *adipiscendæ possessionis* (⁴).

414. — 2° Les interdits *recuperandæ possessionis* (⁵).

415. — 3° Les interdits *tam adipiscendæ quam recuperandæ possessionis* (⁶).

416. — 4° L'interdit *quod vi aut clam,* qui assurait un recours contre toutes les entreprises, voies de fait et usurpations accomplies par violence ou clan-

______

(¹) L. 1, § 38, *De aqua quotidiana.*
(²) ff. *De migrando.*
(³) Justinien, *Instit., De interdictis,* § 1.
(⁴) (⁵) et (⁶) V. *infrà,* nᵒˢ 432 et suiv., 449 et suiv., 467 et suiv.; — Gaïus, c. 4, §§ 154 et 155 ; Justinien, *Instit., De interdictis;* ff. *De vi et de vi armata ;* C. *Undè vi;* Cic., *pro Cæcina ; pro Tullio,* c. 29, 44, 45, 46; L. 7, § 5, ff. *Communi dividundo;* ff. *De precario;* C. eod. — V. Savigny, *De la possession,* § 41.

destinement sur le fonds d'autrui. Il n'était relatif qu'aux choses immobilières ([1]).

417. — 5° L'*interdit fraudatoire*, dont le but était de faire révoquer les actes accomplis par le débiteur en fraude de ses créanciers ([2]).

418. — 6° L'interdit accordé lorsqu'un bâtiment était tombé avant que la *cautio damni infecti* eût été fournie ([3]).

419. — 7° L'interdit donné contre celui qui, malgré la défense du magistrat, avait porté un mort dans un lieu défendu ([4]).

420. — 8° Celui qui ordonnait de rétablir dans leur ancien état les lieux publics, chemins ou lieux sacrés, à l'égard desquels on avait fait ce qui était défendu ([5]).

421. — 9° L'interdit qui ordonnait de détruire ce qui avait été fait au mépris de la prohibition qui interdisait la violation des sépulcres, ou d'empêcher la navigation sur un fleuve public ou sur sa rive ([6]).

([1]) *Quod vi aut clam;* Cic., *pro Tullio,* c. 53.

([2]) L. 10, pr. ff. *Quæ in fraudem creditorum;* L. 67, §§ 1 et 2, ff. *Ad S. c. Trebellianum;* L. 96, pr. *De solutionibus.* — V. *suprà,* n° 202, ce que nous avons dit de cet interdit en le rapprochant de l'action paulienne.

([3]) L. 7, *in fine,* ff., *De damno infecto.*

([4]) L. 2, § 1, ff. *De interdictis.*

([5]) ff. *Ne quid in loco publico fiat.*

([6]) L. 1, §§ 19-22, *De fluminibus;* L. 1, §§ 11-13, *Ne quid in flumine.*

422. — 10° L'interdit compétant à celui que le magistrat avait envoyé en possession (¹).

423. — 11° L'interdit *de cloacis*, qui était donné comme restitutoire à celui auquel on faisait la dénonciation de nouvel œuvre lorsqu'il nettoyait ou réparait un égout, et qui avait pour objet, dans ce cas, de permettre la continuation des travaux sans avoir égard à la dénonciation (²).

424. — 12° Enfin, l'interdit tendant à faire détruire ce qui avait été construit contrairement à la dénonciation de nouvel œuvre était aussi restitutoire.

§ 3. — *Interdits exhibitoires.*

425. — Parmi les interdits *exhibitoires*, qu'on appelle ainsi parce qu'ils contiennent l'ordre d'exhiber, nous connaissons :

426. — 1° L'interdit *de homine libero exhibendo*, qui avait pour objet de mettre obstacle à la détention d'un homme libre (³).

427. — 2° L'interdit *de liberis exhibendis*, tendant à l'exhibition des enfants en puissance que le père de

(¹) L. 3, § 2, ff. *Ne vis fiat ei qui in possessione.*

(²) L. 1, §§ 1 et 13, ff. *De cloacis;* — Zimmern et Étienne, § 73; — *suprà*, n° 393.

(³) ff. *De homine libero exhibendo.* — Cet interdit et les deux suivants différaient de l'action *ad exhibendum*, en ce que celle-ci n'avait trait qu'aux choses et aux esclaves, tandis que les interdits exhibitoires avaient pour objet l'exhibition des personnes libres.

famille voulait se faire montrer afin de pouvoir les revendiquer (¹).

428. — 3° L'interdit *de liberto exhibendo*, accordé au patron qui voulait se faire représenter l'affranchi dont il exigeait les services qui avaient été la condition de l'affranchissement (²).

429. — 4° L'interdit *de tabulis exhibendis*, dont le but était de faire exhiber les tables d'un testament qu'on prétendait avoir été déposé entre les mains de quelqu'un (³).

2me DIVISION. — *Interdits non possessoires; — interdits possessoires.*

430. — Cette division rentre dans celle qui précède; car tous les interdits *non possessoires* étaient *prohibitoires*, et tous les interdits *possessoires* étaient *restitutoires, exhibitoires* ou *prohibitoires* (⁴).

§ 1. — *Interdits non possessoires.*

431. — Les interdits *non possessoires* ont été énumérés dans la division qui précède (n°s 395 à 412). Nous n'avons rien de nouveau à en dire ici.

(¹) V. *suprà*, n°s 268 et suiv., et ff. *De liberis exhibendis.*
(²) L. 2, § 1, ff. *De interdictis;* Gaïus, c. 4, § 162.
(³) ff. *De tabulis exhibendis.*
(⁴) V. la division qui précède.

§ 2. — *Interdits possessoires.*

432. — Les interdits possessoires étaient ceux qui avaient pour objet la possession et qui tendaient soit à maintenir en possession, soit à la faire recouvrer, soit même à faire obtenir une possession qu'on n'avait jamais eue [1]. C'est pourquoi on distinguait cette classe d'interdits en interdits *adipiscendæ*, en interdits *retinendæ* et enfin *recuperandæ possessionis* [2]. Il en existait même quelques-uns qui avaient tantôt pour objet de faire acquérir la possession, tantôt pour objet de la faire recouvrer, et qui à cause de cela étaient appelés doubles [3].

ART. 1 (α). — *Interdits* adipiscendæ possessionis.

433. —Les interdits *adipiscendæ possessionis* avaient

[1] Gaïus, *Instit.*, c. 4, § 143 ; Justinien, *Instit.*, § 2, *De interdictis.* — V. toutefois Savigny, *Traité de la possession*, § 35.
[2] Gaïus, c. 4, § 143.
[3] V. *infrà*, n° 467.

(α) L'exposé des interdits possessoires ne peut être parfaitement compris qu'autant qu'on a étudié les principes de la possession. C'est pourquoi, sans interrompre la suite de notre sujet, nous croyons utile d'analyser en note les règles du droit romain sur cette importante matière.

pour objet de faire acquérir une possession qu'on n'a-

---

§ 1. — *Règles générales.*

La possession peut être définie, avec Théophile, la détention d'une chose corporelle.

Les jurisconsultes romains distinguaient la possession *civile* de la possession *naturelle.*

La possession civile était celle qui était protégée par le droit civil, et qui pouvait conduire à l'*usucapion :* elle était toujours une détention *animo dominantis* (*a*).

La possession naturelle était celle que le droit civil ne protégeait pas, mais au secours de laquelle venait le droit prétorien : elle ne pouvait pas conduire à l'usucapion, mais elle était protégée par les interdits (*b*).

Avaient la possession civile, tous ceux qui possédaient *ex justa causa*, tels que l'acheteur, le donataire, le légataire, le mari qui avait reçu à titre de dot, ou celui qui recevait certains objets comme faisant partie de la dot lors de sa restitution ; le possesseur *pro herede*, celui qui avait reçu un esclave par suite d'un abandon noxal ; enfin tout possesseur *pro suo*. Ce dernier titre comprenait toutes les causes d'acquisition n'ayant pas reçu de nom particulier (*c*).

Avaient la possession naturelle, le créancier gagiste, le séquestre (pourvu qu'on lui eût remis la chose dans l'intention de l'en rendre possesseur, et que cette intention fût clairement démontrée), le preneur à précaire, ceux qui possédaient sans droit ou

(*a*) Pothier, *Pandectes, De acquirenda vel amittenda possessione,* sect. 1, art. 2, n° 2 ; Savigny, *Traité de la possession,* 1re partie, §§ 1 et 2.

(*b*) Pothier, *ib.*; Savigny, *ib.*

(*c*) L. 3, § 21, ff. *De acquirenda vel amittenda possessione.*

vait jamais eue, dont on n'avait jamais été nanti (¹).

(¹) L. 2, § 3, ff. *De interdictis*.

---

en vertu d'un titre non reconnu par le droit, tels que le conjoint donataire de son conjoint; ceux qui possédaient sans titre, tels que le *prædo* (a).

Quant aux détenteurs qui tenaient la chose pour autrui, et qu'on désigne quelquefois comme la possédant, ils n'étaient point véritablement possesseurs, mais seulement *en possession :* ainsi, le *preneur*, le *commodataire*, le *dépositaire* (b).

La possession était *juste* ou *injuste* : juste, si elle était légitime, si on y avait droit; injuste, dans le cas contraire. La possession civile était toujours *juste;* la possession naturelle avait tantôt ce caractère, tantôt le caractère opposé. Ainsi, la possession du créancier gagiste était juste; celle du *prædo* était, au contraire, toujours injuste. Mais cette division de la possession en *juste* et en *injuste*, dans le sens qui précède, se rapportait à l'idée de la possession, qu'elle fût civile ou naturelle, ou même une simple détention (c). En conséquence, elle est peu importante, puisqu'elle ne sert pas à déterminer les effets attachés à la possession, et ne doit pas nous arrêter davantage. La même division, prise dans un autre ordre d'idées, offre plus d'intérêt, car elle nous fait connaître ces effets : dans ce dernier sens, on opposait la possession *juste* (qui pouvait conduire à l'usucapion quand elle était *civilis*, et était toujours protégée par les interdits), à la possession *vicieuse* (qui n'amenait jamais à l'usucapion,

(a) LL. 1, § 4; 6, § 1; L. 16; 37; 39. ff. *eod. titulo :* L. 37, *ib. De pigneratitia actione;* L. 2, § 3, ff. *De precario.*

(b) L. 10, ff. *De acquir. vel amittenda possessione;* — Pothier, Pandectes, *in hoc titul.*

(c) L. 7, § 8, ff. *Communi dividundo;* L. 3, § 23, ff. *De possessione.*

Tels étaient l'interdit *quorum bonorum*, le *possessorium*,

---

mais était secourue souvent par les interdits), c'est-à-dire à celle qui était violente, clandestine, ou précaire, ou à celle qui était simplement *injusta*, c'est-à-dire sans titre, et toutefois non violente, ni clandestine, ni précaire, quand, par exemple, quelqu'un avait acheté de celui qu'il savait n'être pas propriétaire. La possession était violente toutes les fois qu'on s'en était emparé en chassant le détenteur ou en l'empêchant de reprendre la chose. Elle était clandestine lorsqu'on s'en était emparé furtivement, à l'insu de celui qu'on soupçonnait devoir la disputer (*a*). Nous avons défini plus bas la possession précaire (V. n° 465).

Pour juger si une possession était violente ou clandestine, on considérait uniquement le commencement de cette possession (*b*).

Observons que les vices de violence, de clandestinité ou de précaire, n'étaient nuisibles au possesseur qui voulait user des interdits qu'autant que sa possession avait ce caractère relatif vis-à-vis de son adversaire; qu'ils n'auraient pu lui être opposés par un tiers.

En matière d'usucapion, au contraire, comme il fallait que la possession fût de bonne foi et à titre de propriétaire, les vices de violence, de clandestinité ou de précaire étaient absolus (*c*).

Toute possession se référait à l'usucapion ou aux interdits, et

(*a*) L. 13, § 1, ff. *De publiciana;* L. 22, § 1, ff. *De noxal. act.;* L. 7, § 8, *ib. Comm. dividund.;* L. 3 , § 23, *De possessione;* L. 6, pr. et § 1 ; ff. *Quod vi aut. clam;* L. 37, ff. *De acquirenda vel amittenda possessione.*

(*b*) L. 6, ff. *De acquirenda vel amittenda possessione;* L. 40, § 2, *ib.*

(*c*) V. dans Gaïus; dans les Instituts de Justinien, *De interdictis,* et au D., et au Code, dans tous les titres relatifs aux interdits, les formules de chaque interdit. — V. Ducaurroy, n° 1359 ; Ortolan, p. 1233 , 2e édit.

le *sectorium*, le *Salvianum*, *quod legatorum* et *quo iti-*

---

les règles de droit qui se rapportaient à la possession avaient pour but unique de déterminer les cas dans lesquels l'usucapion et les interdits étaient recevables.

Les autres effets juridiques que les jurisconsultes sont dans l'usage d'attribuer à la possession n'étant point une conséquence qui lui soit propre, nous ne saurions les reconnaître comme des avantages attachés à la possession.

Ainsi, nous ne considérons ni l'acquisition par *occupation* d'une chose qui n'avait pas de maître, ni l'acquisition par *tradition* que le propriétaire faisait de sa chose, comme des effets de la possession ; car la possession ne commençait, dans ces cas, qu'au moment de l'acquisition elle-même, et doit être, en conséquence, considérée plutôt comme un effet que comme une cause de la propriété.

De même, le bénéfice de l'action publicienne était attribué à celui qui avait perdu la possession de la chose qu'il était en train d'usucaper : elle était accordée sur cette fiction que la propriété était déjà acquise, quoique l'usucapion ne fût pas effectivement accomplie ; c'était donc une conséquence de la fiction de propriété et non un effet de la possession.

L'acquisition des fruits par la perception se rattache au même principe, et est si peu une conséquence de la possession, que le propriétaire lui-même a besoin de cette *perceptio* pour avoir le *dominium* des fruits de sa chose, considérés séparément.

Quant à l'avantage accordé au possesseur de jouer le rôle de défendeur dans le procès en revendication, et de rejeter le fardeau de la preuve sur son adversaire, il appartient également au détenteur qui n'a pas la possession juridique. En conséquence, il n'est point un effet propre à la possession.

Le droit de rétention est également attribué à certaines personnes qui n'ont pas la possession juridique (*a*).

(*a*) V., sur tous ces points, Savigny, 1re partie, § 3.

ncre. Nous allons examiner chacun d'eux séparément.

Considérée en elle-même et d'après l'idée qui se rattache à son origine, la possession, soit civile, soit naturelle, n'était qu'un simple fait (*a*).

Mais à ce fait vinrent se rattacher successivement certaines conséquences juridiques, la loi romaine et le droit prétorien ayant entouré d'importantes prérogatives la possession qui réunissait certains caractères; et c'est en se référant à ces conséquences que le jurisconsulte Papinien a pu dire : « *Possessio, non tantum corporis, sed et juris est* (*b*). »

La possession ne s'appliquait qu'aux choses corporelles; mais on appelait *quasi-possession* l'exercice d'un droit réel, démembrement de la propriété; et, par similitude avec la possession proprement dite, cette *quasi-possession* était protégée par le préteur, au moyen d'interdits utiles et de l'action publicienne utile (*c*), et même, en certains cas, par des interdits spéciaux, dont nous nous sommes occupé, *suprà*, n°s **388** et suiv.

§ 2. — *Acquisition de la possession.*

La possession s'acquérait par le *fait* et par l'*intention* réunis (*d*).

Il y avait *fait de possession*, alors qu'une chose était matériellement placée sous la puissance exclusive de quelqu'un; mais il n'était pas nécessaire de la tenir sous la main.

En conséquence, le fait de possession corporelle d'un objet mobilier résultait non-seulement du contact immédiat, mais encore de ce que, sur l'ordre de quelqu'un, on avait mis cet objet à sa portée (*e*); ou du dépôt fait dans la maison d'un acheteur de la

(*a*) L. 1, § 3, ff. *De acquirenda vel amittenda possessione.*

(*b*) L. 49, § 1, ff. *De acquir. vel amitt. possess.*

(*c*) Étienne, *Instit. trad. et expliq.*, t. i, p. 218.

(*d*) L. 3, § 1, ff. *De acquirenda vel amittenda possessione.*

(*e*) L. 1, § 21, et L. 51, ff. *De acquirenda vel amittenda possessione*, et L. 79, ff. *De solutionibus.*

434. — 1° Interdit *quorum bonorum*.

---

chose achetée, alors même qu'aucune appréhension physique n'aurait été exercée sur elle, soit par l'acheteur, soit par les membres de sa famille (*a*); ou encore de la remise des clefs des magasins contenant les objets qu'on avait l'intention de posséder, pourvu qu'on fût assez rapproché de ces magasins pour pouvoir appréhender physiquement ces objets à volonté (*b*).

A l'égard d'un immeuble, la tradition en était considérée comme accomplie, par cela seul qu'on avait pénétré sur une partie, pourvu qu'on eût l'intention de le posséder tout entier : il suffisait même d'être en présence du fonds de manière à pouvoir y pénétrer sans obstacle, ou que celui qui voulait en faire la délivrance l'eût montré du haut d'une tour à celui qui avait l'intention de le recevoir; mais, dans ce dernier cas, il était nécessaire que cette tradition eût été faite par quelqu'un qui était lui-même possesseur (*c*).

Le fait de possession corporelle était tellement nécessaire pour constituer la possession, que le propriétaire d'un fonds, alors qu'il savait qu'un trésor y était caché, n'en devenait possesseur qu'autant qu'il l'avait déplacé, parce que jusque-là il ne l'avait pas sous sa garde (*d*).

De même, quoiqu'il fût de principe que tous les droits héréditaires passaient sur la tête de l'héritier, par cela seul qu'il avait fait adition, néanmoins, la possession ne lui était acquise

(*a*) L. 18, § 2, ff. *De acquir. vel amitt. possess.*; L. 9, § 3, *De jure dotium.*

(*b*) L. 74, ff. *De contrahenda emptione.*

(*c*) LL. 3, § 1; 18, § 2, et 53, ff. *De acquir. vel amitt. possess.*; L. 77, *De rei vindicatione.*

(*d*) L. 3, § 3, *De acquir. vel amitt. possess.*

Le préteur accordait cet interdit au possesseur de

qu'autant qu'il avait occupé *corporaliter* les objets qui faisaient partie de l'hérédité (*a*).

L'intention de posséder existait toutes les fois qu'il y avait *volonté* d'avoir cette possession.

En conséquence, l'ami qui pénétrait sur le fonds de son ami et en qualité d'ami n'était pas censé le posséder, quoiqu'il l'occupât matériellement, parce qu'il n'avait pas l'intention de le posséder (*b*).

De même, celui qui, par erreur, prenait possession d'un fonds, alors qu'on l'avait envoyé en possession d'un autre fonds, ne le possédait pas, à moins que l'erreur ne portât que sur le nom de l'objet et non sur l'objet lui-même (*c*).

De même, un fou et un pupille étaient incapables d'acquérir la possession sans l'*auctoritas* de leur tuteur, parce qu'ils ne pouvaient avoir la volonté; mais à l'égard des pupilles, la règle était comprise en ce sens que les *infantes* seulement n'acquéraient pas la possession (*d*).

On avait admis que la volonté de l'*infans* et celle du *furiosus* pouvaient être suppléées par celle de leur tuteur (*e*).

Dans certains cas, la loi romaine admettait l'acquisition de la possession sans que l'intention figurât dans cette possession : c'étaient ceux où l'esclave détenait dans son pécule des objets corporels; où un mandataire prenait possession au nom de son mandant. La volonté du mandant exprimée d'avance était considérée comme se continuant jusqu'à la prise effective de possession, et comme concourant avec elle; mais il n'en était ainsi

(*a*) L. 23, pr. *ib.*

(*b*) L. 41, *ib.*

(*c*) L. 34, ff. *De acquir. vel amitt. possess.*

(*d*) L. 1, § 3, *ib.*

(*e*) V. même loi, et L. 32, § 2, au même titre.

biens prétorien, héritier ou non d'après le droit civil,

que relativement à la possession *ad interdicta*. La possession *ad usucapionem* ne commençait qu'autant que le mandant en avait connaissance, et cela parce que la *bonne foi* exigée pour l'usucapion n'existe pas à l'égard de celui qui ignore la détention de la chose possédée pour lui. Quant au maître de l'esclave, on avait voulu, *utilitatis causa,* qu'il ne fût pas à chaque instant tenu de s'enquérir des objets que celui-ci avait dans son pécule (a).

L'*animus* n'était pas requis quant à l'acquisition de possession des choses relatives au pécule; on admettait qu'un fou et un *infans* acquéraient la possession de ces choses *sine auctoritate tutoris* (b).

On acquérait la possession, soit par soi-même, soit par les personnes qu'on avait sous sa puissance, soit par celles dont on avait l'usufruit ou qu'on possédait de bonne foi, soit enfin, dans certains cas, par des personnes étrangères (c).

Le père de famille ou le maître acquérait par ses enfants ou par ses esclaves les objets dont ceux-ci avaient pris possession; et cette acquisition s'opérait alors que le père ou le maître avait connaissance de cette prise de possession, sauf le cas où, comme nous l'avons dit plus haut, il s'agissait de choses relatives au pécule.

Du reste, par le fils de famille ou par l'esclave, le père ou le maître n'acquérait pas toute possession corporelle, mais celle-là seulement qui était juste, c'est-à-dire exempte de violence et de clandestinité (d).

(a) L. 1, C. *De acquir. et retinenda possess.;* L. 44, § 1, ff. *De acquir. vel amitt. poss.;* Instit., *Per quas personas acquiritur,* § 5.

(b) L. 1, § 5, ff. *De acquir. vel amitt. possess.*

(c) L. 1, §§ 2, 5, 6 et 8, *eod. tit.;* Instit., *Per quas personas nobis acquir.,* § 5.

(d) L. 24, ff. *De acquir. vel amitt. possess.*

pourvu que ce successeur eût réclamé la *bonorum pos-sessio* dans le délai qui lui était fixé ([1]).

([1]) Justinien, *Instit., De interdictis*, § 3 ; ff. *Quorum bonorum.*

Pour qu'un esclave fît acquérir à son maître la possession, il était nécessaire qu'il fût lui-même en la possession du maître. En conséquence, le débiteur qui avait donné en gage un de ses esclaves ne pouvait plus acquérir de possession par lui ; car il ne le possédait plus que *tantum ad usucapionem*, c'est-à-dire qu'en tant qu'il voulait arriver à l'usucapion de cet esclave. D'un autre côté, il était certain que le créancier gagiste ne pouvait acquérir la possession par l'esclave qu'il avait reçu en gage ; car aucune acquisition faite par un esclave ne pouvait profiter au créancier gagiste (a).

Pour empêcher que l'esclave ne commît un vol de sa personne, on avait décidé que, quoiqu'en fuite, et, par conséquent, non possédé *corporaliter* par son maître, il continuerait d'acquérir pour ce dernier (b).

Quant à l'acquisition par le fils de famille, elle avait pour cause non la possession que le père avait de sa personne, mais la puissance paternelle. En conséquence, alors même qu'un tiers aurait possédé ce fils comme esclave, il n'en acquérait pas moins la possession à son père (c).

L'usufruitier d'un esclave acquérait par lui tout ce qui provenait de son industrie ou à l'occasion de la chose de l'usufruitier (d).

Il en était de même de celui qui possédait de bonne foi l'es-

(a) L. 1, §§ 14 et 15, ff. *De acquirenda vel amittenda possessione.*
(b) *Ib.*
(c) L. 4, ff. *De acquir. vel amitt. possess.*
(d) Instit., *Per quas personas nobis acquiritur*, § 4.

13.

435. — Il était donné contre celui qui possédait des

---

clave d'autrui, avec cette différence toutefois que si l'usucapion de l'esclave s'accomplissait au profit du possesseur, ce dernier profitait de toutes les acquisitions de l'esclave (a).

Cette possession à l'égard d'un fils de famille n'aurait pas pu au contraire faire acquérir au possesseur de bonne foi. La raison en était que la cause d'acquisition par un fils de famille résidait dans le droit de puissance paternelle et non dans la possession qu'on en avait (b).

On acquérait la possession par un *procurator*, un tuteur ou un curateur, pourvu que ces personnes eussent pris possession au nom de celui qu'elles représentaient (c).

Celui par qui on voulait acquérir la possession devait avoir l'*intellectum possidendi* (d).

Il était de principe en droit romain qu'*on ne pouvait se changer à soi-même la cause de sa possession*. Le sens de cet adage était celui-ci : « Quiconque sait qu'il possède de mauvaise foi ne peut changer sa possession de manière à commencer une possession *lucrative*. » En d'autres termes, cette règle s'appliquait aux cas où, sans elle, il eût été possible de changer une cause injuste et arbitraire en cause valide et efficace pour arriver à l'usucapion. Le plus remarquable de ces cas était relatif à l'usucapion *pro herede* dont Gaïus, en ses Instituts, nous a révélé les caractères particuliers. A l'effet de forcer les héritiers à faire promptement adition dans l'intérêt des sacrifices publics et dans celui des créanciers, on avait admis que jusqu'à ce que ces héritiers eussent pris possession des choses de la succession,

---

(a) Instit., *eod. tit.*

(b) L. 50, ff. *De acquir. vel amitt. possess.*

(c) L. 1, § 20, *eod. tit.*

(d) *Ib.*, § 9.

objets corporels héréditaires à titre d'*héritier* ou de

---

chacun pourrait s'en emparer, et les usucaper *pro herede*, sans être tenu de justifier des conditions ordinaires de l'usucapion, la bonne foi et le juste titre : on avait également décidé que cette usucapion s'accomplirait par un an, même pour les immeubles. Une telle institution était, comme on le voit, pleinement favorable aux gens malhonnêtes; et l'on conçoit facilement pourquoi on permit d'opposer la règle « *nemo causam* » à tout possesseur qui, par suite du décès de celui dont il avait reçu la possession, prétendait faire application à son profit de l'usucapion *pro herede*. Si un *emptor à non domino*, par exemple, voulait, quand son vendeur décédait, se prétendre possesseur *pro herede*, et substituer la possession annale à la possession de deux ans, on le repoussait par notre règle. De même, un possesseur naturel au profit duquel l'usucapion ne pouvait s'accomplir, parce qu'il ne réunissait pas les conditions voulues pour l'usucapion ordinaire, n'était pas admis à profiter de l'*usucapio lucrativa*, sous le prétexte qu'elle n'exigeait pas ces mêmes conditions; on l'écartait par l'adage : *nemo sibi causam*, etc. (*a*).

Mais l'empereur Adrien ayant supprimé une pareille usucapion et permis au véritable héritier de considérer une telle usucapion accomplie comme nulle, la règle « *nemo sibi causam*, etc. » de-

---

(*a*) « Quod vulgo respondetur, causam possessionis neminem sibi mutare posse, sic accipiendum est, ut possessio non solum civilis sed etiam naturalis intelligatur. Et propterea responsum est, neque colonum, neque cum apud quem res deposita, aut cui commodata est, *lucri faciendi causa, pro herede usucapere posse*. — L. 2. § 1, ff. *pro herede*. — Quod vulgo respondetur, ipsum sibi causa possessionis mutare non posse, totiens verum est, quotiens quis *sciret se bona fide non possidere*, et *lucrifaciendi causa* inciperet possidere. » — L. 33, § 1, ff. *De usurpationibus*. — V. surtout Gaïus, c. 2, §§ 52-61.

possesseur. On considérait comme possédant à titre

vint inutile pour un tel cas. Toutefois, comme ce prince ne supprima pas l'usucapion *pro herede* au regard de l'*heres necessarius*, celui-ci put encore invoquer la maxime « *nemo sibi causam* » contre tout possesseur de mauvaise foi qui repoussait son titre primitif, *lucri faciendi causa* (a).

Du reste, il faut avec soin se garder de croire, sur la foi de l'art. 2240 de notre Code civil, que le droit romain prohibait la *mutatio possessionis*, en ce sens qu'un détenteur précaire ne pouvait jamais par lui-même se faire possesseur, de détenteur qu'il était ; car il lui suffisait, au contraire, de chasser son auteur pour arriver à la véritable possession, sauf au bailleur à faire usage de l'interdit *undè vi* (b). De même, tout possesseur de mauvaise foi qui achetait du propriétaire ou de celui qu'il croyait tel, changeait valablement la cause de sa possession (c).

Mais notre règle « *nemo sibi causam*, etc. » était encore utile toutes les fois que l'*usureceptio* (d) était invoquée par un défendeur

(a) Gaïus, *Instit.*, c. 2, §§ 57 et 58.

(b) LL. 12 et 18, pr. ff., *De vi*.

(c) L. 33, § 1, *De usurpationibus*.

(d) On appelait *usureceptio* (reprise par l'usage) une usucapion particulière que le propriétaire d'une chose par lui confiée à un ami, ou abandonnée en gage, pouvait invoquer, quoique sa possession ne réunît pas les caractères voulus pour l'usucapion ordinaire. Cette usucapion était annale, même pour les immeubles. Elle était complétement protégée alors que la chose reprise par l'usage avait été confiée à un ami ; elle était, au contraire, moins favorablement traitée dans le cas où on l'avait engagée à un créancier : si la dette était payée, l'*usureceptio* compétait absolument au débiteur propriétaire ; mais si la dette n'était pas éteinte, cette *usureceptio* ne pouvait s'opérer qu'autant que le débiteur n'avait pas reçu du créancier sa chose, soit à

d'héritier, non-seulement celui qui croyait être héri-

---

malhonnête. Si, par exemple, un débiteur avait reçu à loyer sa chose de son créancier, l'*usureceptio* eût été pour lui une *causa lucrativa*, sans l'adage dont nous expliquons la portée en ce moment.

§ 3. — *De la perte de la possession.*

De même qu'on pouvait acquérir la possession par soi-même ou par autrui, de même on pouvait la retenir par soi ou par d'autres.

En général, toutes les fois que quelqu'un était en possession au nom d'un tiers, comme un *procurator* ou un ami, la possession était considérée comme appartenant à ce tiers.

L'intention était nécessaire pour la conservation de la possession ; mais elle suffisait seule, du moins en général, sans que le fait vînt s'y ajouter (*a*).

On perdait la possession par le fait et par l'intention, mais non par le fait seulement, si ce n'est à l'égard des choses mobilières, et, dans certains cas, à l'égard même des choses immobilières (*b*).

Ainsi, on conservait la possession des choses mobilières tant qu'on les avait sous sa garde, c'est-à-dire tant qu'il était possible de les appréhender si on en avait le désir. Cela s'appliquait notamment aux bêtes sauvages qu'on tenait enfermées et aux poissons qu'on avait mis dans une piscine (*c*). On perdait égale-

loyer, soit à précaire. Dans ces deux dernières circonstances, la règle *nemo sibi causam*, etc., était applicable (*).

(*a*) L. 9 et L. 25, § 1, ff. *De acquir. vel amitt. possess.*; — Pothier, *Pandectes*, sur ce titre, sect. 4.

(*b*) L. 8, ff.; L. 3, § 13, et L. 44, § 2, *De acquir. vel amitt. possess.*

(*c*) L. 3, § 14, *ib.*

(*) Gaïus, c. 2, §§ 59 et 60.

tier, mais encore le véritable héritier; et comme pos-

---

ment la possession des choses mobilières, quand elles avaient été prises par d'autres ou lorsque le possesseur ignorait complétement où elles se trouvaient, ou enfin si ces choses étaient placées dans un lieu inaccessible (a).

En général, la possession des choses immobilières se conservait par l'intention seulement; et quoiqu'un autre s'en fût emparé, la possession n'était pas perdue pour le possesseur. Il fallait de plus qu'on eût connu et souffert cette usurpation. Toutes les fois qu'on avait reconquis la possession, on était censé n'avoir point cessé de posséder; mais si on ne pouvait la reconquérir, soit parce qu'on préférait recourir à des voies de droit, soit par crainte, on avait perdu la possession (b).

En conséquence, alors qu'un tiers s'était emparé d'un immeuble, le précédent possesseur n'en perdait la possession qu'alors qu'il avait connaissance de cet événement; jusque là, sa possession se conservait *solo animo* (c).

Il résultait aussi de là que les *infantes* et les fous ne pouvaient pas perdre la possession d'un immeuble (d).

Ces personnes perdaient, au contraire, la possession des choses mobilières quand ils avaient perdu la détention corporelle (e).

Quand la possession était conservée par l'intermédiaire d'un tiers, détenteur au nom d'autrui, il était admis que la perte de la possession pouvait avoir lieu à l'insu même du possesseur, et

(a) LL. 3, § 13; 15; 25 pr.; 10, pr. ff. *De acquir. vel amitt. possess.*

(b) L. 6, § 1 ; LL. 7 et 25, § 2, ff. *De acquir. vel amitt. possess.*

(c) V. Étienne, *Institut. de Justin. expliq.*, t. 1, p. 220 ; Savigny, § 32.

(d) LL. 27; 29; 44 et 46, ff. *De acquirenda vel amittenda possessione;* — Savigny et Étienne, *loc. cit.*

(e) L. 29, ff. *De acquir. vel amitt. possess.*

sesseur, celui qui, sans aucun droit, et sachant qu'elle

---

quoiqu'il ignorât l'usurpation commise au sujet de l'immeuble (*a*).

L'intention de perdre la possession suffisait aussi pour la faire cesser ; mais il fallait que cette intention fût clairement exprimée soit par paroles, soit par des faits (*b*).

De là on avait conclu qu'un fou ou un pupille ne pouvait perdre la possession par cela seul qu'il voulait cesser de posséder (*c*).

La question de savoir si l'abandon volontaire de la possession par le représentant du possesseur suffisait pour la faire perdre avait été longuement débattue entre les deux écoles. Les proculéiens voulaient que la perte de la possession ne pût pas résulter d'un pareil abandon ; les sabiniens étaient d'un avis contraire. C'est l'avis des proculéiens qui finit par prévaloir (*d*).

La perte de la possession par l'intention avait lieu alors même que celui auquel on livrait la chose n'acquérait pas cette possession ; par exemple, alors qu'il était fou (*e*).

La possession cessait encore quand la chose possédée était détruite. Il en était de même alors qu'elle était transformée en une autre espèce : quand, par exemple, on avait employé de la laine à faire un vêtement (*f*)..

L'infidélité du représentant pouvait faire perdre la possession, alors que, par un changement d'intention, il voulait posséder pour lui-même la chose qu'il détenait pour son représenté auparavant. A l'égard des immeubles, la perte de possession n'avait

---

(*a*) L. 1, § 22, *De vi*; L. 44, § 2, ff. *De acq. vel amitt. possess.*

(*b*) et (*c*) L. 29, ff. *De acquirenda vel amittenda possessione.*

(*d*) L. 40, ff. *De possessione*; L. 3, §§ 6, 7, 8 et 9, ff. *De acquir. vel amitt. possess.*

(*e*) L. 18, § 1, ff. *De acquir. vel amitt.*

(*f*) L. 30, § 4, ff. *De acquir. vel amitt. possess.*

ne lui appartenait pas, possédait une chose héréditaire et même l'hérédité entière (¹).

(¹) Gaïus, *Institutes*, c. 4, § 144; Justinien, *Institutes*, *De interdictis*, § 3; ff. *Quorum bonorum*.

---

lieu, dans ce cas, qu'autant que le représenté avait connaissance du changement d'intention du représentant. A l'égard des meubles, ce résultat n'était produit qu'alors que l'infidélité du représentant réunissait les caractères du vol (*a*).

On pouvait, dans certains cas, perdre la possession, quoiqu'on conservât la détention de la chose. Cela avait lieu toutes les fois que le possesseur juridique voulait acquérir pour autrui la possession qui était sienne et qu'il abdiquait en faveur de ce tiers. Ce mode de transmission de la possession a été appelé par les commentateurs *constitutum possessorium* (*b*).

Cette acquisition de possession avait lieu sans acte corporel, à la différence des cas ordinaires (*c*).

Du reste, le *constitutum possessorium* ne se supposait pas généralement; il devait positivement être exprimé ou résulter d'autres clauses. C'est ainsi qu'aux termes de la loi **48**, ff. *De acquirenda vel amittenda possessione*, le donateur d'un héritage, avec les esclaves qui s'y trouvaient, n'était pas considéré comme *procurator alienæ possessionis*, par cela seul qu'il avait écrit que son intention était de faire, par cet écrit, la tradition du fonds et des esclaves.

Mais il suffisait que le donateur d'une chose la retînt à bail pour qu'on le considérât comme ayant transmis la possession par un *constitutum possessorium* (*d*).

(*a*) LL. 3, § 18, et 20, ff. *De acquir. vel amitt. possess.*
(*b*) Savigny, *Traité de la possession*, § 27.
(*c*) L. 18, pr. ff. *De acquir. vel amitt. possess.*
(*d*) L. 77, ff. *De rei vindicatione.*

436. — Mais si l'héritier civil , que le droit préto-

La même solution était admise eu égard à la réserve d'usufruit que faisait en sa faveur celui qui aliénait une chose (*a*);

Et aussi eu égard à l'abandon à précaire que consentait le créancier gagiste au profit du débiteur relativement à la chose engagée (*b*).

Enfin, il était de principe que la tradition des choses composant une société *totorum bonorum* était censée effectuée au moment même de la conclusion du contrat (*c*).

§ 4. — *De la quasi-possession.*

Le droit romain avait admis, au sujet des servitudes et des autres démembrements de la propriété, que l'exercice effectif de cette servitude en constituerait la possession. Comme dans les idées des jurisconsultes de ce peuple la possession ne pouvait être relative qu'aux choses corporelles, c'est-à-dire au droit de propriété, qu'ils considéraient comme identique avec la chose même, ils appelèrent *quasi-possession* cet exercice des autres droits réels (*d*).

§ 5. — *Des preuves en matière de possession.*

La preuve testimoniale et les autres preuves de droit étaient admises en cette matière.

Mais il était nécessaire de justifier d'actes de possession qui fussent en rapport avec la nature de l'objet qu'on prétendait possé-

(*a*) LL. 28 et 35, § 5, C. *De donationibus.*

(*b*) L. 15, § 2, ff. *Qui satisdare coguntur.*

(*c*) LL. 1, § 1, et 2, ff. *pro socio.*

(*d*) L. 3, pr. *De acquir. vel amitt. possess.*; L. 4, § 24, *De usurpationibus*; L. 3, § 17, *De vi et vi armata*; L. 23, § 2, *Ex quibus causis.* — V. au texte, n°ˢ 386 et suiv.

rien appelait aussi au premier rang, se trouvait de fait nanti des biens de la succession, il n'était pas dépossédé par celui auquel le magistrat avait accordé l'interdit, quoique le premier eût négligé de demander la *bonorum possessio*. Dans ce cas, celui qui avait l'interdit était *bonorum possessor sine re* [1].

437. — Voici quels étaient les termes de l'interdit :

Quorum bonorum ex edicto meo illi possessio data est, quod de his bonis pro herede aut pro possessore possides, possideresve, si nihil usucaptum esset, quod quidem dolo fecisti ut desineres possidere, id illi restituas [2].

438. — De ce que l'interdit *quorum bonorum* se

[1] Gaïus, *Instit.*, c. 3, §§ 35-37; — Gaslonde, *Thèse pour le doctorat*, Paris, 1837, § 41.

[2] L. 1, pr. ff. *Quorum bonorum.*

---

der; par exemple, d'actes de culture ou de perception des fruits, s'il s'agissait de la possession d'un fonds; d'actes de fenaison ou de pâturage, à l'égard d'une prairie; de coupe des bois, en ce qui concernait une forêt.

La possession s'établissait également par les traces et les vestiges qui, attestant l'ancien état de choses, prouvaient par là la possession.

Du reste, alors qu'on avait prouvé le commencement de sa possession et sa possession au moment du litige, la possession intérimaire était présumée. On était par là dispensé de prouver la possession intermédiaire, sauf à la partie adverse à détruire cette présomption par la preuve contraire (a).

(a) V. Quinon, *Jus romanum, secundum ordinem Institutionum Justiniani*, t. 1, p. 217.

donnait contre les mêmes personnes que la *possessoria hereditatis petitio* (le possesseur *pro herede*, ou *pro possessore, suprà*, n° 435), M. de Savigny considère ces deux moyens comme parallèles pour arriver à un même résultat, l'interdit n'étant, d'après cet auteur, que l'origine de la pétition de l'hérédité prétorienne, et n'en différant aucunement, d'après le droit de Justinien [1]. Faisons observer toutefois que la *petitio hereditatis possessoria* et l'interdit *quorum bonorum* différaient en ce que par la *petitio* on obtenait les choses incorporelles comme les choses corporelles, tandis que l'interdit n'était relatif qu'aux choses corporelles. L'interdit produisait en outre un effet qui lui était propre, c'était de procurer au possesseur prétorien la possession avec tous ses avantages, notamment celui de jouer le rôle de défendeur contre la pétition d'hérédité intentée par les héritiers [2].

Ajoutons que, au temps de Gaïus, l'interdit *quorum bonorum* compétait même contre le véritable héritier, à la différence de la *possessoria hereditatis petitio*, qui n'était accordée qu'à la personne appelée soit à l'hérédité civile, soit à la succession prétorienne [3].

439. — Quand Justinien eut supprimé toute distinction entre l'hérédité civile et l'hérédité prétorienne, il n'y eut plus de pétition d'hérédité possessoire ; tandis que l'interdit *quorum bonorum* fut main-

[1] Savigny, *Traité de la possession*, § 35.
[2] L. 3, C. *Quorum bonorum*.
[3] Gaïus, *Instit.*, c. 4, § 144. — V. *suprà*, n° 435.

tenu, avec cette modification toutefois qu'il ne fut plus donné que contre celui qui se croyait héritier sans l'être, puisque tout héritier était par cela même *bonorum possessor* et réciproquement, ce qui amena la suppression des possessions de biens *sine re* ([1]).

2° Interdit *possessorium*.

440. — Quand une personne se portait *emptor bonorum*, c'est-à-dire adjudicataire de l'ensemble des biens d'un débiteur insolvable, elle était assimilée à un successeur. Cette adjudication lui conférait le domaine *in bonis*, et lui permettait d'arriver par l'usucapion au domaine quiritaire. L'interdit *possessorium* avait pour objet de lui faire acquérir la possession nécessaire à l'usucapion ([2]).

3° Interdit *sectorium*.

441. — Cet interdit était pour l'acheteur de biens publics ce que le précédent était pour l'acheteur des biens d'un particulier ([3]).

4° Interdit salvien.

442. — L'objet de cet interdit était de faire obtenir au bailleur d'un fonds rural la possession des objets

([1]) Gaïus, c. 4, § 144 ; — Ducaurroy, *Inst. expl.*, n° 1357.

([2]) Gaïus, c. 4, § 145 ; 3, §§ 77-81. — L'action publicienne ne pouvait compéter à l'*emptor*, parce qu'elle n'était donnée qu'à celui qui avait perdu une possession qu'il avait. — V. *suprà*, nᵒˢ 190, 191 et 192.

([3]) Gaïus, c. 4, § 146.

que le fermier avait affectés au payement des fermages. Il ne s'employait qu'à l'effet de faire avoir au propriétaire une possession qu'il n'avait jamais eue relativement à son gage (¹).

Nous avons parlé *suprà*, n° 203, de l'action servienne, qui compétait également au bailleur d'un fonds rural, à l'effet de poursuivre les objets affectés à la sûreté des fermages : elle différait de l'interdit en ce qu'elle se donnait au bailleur, soit que le preneur n'eût pas encore apporté dans la ferme les choses qu'il avait promis d'y placer, soit qu'il les en eût enlevées après les y avoir mises, tandis que l'interdit n'aurait pu être invoqué dans ce dernier cas. — Le maintien de l'interdit, après la création de l'action servienne, s'explique par cette raison que la procédure en était plus facile (²).

5° Interdit *quod legatorum*.

443. — Il avait pour but de faire mettre l'héritier en possession des objets que le légataire avait pris à titre de legs sans la participation de l'héritier (³).

6° Interdit *quo itinere*.

444. — Cet interdit assurait à l'acheteur la quasi-possession des servitudes que le vendeur avait possé-

---

(¹) ff. *De salviano interdicto.*
(²) V. *infrà*, n°ˢ 475 à 480.
(³) ff. *Quod legatorum.*

dées au profit de son fonds. Il était utile en ce que, l'acheteur ne continuant pas la possession de son auteur, il ne pouvait invoquer l'interdit *retinendæ possessionis de itinere actuque privato* [1].

ART. 2. — *Interdits* retinendæ possessionis.

445. — Leur but était de protéger le possesseur actuel contre des empiétements exercés avec violence sur sa possession [2].

446. — Il pouvait y avoir lieu à leur application dans trois cas :

1° Lorsque le possesseur avait éprouvé un dommage dont il poursuivait la réparation ;

2° Lorsque le possesseur voulait se faire protéger contre un trouble imminent ;

3° Enfin, lorsqu'il y avait contestation sur la question de savoir laquelle des parties jouerait le rôle de défendeur dans le procès au pétitoire [3].

447. — On n'accordait les interdits *retinendæ possessionis* qu'à celui qui avait été dépossédé par violence [4], et qu'autant que cette violence ne lui avait pas fait perdre la possession juridique [5].

[1] L. 2, § 3, ff. *De interdictis.* — V. *suprà*, n° 389.

[2] L. 1, § 4, ff. *Uti possidetis.*

[3] Savigny, *Traité de la possession*, § 37 ; Bonjean, *Traité des actions*, § 337.

[4] L. 1, pr.; L. 3, §§ 2-4, ff. *Uti possidetis ;* L. 1, §§ 5-7 ; L. 20, pr. et § 1, ff. *Quod vi aut clam*, et L. 73, § 2, ff. *De regulis juris.*

[5] L. 2, ff. *Uti possidetis ;* L. 1, § 45, ff. *De vi et vi armata.*

Il suffisait, du reste, que sa possession ne fût pas vicieuse *ab adversario* pour qu'on protégeât le possesseur par un interdit *retinendæ possessionis*, et ce alors même qu'elle eût été injuste ou vicieuse vis-à-vis de tous autres (¹).

448. — Nous avons examiné en détail, *suprà*, n°ˢ 384 à 394, tous les interdits *retinendæ possessionis* qui nous sont connus. Nous aurons à y revenir plus bas (n°ˢ 480 et suiv.), au sujet de la procédure à laquelle ils donnaient lieu. — Occupons-nous des interdits *recuperandæ possessionis*.

ART. 3. — *Interdits* recuperandæ possessionis.

449. — Au moyen de ces interdits, le préteur faisait recouvrer la possession à ceux qui l'avaient perdue par l'effet d'une expulsion violente ou par une autre cause indépendante de leur volonté (²).

1° Interdit *unde vi*.

450. — L'interdit *unde vi* tendait à faire recouvrer la possession à celui qui avait été évincé d'un immeuble par la violence ou par la crainte d'un mal présent (³). Au temps de Gaïus, il n'était accordé

______

(¹) LL. 1, pr., et § 9 ; 2 et 3, pr. ff. *Uti possidetis* ; L. 53, ff. *De possessione* ; Instit., *De interdictis*, § 4 ; L. 17, ff. *De precario* ; — Savigny, § 38.

(²) ff. *De vi et vi armata* ; L. 7, § 5, ff. *Comm. divid.* ; ff. *De precario*.

(³) Gaïus, *Instit.*, c. 4, § 154 ; L. 9, ff. *Quod metus causa.*

qu'au possesseur évincé, dont la possession n'était ni violente, ni clandestine, ni précaire *ab adversario*, sauf le cas où l'évincé aurait été expulsé par une violence à main armée, auquel cas il avait l'interdit non-obstant le vice de sa possession (¹).

Justinien ne fit plus de distinction et voulut qu'on restituât la possession à l'évincé, quoiqu'il l'eût lui-même enlevée (même à main armée) ou surprise à son adversaire ou obtenue de lui *precario* (²).

451. — Observons, du reste, que celui qui usait de violence, même à main armée, pour repousser une agression violente, était considéré comme en état de légitime défense pour conserver sa possession, et n'était pas soumis à la règle qui précède. Ce n'était qu'autant qu'on avait laissé écouler un certain temps entre la reprise de possession par la violence et l'éviction, qu'on était passible des conséquences de l'interdit (³).

452.—Ceux que la violence ou la crainte portaient à livrer eux-mêmes la possession ne jouissaient pas du bénéfice de cet interdit. Ils étaient protégés par l'action *quod metus causa* (⁴).

453. — L'interdit *unde vi* était spécial aux immeubles. Les actions *furti*, *vi bonorum raptorum* et *ad exhibendum*, paraissaient suffisantes pour protéger la

(¹) Gaïus, c. 4, §§ 154 et 155.

(²) Institutes, *De interdictis*, § 6.

(³) L. 17, *De vi et vi armata*, et L. 3, § 9, *ib.*

(⁴) V. *suprà*, p. 230, à la note; — L. 14, ff. *Quod metus causa,* et le tit. *De vi et vi armata*, au D.

possession des meubles. L'interdit *utrubi* servait également à cet effet à celui qui avait possédé *major pars anni* ou même sans cette condition, quand il était dirigé contre l'auteur de la violence; car ce dernier ne pouvait pas invoquer une possession qui était vicieuse *ab adversario* [1].

454. — Toutefois, quand le possesseur évincé d'un meuble ne pouvait pas invoquer un droit réel sur cet objet ou tout autre droit que celui de possession, et qu'il n'était pas dans les conditions de l'interdit *utrubi* (ce qui arriva toujours nécessairement quand pour cet interdit la possession actuelle fut exigée), ce possesseur était privé de tout moyen d'action pour ravoir sa chose, puisque les trois actions que nous avons mentionnées ne protégeaient pas la possession du simple possesseur. Pour échapper à cette conséquence, M. de Savigny suppose qu'on étendit aux meubles l'interdit *unde vi;* mais cette conjecture ne repose sur aucun texte, et nous ne saurions l'admettre.

455. — Pour avoir droit à l'interdit *unde vi*, il était nécessaire d'avoir eu la possession juridique à l'époque de l'éviction [2].

---

[1] L. 1, § 6, ff. *De vi et vi armata;* — Bonjean, § 347.

[2] LL. 1, §§ 9, 10 et 23, ff. *De vi et de vi armata;* 4, § 28, ff. *De usurpationibus.* — V. cependant Cic., *pro Cœcina*, qui suppose que cette possession juridique n'était pas nécessaire. On répond toutefois d'une manière satisfaisante à l'argument tiré de Cicéron, en disant que cet orateur soutenait cette thèse comme avocat et non comme jurisconsulte. — Bonjean, t. II, p. 414, note 1.

Il fallait avoir perdu la possession par la violence :
il n'aurait pas suffi d'un simple trouble, car les interdits *retinendæ possessionis* protégeaient le trouble (1).

456. — On distinguait deux sortes de violences : la
violence ordinaire (*quotidiana*) et la violence armée.

Il y avait violence à main armée ou publique, toutes
les fois qu'elle avait eu lieu non-seulement avec des
glaives, mais encore avec des bâtons ou des pierres (2).
Toute autre violence était dite ordinaire ou privée.

457. — L'utilité de cette distinction se faisait sentir
au temps de Gaïus relativement au possesseur qui possédait *clam, vi aut precario ab adversario*, et qui ne pouvait obtenir l'interdit quoique expulsé par violence, à
moins que cette violence n'eût eu lieu à main armée (3).

458. Au temps de Justinien, cette distinction n'était
plus d'aucune application eu égard à l'interdit, mais
elle était utile quant à la peine dont était passible
l'auteur de la violence (4).

459. — Il était nécessaire, pour qu'il y eût lieu à
l'interdit, que la violence eût été *atrox*, c'est-à-dire
assez grave pour empêcher la continuation de la pos-

______

(1) L. 1, § 45, ff. *De vi et vi armata.*

(2) Instilutes, *De interdictis*, § 6.

(3) Gaïus, *Inst.*, c. 4, § 155. — V. ce que nous avons dit *suprà.*

(4) ff. *Ad legem Juliam de vi publica ; ad legem Juliam de vi
privata ;* Instilutes, *De publicis judiciis*, § 8. — La peine encourue pour le cas de violence à main armée était, d'après la loi
Julia, la déportation ; celle qu'on appliquait contre la violence
privée était la confiscation du tiers des biens.

session. Il fallait, en outre, qu'elle eût été dirigée contre la personne du possesseur (¹).

460. — La violence devait être le fait du défendeur lui-même ou des siens ; ou tout au moins fallait-il qu'elle eût eu lieu par son ordre ou à son instigation (²).

461. — L'interdit *unde vi* était annal, sauf le cas d'expulsion à main armée et celui de violence exercée non sur le possesseur lui-même, mais sur ses gens (³).

Du reste, il se donnait toujours après l'année jusqu'à concurrence du profit que le défendeur avait tiré de la chose (⁴).

462. — L'effet de cet interdit était double : il amenait la réintégration de l'évincé dans sa possession, et donnait lieu à une indemnité pour le dommage éprouvé (⁵).

2° Interdit de clandestina possessione.

463. — L'objet de cet interdit était de faire recouvrer la possession à celui dont la chose était possédée clandestinement. On n'en peut concevoir l'utilité qu'en se reportant à l'époque où le principe que la possession ne se perd pas par l'occupation clandestine

---

(¹) L. 1, §§ 3 et 29, ff. *De vi et vi armata.*

(²) Cic., *pro Tullio*, cap. 29, 24, 30 et 36.

(³) Cic., *Ad familiam;* L. 1, C. *Si per vim;* L. 1, ff. *De vi et vi armata;* L. 7, § 5, ff. *Communi dividundo.*

(⁴) L. 1, ff. *De vi et vi armata,* §§ 31-42.

(⁵) V. ff. *De vi et vi armata.*

d'un tiers n'avait point encore prévalu, car autrement, si on suppose que la possession s'est conservée, il n'est pas besoin d'un interdit *recuperandæ possessionis*, mais bien plutôt d'un interdit *retinendæ*. On ne peut échapper à cette explication qu'en supposant que cet interdit était relatif aux meubles comme aux immeubles, et qu'en conséquence il était utile pour faire recouvrer la possession d'un meuble qu'un tiers possédait clandestinement, ce qui suffisait pour que le maître eût cessé de posséder. Mais nous ne saurions nous ranger à ce dernier avis : 1° parce qu'à l'égard des meubles, les actions et l'interdit *utrubi* protégeaient suffisamment la possession ; 2° parce que si cet interdit eût concerné les meubles, il aurait survécu à la règle qui déclare que la possession des immeubles se conserve jusqu'à ce qu'on ait connaissance de leur occupation par un tiers, règle qui est étrangère aux meubles (¹).

3° Interdit *de precario*.

464. — Cet interdit assurait au bailleur d'un précaire, au cas de refus de restitution du preneur quand le premier manifestait la volonté de reprendre sa chose, la rentrée dans la possession qu'il avait concédée précairement (²).

465. — Né à l'occasion de l'*ager publicus*, dont les

(¹) Bonjean, § 348.
(²) V. note *suprà*, p. 217 et suiv.

patriciens abandonnaient la jouissance à leurs clients, le contrat de précaire ne produisait pas d'action à cause des rapports de vassalité qui existaient entre le patron et le client : c'est probablement à ce motif qu'est due l'introduction de l'interdit *de precario*, accordé à l'instar des actions *in factum* que le magistrat accordait aux enfants de famille contre leurs pères et réciproquement (¹).

466. — Dans le principe, cet interdit n'était relatif qu'aux immeubles : il fut ensuite appliqué aux meubles, après avoir été auparavant étendu de l'*ager publicus* à l'*ager privatus* (²).

Art. 4. — *Interdits* tam recuperandæ quam adipiscendæ possessionis.

467. — Certains interdits avaient un double objet : tantôt ils étaient accordés à celui qui voulait obtenir une possession qu'il n'avait jamais eue; tantôt, au contraire, à celui qui voulait recouvrer une possession perdue.

Tels étaient : les interdits *quem fundum* et *quam hereditatem*, dont un fragment d'Ulpien, récemment découvert à Vienne, explique parfaitement la portée :

« *Sunt etiam interdicta tam adipiscendæ quam recupe-*
» *randæ possessionis; qualia sunt interdicta* QUEM FUN-
» DUM *et* QUAM HEREDITATEM ; *nam si fundum vel he-*
» *reditatem ab aliquo petam nec lis defendatur, cogitur*

______
(¹) V. *suprà*, nº **231** ; — Savigny, *loc. cit.*, et Boujean, § **350**.
(²) L. **4**, § **1**, ff. *De precario*.

14.

» *ad me transferre possessionem, sive numquam possedi,*
» *sive antea possedi, deinde amisi possessionem.* »

Les mots *nec lis defendatur*, employés par le jurisconsulte, font allusion au cas où le possesseur au pétitoire refusait de fournir la caution *judicatum solvi*,
ce qui le faisait considérer comme désertant le litige
et l'obligeait à laisser au demandeur la possession de
la chose litigieuse. Celui-ci devenait ainsi défendeur
au procès. Il faut bien remarquer que cette circonstance du refus de la caution est indiquée par Ulpien
comme indispensable pour que l'interdit fût accordé.
C'était l'interdit *quem fundum* ou *quam hereditatem* qui
assurait cette restitution de possession (¹).

La nature et le but de ces interdits les avaient fait
distinguer, sous le nom d'interdits doubles, des autres
interdits, qu'on appelait simples. Sous Justinien, ils
étaient tombés en désuétude.

3ᵉ DIVISION. — *Interdits simples; — interdits doubles.*

468. — Nous venons de voir que certains interdits
étaient tantôt *adipiscendæ* et tantôt *recuperandæ possessionis;* et qu'à cause de la double fin à laquelle ils
étaient appropriés on les appelait interdits doubles, par
opposition aux interdits dont le but était uniquement
soit de faire acquérir, soit de faire recouvrer, soit de
maintenir en possession.

Mais la qualification d'interdits *simples* ou *doubles*
était donnée dans un autre sens, qu'il importe d'autant plus d'exposer que la procédure à laquelle les

(¹) V. Ortolan, t. II, p. 639.

uns donnaient lieu n'était pas la même que celle qui était suivie relativement aux autres.

469. — Étaient simples, nous dit Gaïus (¹), les interdits où l'une des parties jouait le rôle de demandeur et l'autre celui de défendeur : tels étaient tous les interdits restitutoires et exhibitoires. Était demandeur celui des contendants qui voulait que l'autre exhibât ou restituât; était défendeur celui qu'on voulait forcer à exhiber ou à restituer (²).

470. — Étaient doubles les interdits où chacun des plaideurs était à la fois pareillement demandeur et défendeur. Tels étaient l'interdit *uti possidetis* et l'interdit *utrubi* (³). Il ne faudrait pas croire, toutefois, que les interdits *uti possidetis* et *utrubi* fussent les seuls dans lesquels les deux parties étaient à la fois demanderesse et défenderesse, car Gaïus ne les range parmi les interdits doubles que comme exemples, et le titre *de superficiebus*, au Digeste, met l'interdit *de superficiebus* dans cette classe (⁴).

471. — Dans les interdits simples, l'une des parties seulement courait la chance d'une condamnation; dans les interdits doubles, au contraire, il y avait lieu à condamnation ou à absolution pour les deux, puisqu'elles jouaient également le rôle de défendeur. La section qui va suivre fera mieux ressortir l'importance de la distinction entre ces deux classes d'interdits.

(¹) et (²) Gaïus, *Instit.*, c. 4, §§ 156 et 157.
(³) Gaïus, c. 4, § 160.
(⁴) Gaïus, §§ 158 à 160.

Section II. — Procédure en matière d'interdits.

472. —En matière d'interdits, comme dans les actions proprement dites, il pouvait se faire que la contestation se terminât devant le magistrat, soit qu'on obéît à l'ordre ou à la défense qu'il avait porté, soit qu'il eût été dispensé de prononcer cet ordre ou cette défense, parce que les parties étaient tombées d'accord en sa présence, ou parce que les faits de la cause ne lui paraissaient pas justifier cette mesure [1].

473. — Mais la contestation n'était pas toujours terminée par cela seul que le préteur avait ordonné ou défendu tel fait; car, de même qu'il pouvait se faire que les parties se soumissent à l'ordre ou à la défense du magistrat, auquel cas il n'était pas nécessaire de recourir à un juge, de même il arrivait souvent qu'elles ne s'y soumettaient pas; et alors il y avait nécessité de nommer ce juge.

Mais quel était l'office de ce dernier quand les parties paraissaient devant lui?

474. — Son premier devoir était d'examiner si les parties s'étaient ou non conformées à l'ordre ou à la défense du magistrat [2]. Si cette soumission n'avait pas eu lieu, le juge devait condamner la partie contre laquelle l'interdit avait déjà été prononcé. Mais, à cet égard, il est indispensable de distinguer entre les interdits simples et les interdits doubles.

[1] L. 6, § 2, ff. *De confessis*; L. 1, § 1, ff. *De tabulis exhibendis.*

[2] Gaïus, c. 4, § 166.

§ 1. — *Procédure des interdits simples.*

475. — Si, avant de sortir de la présence du magistrat, l'un des plaideurs avait demandé un arbitre [1], celui-ci, au moyen de *l'arbitrium* ou *jussus*, qu'il avait le droit de prononcer, comme dans les actions arbitraires, estimait *quanti ea res erat* toutes les fois qu'il était constaté à ses yeux que le défendeur avait commis le fait contraire aux prescriptions du magistrat, et portait, pour le cas d'inexécution du *jussus*, une condamnation équivalente à l'intérêt que le demandeur avait à ce qu'il y fût obéi [2].

476. — Remarquons toutefois qu'entre cet *arbitrium* et celui des actions formulaires il existait cette différence, que dans l'action arbitraire la condamnation portée, au défaut d'exécution du *jussus*, était calculée sur le plus ou le moins d'intérêt qu'avait le demandeur à cette exécution; tandis que dans l'interdit, au contraire, le défendeur n'était jamais condamné qu'à payer la valeur de la chose [3].

[1] *Ib.*, § 164. — Le demandeur ou le défendeur pouvait indifféremment solliciter cet arbitre; mais l'adversaire avait à lui opposer la ressource du *judicium calumniæ*. Quelques jurisconsultes voulaient que le défendeur qui refusait de courir les chances du *judicium calumniæ* fût considéré comme *confessus;* mais Gaïus (4, § 163) combat énergiquement cette opinion. — V. l'explication que nous avons donnée de ce paragraphe dans nos *Institutes de Gaïus, traduites et annotées.*

[2] Gaïus, 4, § 141.

[3] Gaïus, c. 4, § 163. V. *suprà,* n° 226 et suiv.

477. — Si le juge décidait contre le demandeur, il se bornait à absoudre le défendeur sans prononcer contre lui aucune peine.

478. — Quand la formule n'était pas arbitraire, c'est-à-dire alors qu'on n'avait pas demandé d'arbitre avant de sortir de la présence du préteur, on marchait avec péril à la conclusion de l'affaire; le demandeur provoquait le défendeur à la sponsion (¹); le défendeur provoquait à son tour son adversaire à la restipulation (²), et l'instance était vidée par la décision du juge sur la question de savoir quelle était la gageure la mieux fondée. En d'autres termes, le juge condamnait le défendeur à perdre le montant de la sponsion, s'il n'avait réellement pas obéi à l'interdit : au contraire, il condamnait le demandeur à perdre le montant de la restipulation, si, à tort, il prétendait que le défendeur n'avait pas obéi à l'édit. La condamnation pénale, quand elle atteignait le défendeur, était indépendante de la restitution de la possession, laquelle était assurée au demandeur par une stipulation particulière qu'il avait eu soin d'ajouter à sa sponsion, pour qu'on condamnât son adversaire en conséquence si la restitution de la possession n'était pas effectuée (³).

479. — Cette procédure présente une grande analogie avec la procédure *per sponsionem*, qui sans

---

(¹) V. *suprà*, ce que nous avons dit des sponsions, nᵒˢ **104** et suiv.

(²) V. *suprà* au sujet des restipulations, nᵒˢ **104** et suiv.

(³) Gaïus, c. **4**, §§ **165** et **13**.

doute lui avait donné naissance. Toutefois, il y avait entre elles deux ces deux différences : 1° que dans les actions réelles *per sponsionem*, le demandeur seul provoquait à la sponsion, tandis que dans les interdits il y avait une restipulation en sens contraire de la sponsion ; 2° les sponsion et restipulation étaient pénales, c'est-à-dire que celui qui avait gain de cause pouvait exiger de son adversaire le payement de sa gageure ; il n'en était pas ainsi dans la revendication *per sponsionem*. — Voy. *suprà*, n°s 104 et suiv.

§ 2. — *Procédure des interdits doubles.*

480. — S'agissait-il d'interdits doubles, la procédure était à peu près la même que dans les interdits restitutoire et exhibitoire alors qu'on agissait *per sponsionem*. Seulement, comme dans ces interdits le préteur ne fixait pas le rôle de demandeur et le rôle de défendeur, mais qu'il s'adressait à la fois aux deux parties en ces termes : « Pour que vous continuiez à posséder comme vous possédez maintenant, je défends qu'on fasse violence, » il en résultait que le juge avait à examiner laquelle des deux parties possédait sans violence à l'époque de la prononciation de l'interdit ; il en résultait aussi que chacun des contendants provoquait l'autre à la sponsion, puisqu'on ne savait pas encore qui était demandeur, qui était défendeur, d'où venait la nécessité d'une double sponsion et, par contre, d'une double restipulation ; il s'ensuivait enfin que jusqu'au jour où le juge aurait

décidé auquel des deux adversaires était la possession au moment de l'interdit, il fallait accorder la possession intérimaire de la chose à l'un d'eux. A part ces différences dans la forme, la procédure était analogue à l'instance *per sponsionem* de l'interdit simple; mais ces dissemblances de forme produisaient des différences de résultat importantes à noter [1]. Voici comment les choses se passaient :

481. — Les parties étant devant le magistrat, celui-ci rendait l'interdit en ces termes : « Pour que vous continuiez à posséder comme vous possédez maintenant, je défends qu'on fasse violence. » Comme la défense s'adressait aux deux plaideurs, il n'y avait pas par là de rôle fixé; c'était au juge à constater le caractère de la possession prétendue [2] au moment de l'interdit. Par suite de ce que les rôles n'étaient pas fixés, il était besoin de statuer provisoirement sur la possession jusqu'au jour où le juge pourrait décider. A cet effet, le préteur faisait comme une licitation entre les contendants; c'est-à-dire qu'il accordait cette possession intérimaire à celui qui donnait à l'autre la plus forte garantie qu'il restituerait la chose et le montant des fruits perçus dans l'intérim, si le juge reconnaissait qu'à lui n'appartenait pas la possession au moment de l'interdit. Après cela intervenaient la double sponsion et la double restipulation. Ici cessait le devoir du magistrat et commençait l'office du juge [3].

----

[1] V. Bonjean, § 352; Ortolan, t. ii, p. 647.
[2] Gaïus, c. 4, § 160.
[3] V. Gaïus, c. 4, § 166.

482. — Celui-ci examinait d'abord auquel des deux litigants appartenait la possession quand le magistrat avait porté l'interdit. Cet examen fait, s'il jugeait en faveur de celui qui, n'ayant pas fourni la plus forte garantie, n'avait pas obtenu la possession, il condamnait le possesseur intérimaire à payer à son adversaire le montant de la sponsion et de la restipulation, en ayant soin d'absoudre l'autre; et, en outre, en vertu de l'action cascellienne ou sécutoire, à perdre la garantie fournie pour la possession de la chose, s'il ne restituait pas cette chose; et enfin à rendre le montant des fruits perçus pendant l'intérim, restitution à laquelle son adversaire avait pu le contraindre à s'engager par une stipulation spéciale, appelée fructuaire (¹).

Celui qui n'avait pas obtenu la possession intérimaire pouvait, s'il avait omis la stipulation relative aux fruits, agir séparément et pour la possession et pour la restitution des fruits. A cet effet, on lui accordait une action particulière appelée fructuaire ou secondaire, parce qu'elle venait après qu'on avait triomphé quant à la possession : c'était à tort, dit Gaïus, qu'on l'appelait cascellienne, car c'était la confondre avec celle qui résultait de la stipulation relative à la restitution des fruits (²).

(¹) Gaïus, *ib.*, §§ 166 à 169.

(²) Gaïus, *ib.* — Cette dernière stipulation était probablement appelée *cascellienne*, et l'action qui en résultait quant aux fruits prenait le nom de *cascellienne*, comme celle qui concernait la

15

483. — Si le juge reconnaissait comme possesseur celui qui avait obtenu la possession intérimaire, il ne condamnait l'adversaire qu'au payement de la sponsion et de la restipulation, puisqu'il n'avait pas de restitution, soit de la chose, soit des fruits à faire, n'ayant pas eu la détention provisoire de l'objet (1).

En certains cas on pouvait atteindre le même résultat au moyen d'une action *in factum* que le préteur accordait à la place de l'instance, suite ordinaire de l'interdit (2).

§ 3. — *Quel était l'objet de l'instance qui s'engageait à la suite et comme conséquence de l'interdit.*

484. — Nous ne terminerons pas l'exposé de cette matière sans examiner l'importante question de savoir *quel était l'objet de l'instance qui s'engageait à la suite et comme conséquence de l'interdit ?*

485. — Sa solution ne présente de difficulté qu'en ce qui concerne les interdits possessoires ; car il n'est pas douteux que le *judicium*, suite des interdits non possessoires, avait pour objet le fond du droit lui-même tout autant qu'une action ordinaire, et que le résultat du litige y était tout à fait définitif (3). En

possession. — Telle est du moins la leçon que les §§ 166 à 169 du c. 4 des Inst. de Gaïus, combinés, nous paraissent présenter.

(1) Gaïus, § 168.

(2) D. tit. 7, liv. 11, L. 8, § 1, et L. 9 ; tit. 4, liv. 43, L. 1, pr.; tit. 8, liv. 42, L. 10, pr.

(3) Cic., *Orationes pro Cæcina, et pro Tullio.*

effet, dans tous les cas où il y avait lieu à un interdit non possessoire, la prétention de la partie qui l'invoquait était unique, puisqu'elle tendait seulement à empêcher la violence, et quand, par suite du refus du défendeur d'obéir à l'interdit, le juge avait été appelé à statuer, s'il avait donné gain de cause au demandeur, celui-ci par l'exécution de la sentence obtenait tout ce à quoi il pouvait prétendre; si, au contraire, le juge avait absous le défendeur, son adversaire aurait vainement cherché un autre moyen de droit pour agir contre lui, puisque par la sentence il avait été reconnu ou que l'interdit avait été obéi ou que le fait allégué par le demandeur pour obtenir l'ordre du magistrat n'existait pas. En d'autres termes, toute la prétention du demandeur se débattait devant le juge saisi par la formule suite de l'interdit.

486. — Mais en matière d'interdits possessoires, il en était tout autrement; et de ce que le droit du demandeur était mal fondé sur la possession, il ne résultait pas nécessairement qu'il n'eût aucun droit sur la propriété. Il arrivait fréquemment, au contraire, de même que cela a lieu de nos jours, que le propriétaire dont le droit de maître était le mieux établi n'était point fondé dans sa demande de possession. Voyons alors ce qui advenait si le plaideur dont le droit de possession n'était pas prouvé, prétendait avoir le droit de propriété?

487. — Les textes décident clairement la question relativement à certains interdits; il en est d'autres au sujet desquels les commentateurs sont unanimes;

mais il en existe qui ont donné lieu aux plus vives controverses et aux opinions les plus contradictoires.

488. — Certains interdits avaient à la fois pour objet et la question de possession et la question de propriété : le juge chargé de statuer par suite de tels édits devait donc trancher dans l'instance interdictoriale et le possessoire et le pétitoire. De ce nombre étaient l'interdit *de itinere actuque privato;* les interdits qui avaient pour objet des lieux sacrés ou religieux ; l'interdit *de liberis exhibendis,* et l'interdit *de aqua quotidiana* (¹). Comme conséquence de la nature et de l'objet de ces interdits, il résultait que l'exception *rei judicatæ* était opposable à celui des plaideurs qui avait perdu son procès, alors qu'il voulait plus tard introduire une instance au pétitoire.

489. — Mais nous pensons et nous allons essayer de démontrer que, à part les cas formellement exprimés, l'instance organisée comme conséquence de l'interdit possessoire n'avait pour objet que la possession, la question pétitoire étant réservée.

490. — En premier lieu, en ce qui concerne l'interdit *uti possidetis,* Ulpien nous enseigne (²) qu'il fut introduit par ce motif « que la possession doit être séparée de la propriété ; car il peut se faire que l'un soit possesseur sans être propriétaire, l'autre propriétaire sans être possesseur ; comme aussi il peut se faire qu'on soit à la fois possesseur et propriétaire.

(¹) L. 2, § 2, ff. *De interdictis;* L. 1, § 45, *De aqua quotidiana.*

(²) L. 1, §§ 2 et suiv., ff. *Uti possid.*

C'est pourquoi toutes les fois qu'il y a une controverse relative à la propriété, de deux choses l'une : ou les deux contendants sont d'accord sur la question de savoir lequel est possesseur, lequel est demandeur ; ou, au contraire, ils ne sont pas d'accord sur ce point. Si l'accord existe, pas de difficulté : celui qui est reconnu possesseur jouit de l'avantage du possesseur ; son adversaire supporte le rôle de demandeur. Mais si il y a contestation quant à la question de possession, parce que l'un et l'autre se prétendent possesseurs, on a recours à l'interdit *uti possidetis*, si l'objet de la contestation est une chose du sol..... L'interdit protége le possesseur d'un fonds, car il ne lui est point donné d'action, puisqu'il lui suffit de posséder. »

491. — Le même jurisconsulte nous apprend [1] que « la propriété n'a rien de commun avec la possession : qu'en conséquence on ne refuse pas l'interdit *uti possidetis* à celui qui a commencé par exercer la revendication ; car il ne paraît pas par là avoir renoncé à la possession. »

492. — Enfin, Justinien est encore plus explicite s'il est possible. Écoutons-le : « Pour retenir la possession, on donne les interdits *uti possidetis* et *utrubi*, lorsque dans une contestation sur la propriété d'une chose on recherche préalablement lequel des plaideurs doit être possesseur, lequel demandeur ; car si

[1] L. 12, ff. *De acq. vel amitt. posses.* : « *Nihil commune habet proprietas cum possessione... etc.* »

on n'a pas déterminé auquel des deux appartient la possession, *il est impossible d'organiser l'action pétitoire,* parce que d'après la loi et la raison naturelle il faut que l'un possède et que l'autre revendique contre lui... L'avantage de la possession consiste dans ce que, même quand la chose n'appartiendrait pas à celui qui possède, si le demandeur ne peut prouver qu'elle soit à lui, la possession reste à celui qui l'a (1). »

Venulejus dit aussi très-clairement : «*Sed si eam rem cujus possessionem per interdictum uti possidetis retinere possim, quamvis futurum esset ut tenear de proprietate... etc.* (2). »

Cela posé, et à présent qu'il est constant que la possession n'a rien de commun avec la propriété, que les interdits tendant à faire retenir la possession sont utiles pour fixer les rôles de défendeur et de demandeur, pour que *l'action réelle puisse s'intenter,* rappelons-nous comment ces rôles des deux parties étaient fixés dans les interdits *uti possidetis* et *utrubi.*

493. — Remarquons tout d'abord que dans ces interdits le préteur s'adressait aux deux adversaires simultanément, et qu'il ne fixait pas lui-même les rôles. Il se contentait de dire : « Pour que vous continuiez à posséder comme vous possédez maintenant, je défends qu'on fasse violence. » C'était au juge, ainsi

(1) *Institutes,* liv. **4**, tit. **15**, § **4**. — Donc, si le demandeur prouve que la chose est à lui, il se la fait rendre par une voie autre que celle de l'interdit.

(2) **L. 7**, ff. *De precario*

que nous l'avons déjà dit, à fixer les rôles quand les parties se présentaient devant lui avec les formules de l'interdit (¹).

494. — Comment le juge procédait-il pour cette fixation des rôles? Gaïus nous dit que les parties, après avoir obtenu la défense du magistat, après avoir fait attribuer au plus offrant la possession *intérimaire*, et avoir formulé chacune une double provocation, se rendaient devant le juge, qui, sur la production des formules, examinait auquel des contendants appartenait, au moment de l'interdit, la possession non précaire, non clandestine, non violente, à l'égard de son adversaire, et prononçait en sa faveur, en ayant soin d'absoudre l'autre.

495. — Quel que fût celui des plaideurs que le juge condamnait, il devait toujours prononcer contre lui la peine de la sponsion et de la restipulation, car l'affaire était toujours pénale dans les interdits doubles. Et s'il prononçait contre celui qui n'avait pas obtenu la possession *intérimaire*, parce qu'il n'avait pas fourni la plus forte garantie, il ne le condamnait qu'au montant des deux gageures qu'il avait faites, mais il le condamnait (et ceci mérite d'être observé) *par cela seul qu'il ne prouvait pas qu'il avait droit à la possession* (²). Si, au contraire, le juge prononçait contre celui qui avait eu la possession intérimaire, il le con-

(¹) Gaïus, c. 4, §§ 160 et 166.

(²) Gaïus, § 168 : « *Si non probaverit ad se pertine possessionem.* »

damnait au montant de la garantie qu'il avait fournie, s'il ne restituait pas la chose et les fruits, indépendamment de la condamnation au payement de la sponsion et de la restipulation.

496. — Si nous rapprochons les paragraphes 166 et 168 du quatrième commentaire des Institutes de Gaïus, où il est dit que celui des contendants qui n'établissait pas son droit à la *possession* était condamné par cela seul, des passages d'Ulpien cités plus haut, où il est dit que la possession n'a rien de commun avec la propriété, que l'interdit sert à fixer les rôles de demandeur et de défendeur, pour qu'il soit ensuite possible d'intenter *la revendication*, on est bien obligé de reconnaître que tout n'était pas terminé alors qu'on avait été condamné relativement à la possession, si l'on prétendait droit à la propriété, *puisqu'il peut se faire que le propriétaire n'ait pas la possession protégée par l'interdit, et réciproquement* (¹).

497. — La loi 19, ff. (*De operis novi nuntiatione*) dit expressément que les actions civiles de celui auquel la continuation du nouvel œuvre avait été interdite, continuaient de subsister.

Le § 45 de la L. 1, ff. *de aquâ quotidiana et æstiva*, établit mieux encore, s'il est possible, le fondement de notre manière de voir sur la question qui nous occupe : « *Meminisse autem debemus* (porte ce §), *in hoc interdicto totam quæstionem finiri assignationis ;* NON ENIM PRÆPARAT HOC INTERDICTUM CAUSAM UT SU-

______
(¹) V. la note au bas de la dernière page.

PERIORA INTERDICTA ; *nec ad possessionem temporariam pertinet : sed aut habet jus assignatum sibi, aut non habet, et interdictum totum finitur.* »

498. — Il s'est élevé trois systèmes au sujet de l'interdit *quorum bonorum.*

499. — D'après le plus ancien, que nous n'hésitons pas à adopter après mûre réflexion, et qui, enseigné par Azon, a été suivi par Accurse et par Bartole, et remis récemment en honneur par Thibaut et M. Gaslonde, l'interdit *quorum bonorum* n'avait pour objet que la possession, d'où il suit que la pétition d'hérédité était recevable, même après qu'on avait eu recours à l'interdit [1].

500. — Zimmern [2] pense, au contraire, que cet interdit embrassait la question de propriété, et il enseigne qu'aucune exception ne pouvait être opposée au demandeur, à moins qu'elle n'eût été insérée dans la formule de l'interdit. C'est dans ce sens qu'on doit, suivant cet auteur, considérer les instances interdictoriales comme sommaires.

501. — M. de Savigny [3] est d'accord avec Thibaut quant à l'objet de l'interdit *quorum bonorum;* mais il enseigne, contrairement à la doctrine de cet auteur,

[1] Azo, *Comm. in Cod.*, L. 1, *Quorum bonorum ;* Accurtius, *Gl. petituturus*, L. 1, C. *Quorum bonorum ;* — Thibaut, et Gaslonde, p. 27.

[2] *Quo sensu summarium vocari possit interdictorum romanorum judicium.* — Iéna, **1828**.

[3] *Uber das Interdict. Quorum bonorum.*

15.

que l'instance à laquelle donnait lieu cet édit n'était point sommaire.

502. — Le système de Thibaut est fondé sur ce que : 1° dans l'instance de cet interdit on n'exigeait pas une preuve complète (1); 2° sur ce qu'il est nécessaire d'admettre comme corollaire de cette proposition que la question de possession avait seule pu être tranchée provisoirement, sans qu'on en puisse conclure que la demande au pétitoire fût empêchée par un débat qui avait décidé au possessoire provisoirement et par équité. Il invoque à l'appui de son système la L. 2, ff. *De salviano interdicto*, qui réserve l'action servienne à celui qui a été vaincu dans l'interdit salvien. Une constitution de Dioclétien et Maximien, insérée au Code, liv. 7, tit. 48, l. 3, vient confirmer cette dernière proposition de la manière la plus formelle : « *Si quid de possessione prononciatum probetur*, HOC CAUSÆ PROPRIETATIS MINIME NOCEAT. » Enfin, une constitution d'Arcadius est encore plus péremptoire sur ce point, s'il est possible : « *Jubemus, ut omnibus frustrationibus amputatis, per interdictum quorum bonorum, in petitorem corpora transferantur*, SECUNDA ACTIONE PROPRIETATIS NON EXCLUSA (2).

503. — Nous ne suivrons pas M. de Savigny dans la

----

(1) C. Theod. *De denuntiat.*, LL. 5 et 6; *De jurisd.*, L. 8; *Undè vi*, LL. 4 et 8; *Utrumvi*, L. 1; *Quor. appell.*, L. 22; *Quorum bonorum*, L. 1; Cod. Justin., *De interdictis*, L. 4; *Undè vi*, L. 8; *Si per vim*, L. 1; *De agric.*, L. 14; *Quorum bonorum*, L. 3.

(2) Cod. Justin., L. 3, *Si a non competente...* — V. Ducaurroy, *Instit. expliq.*, n° 1357.

longue dissertation par laquelle il cherche, mais en vain, à réfuter la première proposition de Thibaut, qui est basée sur une foule de textes très-explicites; et comme on reconnaît généralement qu'une conséquence nécessaire de cette proposition, si elle est vraie, est que dans l'instance interdictoriale le pétitoire était réservé, il devient inutile de combattre la doctrine du professeur de Berlin, qui donne au juge d'un tel *judicium* la mission de décider et sur la possession et sur la propriété; car, à son tour, il fait découler cette double mission de la doctrine contraire à la première proposition de Thibaut, dont il croit avoir établi la fausseté.

504. — Si nous passons à l'examen de notre question en ce qui concerne les interdits *recuperandæ possessionis*, nous voyons tout d'abord que la revendication n'était point exclue par l'exercice de l'interdit *undè vi*, puisque les deux instances pouvaient se poursuivre simultanément ([1]).

505. — Et comme l'interdit *de clandestina possessione* n'était, de l'avis de tous les commentateurs, que le calque du précédent, ayant sa cause dans le fait délictueux d'enlèvement clandestin, on nous accordera sans peine que l'instance à laquelle il donnait lieu n'avait pas des conséquences plus étendues que le *judicium*, suite de l'interdit *undè vi* ([2]).

506. — Enfin, il n'est pas douteux que le bailleur à

([1]) L. 18, § 1, ff. *Undè vi.*
([2]) V. *suprà*, n° 463.

titre précaire avait l'action personnelle civile *præscriptis verbis* contre le détenteur précaire, et que cette action n'était point exclue par l'exercice de l'interdit *de precario* (1). Nous savons aussi que ce bailleur conservait le droit de propriété sur sa chose, et qu'il pouvait l'aliéner au profit d'un tiers, nonobstant le précaire (2).

CHAPITRE V.

Stipulations prétoriennes.

507. — Les stipulations prétoriennes étaient des moyens accordés par le préteur pour prévenir, par des garanties, une atteinte possible aux droits ou aux intérêts d'une personne.

508. — Dans un sens large, on les qualifiait du nom d'*actions*, moyen légal d'obtenir, conserver ou recouvrer la jouissance des droits; mais les stipulations prétoriennes différaient des actions proprement dites, en ce que ces dernières avaient pour objet la répression d'une violation d'un droit, tandis que les stipulations étaient un moyen préventif (3).

509. — Quand un édifice menaçait ruine, les voisins qui avaient à redouter le péril imminent de sa chute pouvaient s'adresser aux magistrats supérieurs à l'effet

----

(1) *Pauli sententiæ*, lib. 5, tit. 6, § 10; L. 2, § 2, et L. 19, § 2, ff. *De precario.* — V. *suprà*, n°s 464 et suiv.

(2) L. 8, § 2, *ib.*

(3) V. n° 4, et Bonjean, § 360.

d'obtenir, contre le propriétaire ou contre le possesseur de cet édifice, la *cautio damni infecti*, qui consistait tantôt dans une simple promesse *ex stipulatu*, tantôt dans une *satisdatio*, que ce propriétaire ou ce possesseur était tenu de fournir et par laquelle il s'engageait à indemniser le demandeur dans le cas où le danger prévu viendrait à se réaliser [1].

510. — Ce n'était qu'à défaut d'un autre moyen légal de se préserver du *damnum infectum* et qu'autant qu'il n'était point en faute, que le plaignant obtenait la caution *damni infecti*. En outre, on exigeait de lui qu'il jurât ne point agir par esprit de chicane. Le préteur fixait un délai après lequel la garantie ne produisait plus d'effet, sauf au demandeur à en exiger le renouvellement, s'il y avait lieu [2].

511. — Si le défendeur ne voulait pas s'engager par la caution *damni infecti*, le magistrat prononçait au profit du demandeur une *missio in possessionem* ou simple détention, qui, après un délai fixé, était, si le refus de caution se prolongeait, convertie en possession civile, capable de conduire à l'usucapion de l'édifice menaçant ruine [3].

512. — Pour garantir les légataires de l'insolvabi-

---

[1] L. 19, § 1 ; L. 15, §§ 3 et 8 ; L. 24, § 2, ff. *Damn. infect.;* L. 13, §§ 4 et 9 ; L. 11 ; LL. 5 ; 18 et 38, *ib.;* LL. 1 et 4, § 3, *ib.*

[2] L. 13, §§ 3, 7, 12, 13, 14 et 15 ; LL. 30 ; 31, § 1 ; 39, pr.; 40, § 1 ; 43, §§ 1 et 2, *Damn. infect.;* L. 4 ; LL. 14 et 15, *ib.*

[3] L. 4, § 1 ; L. 15, §§ 11 à 14, 20, 30, 31, 34, 35 ; L. 23 ; L. 5 ; L. 18, § 15 ; L. 15, §§ 16, 21, 22, 26, 27 et 33, ff. *Damn. infect.*

lité d'un héritier qui n'était tenu de leur délivrer leurs legs qu'à l'événement d'un terme ou d'une condition apposé à la libéralité du défunt, le préteur autorisait les légataires à demander à cet héritier la *cautio legatorum*, qui était donnée par fidéjusseurs. Quand l'héritier refusait cette caution, les légataires étaient envoyés en possession des biens héréditaires, mais à titre de gardiens seulement (¹).

513. — La *cautio rem salvam fore pupilli* avait pour objet de garantir aux pupilles la bonne administration des tuteurs et curateurs. Elle devait être fournie avant l'entrée en gestion (²).

CHAPITRE VI.

Des restitutions en entier.

514. — On peut définir la *restitutio in integrum*: l'acte par lequel le préteur, en considérant comme non accompli des faits auxquels le droit civil faisait produire des conséquences, replaçait certaines personnes dans la position qui avait précédé ces actes.

515. — Outre la minorité, qui était la cause la plus fréquente de ces restitutions, le droit honoraire reconnaissait la crainte, le dol, le changement d'état, l'absence et l'erreur, comme motifs de les invoquer, sans préjudice du droit qu'il se réservait d'admettre

______

(¹) L. 1, pr. et § 14; L. 5, ff. *Ut legatorum.*
(²) *Institut. Justinian.*, § 4.

d'autres circonstances qui lui paraîtraient mériter la même protection (¹).

516. — Ce recours extraordinaire n'était accordé qu'autant que le demandeur n'avait aucun autre moyen légal de conserver ses droits, qu'autant qu'il avait éprouvé une lésion de quelque importance et sans sa faute, et qu'autant qu'il avait agi dans un délai fixé d'abord à une année par l'édit, et plus tard à quatre ans par Justinien (²).

517. — Tant que durait leur impuberté, les mineurs étaient incapables de s'obliger d'après le droit civil : aussi tous les engagements par eux souscrits dans ces conditions étaient nuls *ipso jure*, et ne pouvaient produire aucun effet contre l'impubère. Mais quand l'âge de puberté était arrivé, le citoyen romain devenait capable, et le droit civil le tenait pour valablement obligé, quelque rapproché que fût du moment de sa minorité l'acte juridique par lui accompli depuis qu'elle avait cessé. Il arrivait souvent toutefois qu'on abusait de l'inexpérience de leur jeune âge et qu'on leur faisait souscrire des engagements dolosifs. Pour leur venir en aide, le préteur décida que tout acte consenti par un adulte mineur de vingt-cinq ans serait rescindé s'il lui portait préjudice (³).

(¹) LL. 1 et 2, ff. *De in integr. restitut.*; L. 26, § 9, ff. *Ex quib. caus. maj.*

(²) LL. 9 ; 11, §§ 4 et 5 ; 16, § 4 ; 35 et 49, ff. *De minorib.*; L. 9, ff. *De dolo;* L. 7, pr. ff. *De in integr. restitut.*; L. 16, *Ex quib. caus. major.*; L. ult., C. *De temp. in integr. restit.*

(³) L. 1, § 1, ff. *De minoribus.*

518. — A côté de l'action *quod metus causa* et de l'exception du même nom, dont nous avons expliqué les effets *suprà*, nᵒˢ **233, 247, 273** et **310**, le préteur avait organisé la *restitutio in integrum* au profit de ceux qui, par suite d'une violence illégale, avaient consenti des obligations, aliéné des droits ou manqué d'acquérir. La *restitutio* était annale ([1]). Nous avons expliqué plus haut (nᵒ **311**), quels caractères la violence devait réunir pour donner lieu à la rescision.

519. — La *restitutio ob dolum* présente la même utilité que la précédente ([2]).

520. — Nous avons expliqué *suprà*, nᵒˢ **213** et **217**, les restitutions que le magistrat accordait aux créanciers d'une personne *sui juris* qui se donnait en adrogation.

521. — Plusieurs exemples de restitutions pour cause d'erreurs nous sont fournis par les textes du droit romain ([3]).

522. — En exposant l'action *contraire publicienne*, nous avons suffisamment fait connaître les cas dans lesquels la *restitutio in integrum* pour cause d'absence pouvait avoir lieu ([4]).

([1]) LL. 14, § 2, et 21, § 1, ff. *Quod metus causa.*

([2]) L. 7, § 1, ff. *De in integr. restit.*

([3]) V. LL. 2 et 11, ff. *De except. rei judic.;* L. 13, § 1, ff. *De instit. act.;* L. 2, § 8, *De interrog. in jure;* L. 1, § 18, *De replic.;* Gaïus, c. 4, §§ 53 et 57.

([4]) V. *suprà*, nᵒˢ **193** et suiv.

TITRE III.

JUDICIA EXTRAORDINARIA.

CHAPITRE I.

Droit d'agir.

523. — Dioclétien transforma en règle générale l'usage qui s'était introduit depuis longtemps d'agir *extra ordinem*, c'est-à-dire de citer devant le magistrat chargé de statuer lui-même, sans organiser un *judicium* avec dation d'une formule et dation d'un *judex*. Cet empereur établit que les parties seraient assignées devant les présidents ou devant les juges inférieurs, chacun suivant les limites de sa compétence. La nécessité des formules fut supprimée [1].

524. — Il fut néanmoins permis aux magistrats de renvoyer devant les juges pédanés, quand leurs affaires ne leur permettaient pas de statuer, ou quand les contestations portées devant eux étaient de peu d'importance [2].

CHAPITRE II.

Procédure.

525. — L'ajournement se faisait toujours au moyen

[1] L. 3, § 1, ff. *Ne quis eum qui in jus vocab.*; L. 1, § 6, *De postulando.*
[2] L. 2, C. *De pedan. judic.*

de la *litis denuntiatio*. Mais il est à remarquer que cet acte introductif d'instance ne resta pas, comme dans le système précédent, un acte purement privé. La citation dut être donnée dans un procès-verbal dressé par un officier public, ayant capacité à cet effet. Quelquefois, cependant, l'ajournement était donné au défendeur par un *viator* (huissier) commis sur requête : c'était dans les causes sommaires, n'exigeant pas de *litis denuntiatio*. On s'adressait aussi fréquemment à l'empereur, qui renvoyait devant le gouverneur de la province par un rescrit qu'on déposait chez le magistrat, qui le faisait signifier au défendeur (¹).

526. — Le défendeur qui ne se présentait pas au jour fixé pour la comparution était traité comme contumace : s'il avait un motif d'excuse, il pouvait cependant obtenir de l'empereur la réparation de la *denuntiatio*. Quand le demandeur ne comparaissait pas, le défendeur était renvoyé et l'action du demandeur était éteinte (*causa cadebat*) (²).

527. — Justinien ordonna que l'ajournement serait fait par écrit, et présenté au tribunal avec requête tendant à ce que la demande fût communiquée au défendeur. L'écrit présenté au tribunal (*libellus conventionis*) contenait un exposé sommaire des moyens

(¹) L. 2, C. Theod.; *De denunt.*; L. 9, *ib. De infirm. his quæ sub tyrann.*; Symmac., *Epist.* x, 48; *Cod. Justinian.*, lib. 1, tit. 19 *et seq.*

(²) C. Theod., Novell. xii, c. 15; L. 1, C. Theod. *De temp. curs.*; Symm., *Epist.* x, 39, 52 et 59.

et de la demande, et devait être signé du demandeur ou d'un *tabularius*, au cas où le demandeur ne savait pas signer. Ce dernier s'engageait à lier l'instance dans les deux mois au plus tard, à peine du double des frais déjà faits; à poursuivre l'instance jusqu'à la fin, et à rembourser les frais occasionnés à son adversaire, en cas d'insuccès; le serment ou une caution venaient garantir ces divers engagements. — Le magistrat donnait une ordonnance d'assignation, à moins que la demande ne lui parût pas soutenable. L'assignation était ensuite notifiée au défendeur par l'un des huissiers du tribunal. Le défendeur devait fournir la caution *in judicio sisti*, à moins qu'il ne fût une personne illustre, auquel cas sa caution juratoire suffisait. Le délai légal pour comparaître fut porté à vingt jours par Justinien [1].

528. — Si le défendeur ne comparaissait pas, et qu'il eût fourni la caution *in judicio sisti*, on pouvait agir contre la caution, et condamner le défendeur à l'amende pour le forcer à se présenter, ou même le faire amener par contrainte. S'il n'avait pas fourni caution, il y avait lieu à des amendes, et même à la procédure contre les contumaces. Ce dernier mode était même employé quand il y avait eu caution, et

[1] L. 1, pr. ff. *De edendo*; L. 3, C. *De ann. except.*; Inst., *De act.*, § 24, 33 à 35; Novell. 112, c. 2; Novell. 53, pr. et cap. 1; 2; 3, pr. et § 2; 4; Novell. 96, pr. et c. 1; L. 6, C. *Undè vi*; LL. 25, §§ 1 et 2; 33, § 2, C. *De episc. et cleric.*; L. 4, § 1, C. Just., *De sportul.*; L. 15, ff. *Qui satisd. cog.*; Inst., *De satisd.*, § 2.

que les moyens pratiqués n'étaient pas suffisants. Le défendeur contumace perdait le bénéfice de ses exceptions et de la preuve contraire ; et le juge prononçait sa sentence, soit d'absolution, soit de condamnation. — Au surplus, jusqu'à la consommation de la vente, qui ne pouvait avoir lieu qu'après un délai assez prolongé, le défendeur pouvait, en remboursant les frais faits et en offrant caution, se faire relever du défaut et obtenir la faculté de se défendre. — Si l'action était réelle, le demandeur pouvait, s'il ne faisait pas preuve complète de son droit, obtenir un envoi en possession *provisoire* ; dans ce cas, le défendeur pouvait, dans l'année, se faire remettre en possession, en donnant caution et en offrant de se défendre. Après ce délai, il n'avait plus le droit d'agir que par la revendication, mais en établissant la preuve de son droit. — Si le défendeur refusait de présenter ses moyens après avoir comparu, il était jugé comme contumace, après trois sommations à lui faites, de dix jours en dix jours, qu'il eût à se défendre. La condamnation qui intervenait après la dernière sommation était définitive [1].

529. — Si le demandeur ne comparaissait pas, il

[1] L. 2, § 5, ff. *Qui satisd. cogant.;* L. 26, C. *De fidejussor.;* L. 2, § 1, ff. *Si quis in jus voc.;* L. 1, § 3, ff. *De inspic. ventr.;* Aul. Gell., *Noct. attic.,* XI, 1 ; Nov. 53, cap. 4 ; LL. 9 et 10, § 1, C. *De bon. auct. jud. possess.;* L. 33, § 1, ff. *De reb. auct. jud. possess.;* L. 2, C. *Ubi in rem act.;* L. 8, § 8, C. *De delat.;* L. 8, § 3, C. *De præscript. trig. ann.;* L. 7, §§ 17 et suiv., ff. *Quib. ex caus.;* L. 45, ff. *De damn. infect.;* L. 13, § 3, C. *De judic.*

était déclaré déchu de l'instance. — Justinien décida que le défendeur pourrait, en outre, faire juger l'instance définitivement, en faisant assigner par trois fois le demandeur, et à des intervalles de trente jours. L'affaire n'était jugée qu'après une année à l'expiration du dernier délai. Pendant cette année, le demandeur pouvait reprendre l'instance en payant les frais. — Si le défendeur avait déjà produit sa défense quand le demandeur faisait défaut, le premier ne pouvait obtenir que l'absolution de l'instance. — Que la contumace fût celle du demandeur ou celle du défendeur, les frais étaient à sa charge, qu'il obtînt gain de cause ou non. La contumace entraînait, en outre, déchéance de l'appel (¹).

530. — Si c'était un procureur, un tuteur ou curateur qui plaidait, soit en demandant, soit en défendant, il devait fournir la caution *de rato*, à moins que, au cas de procuration donnée par le défendeur, le mandant n'eût constitué son procureur d'une manière solennelle et *in judicium*, en fournissant la caution *judicatum solvi*, ou qu'après avoir fait cette constitution *in judicium*, il se fût engagé extrajudiciairement comme fidéjusseur pour son procureur pour toutes les causes de la caution *judicatum solvi*. Dans ces deux cas, il devait, en outre, donner hypothèque sur ses biens, fournir caution qu'il se présenterait pour en-

____

(¹) L. 1, C. Theod., *De temp. curs.*, Symm., x, 52; Novell. 112, c. 3; L. 15, C. *De judic.*; L. 13, §§ 3 et 5, *ib.*; Nov. 49, c. 1, pr.; L. 23, § 3, ff. *De appell.*; L. 73, § 3, ff. *De judic.*; Paul., *Sent.* v, 5, § 7.

tendre le prononcé de la sentence : et s'il ne se présentait pas, la caution devait payer le montant de la condamnation, à moins qu'il n'y eût appel. Si le procureur intervenait en demandant, il était dispensé de la caution *de rato* quand il avait un mandat insinué, ou lorsqu'il avait été constitué par le maître du litige et *in judicium* (¹).

531. — Les preuves et les plaidoiries étaient faites comme dans le précédent système. La sentence produisait le même effet (²).

532. — Les moyens de prévenir ou de réprimer les procès téméraires étaient, au temps de Justinien, le serment qui était déféré au demandeur et au défendeur, et, en outre, à leurs avocats. La condamnation aux dommages et aux frais fut aussi introduite, et se cumula avec le serment pour remplacer l'action de calomnie. Certaines actions restèrent plus qu'au simple et infamantes, les unes alors qu'on avait nié, les autres dès le principe (³).

533. — Celui au profit duquel un jugement avait été rendu pouvait en poursuivre l'exécution par la saisie des biens de son débiteur. Cette saisie s'exerçait en premier lieu sur les biens meubles ; en second lieu sur les immeubles, et ensuite sur les créances. Ce n'était que trente jours après le prononcé de la sentence

(¹) Inst., *De satisdat.*, §§ 3, 4 et 5. — V. nᵒˢ 366 et suiv.

(²) V. Bonjean, §§ 255 et 256 ; et Étienne, t. II, p. 406 et suiv.

(³) Instit., *De pœna temere litigantium*, § 1. — V. *suprà*, nᵒˢ 368 et 369.

que la saisie devait être faite ; après les soixante jours qui la suivaient, la mise aux enchères avait lieu. Le prix de la vente était accordé au poursuivant, et s'il y avait excédant, il revenait au débiteur. Le saisissant pouvait se faire adjuger l'objet saisi, mais alors seulement qu'on ne trouvait pas d'autre acquéreur. Le poursuivant avait, par suite de cette saisie, un droit d'hypothèque sur les biens du condamné. Justinien doubla le délai de soixante jours au profit du débiteur saisi en vertu d'une condamnation judiciaire (¹).

534.—Nous n'ajouterons que quelques mots à ce que nous avons dit *suprà* (nᵒˢ 370 et suiv.) au sujet de la procédure d'appel. Nous avons vu que, dans le système précédent, une fois formé, l'appel ne pouvait pas être retiré. Arcadius et Honorius permirent le désistement dans les trois jours ; Justinien l'autorisa jusqu'à ce que la sentence d'appel eût été prononcée. La novelle 23 accorda dix jours pour produire l'appel. Les *apostoli* durent être donnés d'office et sans délai. D'après Constantin, le magistrat inférieur devait transmettre lui-même, dans les vingt jours, au juge supérieur, l'appel, avec son avis motivé. Justinien accorda trente jours. Le jour de la comparution sur l'appel fut fixé par Théodose II au dernier du sixième mois, à dater de la présentation de l'appel. Si l'appelant ne comparaissait pas, il y avait remise légale au trente-unième jour

----

(¹) LL. 2 et 3, C. *Si in causa judic.;* LL. 2 et 3, § 1, C. *De usuris rei judicatæ;* L. 31, ff. *De re judicata.* — V. *suprà,* nᵒˢ 375 et suiv.

suivant; après un second défaut, il y avait encore remise au trente-unième jour : après un troisième défaut et une nouvelle remise au trente-unième jour, l'appelant était déchu s'il ne comparaissait pas, sauf à l'empereur à lui accorder une *reparatio* et un nouveau délai de trois mois à dater du dernier jour fatal. Justinien supprima ces diverses remises, permettant à l'appelant de se présenter dans les quatre jours qui précédaient le *dies fatalis*, et dans les cinq qui le suivaient. Ce même empereur autorisa l'intimé à produire de son côté ses griefs contre le jugement attaqué. Il voulut aussi que l'appel fût vidé dans l'année, à peine de déchéance pour l'appelant, si c'était par sa faute que la cause n'avait pas été jugée dans ce délai (¹).

535. — Les moyens d'exécution qui étaient en usage dans le système formulaire se maintinrent sous les empereurs chrétiens. — V. ce que nous en avons dit aux n°s 372 et suiv.

536. — Au titre 17 du livre 4 de ses Institutes, Justinien trace quelques règles concernant les devoirs des juges. — Le juge devait avant tout, sous peine d'encourir la déportation (²), statuer conformément

______

(¹) L. 1; L. 56, C. Theod., *De appell.*; L. 28, C. *De appell.*; Novell. 23, c. 1; L. 6, § 6; L. 21; L. 31, C. *De appell.*; LL. 5, 8 et 16; C. Theod., *De appell.*; LL. 2 et 5, § 1, C. *De temp. et reparat. appell.*; L. 39, C. *De appell.*; L. 5, § 4, C. *De temp. et reparat. appell.*; Novell. 126, c. 2.

(²) L. 1, § 3, ff. *De lege Corneliana de falsis*, et § 4, tit. 25, lib. 5, *Paul. sentent.*

aux lois, aux constitutions et aux coutumes. Il ne pouvait appliquer le droit honoraire directement, mais seulement alors qu'une exception le forçait à en tenir compte, à moins qu'il ne fût saisi d'une question de fait. — Nous avons vu (n° 371) qu'une sentence rendue contrairement aux règles du droit était nulle.

Dans le système formulaire, la condamnation prononcée devait toujours être d'une somme d'argent déterminée (n° 132). Justinien voulut que le juge pût condamner soit à une somme d'argent, soit à une autre prestation, et il n'enjoignit au juge de prononcer une condamnation déterminée qu'autant que faire se pourrait (¹).

Dans les actions arbitraires, le juge devait ordonner la restitution de l'objet réclamé, et ce n'était qu'à défaut d'exécution de cet *arbitrium* que la condamnation produisait son effet. — Nous savons que l'*arbitrium* pouvait être poursuivi *manu militari* (n° 275). La restitution devait être ordonnée *cum omni causa* (n° 267) (²). Le juge avait la faculté d'accorder un délai au défendeur qui ne pouvait pas faire une restitution immédiate, pourvu qu'il donnât caution du montant de la condamnation (³). La restitution *cum omni causa* comprenait les fruits produits par la chose depuis l'introduction de l'instance, que l'action fût la

(¹) Instit., *De action.*, § 32.
(²) Instit., *De officio judic.*, § 3.
(³) Instit., *ib.*

16

rei vindicatio ordinaire, la pétition d'hérédité, ou toute autre action arbitraire (¹).

Dans les actions divisoires *familiæ erciscundæ* et *communi dividundo*, dont nous nous sommes déjà spécialement occupé (nᵒˢ 245 et 246), nous avons vu que le juge avait pouvoir sur la chose et sur les personnes, c'est-à-dire qu'il pouvait à la fois condamner les parties l'une envers l'autre, et attribuer la propriété des objets communs à l'une d'elles. A cet égard, il pouvait diviser l'objet litigieux, et en adjuger une partie à chacun des copartageants ou l'adjuger en entier à l'un d'eux, sauf à le condamner à payer à son copropriétaire la valeur de ses droits. — Il avait également la faculté d'attribuer la nue propriété à l'un et l'usufruit à l'autre (²).

Dans l'action *finium regundorum*, le juge pouvait également, en cas de nécessité, adjuger à l'un des voisins une partie de l'héritage de l'autre en l'indemnisant. — Si cette nécessité n'apparaissait pas, le juge devait se borner à rechercher les limites des deux héritages, à les rétablir, et pour cela à ordonner telle mesure qu'il trouvait bonne, par exemple, d'abattre un arbre ou une construction qui empiétait sur la limite (³). L'adjudication que le juge prononçait dans

---

(¹) Instit., *ib.*; Théophile, sur le § 2 de ce titre (édit. Legat), et *suprà*, nᵒ 267.

(²) Instit., *De officio judicis*, §§ 4 et 5; ff. *Familiæ erciscundæ;* ib., *Communi dividundo.*

(³) Instit., *ib.*, § 6; ff. *Finium regundorum.* — V. nᵒˢ 245 et 246.

le cas des trois actions divisoires était attributive de propriété. Aussi faut-il reconnaître qu'en droit romain le partage était attributif de propriété, à la différence de notre partage, qui est simplement déclaratif.

CHAPITRE III.

Des interdits sous le système de la procédure *extra ordinem* et d'après les lois de Justinien.

537. — Dès l'époque où les actions ne furent plus considérées que comme des moyens de faire valoir ses droits en justice, et lorsqu'on eut supprimé l'usage de s'adresser au magistrat pour obtenir une formule, les interdits et l'action, qui ne différaient que par la nature du droit générateur, furent entièrement confondus. Aussi Justinien a-t-il soin de nous avertir qu'*interdit* et *action* sont deux mots synonymes dans sa législation, chacun d'eux désignant *le moyen de faire valoir ses droits en justice*. Observons néanmoins que Justinien ne fit pas disparaître une différence inhérente à la nature des choses : nous voulons parler de celle qui résultait de ce que l'objet de la contestation n'était pas dans l'interdit ce qu'il était dans l'action ordinaire (1).

______

(1) V. *suprà*, nos **382** et suiv.; **472** et suiv. ; **484** et suiv.

FIN.

TABLE DES DIVISIONS.

Numéros.

DÉFINITION. — DIVISION GÉNÉRALE.   1 à 11

Ire PARTIE.

ORGANISATION JUDICIAIRE.

CHAPITRE 1er. — *Organisation judiciaire sous le système des actions de la loi.*   11 à 34

    Section Ire. — Des magistrats.   11 à 24
    Section II. — Des juges.   24 à 34

CHAPITRE II. — *Organisation judiciaire sous le système formulaire.*   34 à 42

    Section Ire. — Des magistrats.   34 à 37
    Section II. — Des juges.   37 à 42

CHAPITRE III. — *Organisation judiciaire sous le système des cognitiones extraordinariæ.*   42 à 50

IIe PARTIE.

DES ACTIONS ET DE LEUR PROCÉDURE.

TITRE Ier.

SYSTÈME DES ACTIONS DE LA LOI.

CHAPITRE Ier. — *De chaque action de la loi en particulier.*   54 à 92

                                                        Numéros.

§ 1ᵉʳ. — *Actio sacramenti.*   54 à 68

§ 2. — *Judicis postulatio.*   68 à 73

§ 3. — *Condictio.*   73 à 76

§ 4. — *Manus injectio.*   76 à 88

§ 5. — *Pignoris capio.*   88 à 92

CHAPITRE II. — *Procédure des actions de la loi.*   92 à 99

TITRE II.

SYSTÈME FORMULAIRE.

CHAPITRE Iᵉʳ. — *Actions proprement dites.*   99 à 295

Section Iʳᵉ. — Transition du premier système
au second.   101 à 122

Section II. — Composition et parties de la for-
mule.   122 à 152

Section III. — Division des actions sous le système formulaire.   152 à 295

§ 1ᵉʳ. — Actions réelles, actions personnelles.   156 à 187
(*Note*). — Explication du contrat *litteris.*

§ 2. — Actions civiles, actions prétoriennes.   187 à 229

§ 3. — Actions *in jus*, actions *in factum.*   229 à 237

§ 4. — Actions *directes*, — *utiles*, — *fictives*,
— *contraires*, — *indirectes*, — *noxales.*   237 à 243

§ 5. — Actions pénales, — non pénales, —
mixtes.   243 à 247

§ 6. — Actions au simple, — au double, — au
triple, — au quadruple.   247

§ 7. — Actions de bonne foi, — de droit strict,
— arbitraires.   248 à 277

§ 8. — Actions contre lesquelles il était permis
d'opposer le bénéfice de compétence.   277 à 281

Numéros.

§ 9. — Actions perpétuelles, actions temporaires. — Instances légitimes, instances contenues dans l'*imperium*.   281 à 293

§ 10. — Actions transmissibles, actions non
transmissibles.   293 à 295

CHAPITRE II. — *Exceptions, répliques, dupliques, etc.
— Prescriptions.*   295 à 347

Section Ire. — Exceptions, répliques, dupliques.   295 à 340
§ 1er. — Des exceptions en général.   295 à 298
§ 2. — Division des exceptions.   298 à 309

1re division. — Exception *in factum* par opposition : 1° à l'exception tirée d'une loi, d'un
sénatus-consulte ou d'une constitution impé-
riale ; 2° par opposition à l'exception de dol.   299 à 302
2e division. — Exceptions réelles, exceptions
personnelles.   302 à 306
3e division. — Exceptions dilatoires, exceptions
péremptoires.   306 à 309
§ 3. — De quelques exceptions en particulier.   309 à 339
§ 4. — Des répliques, des dupliques, des tri-
pliques.   339

Section II. — Des prescriptions.   340 à 347

CHAPITRE III. — *Procédure des actions formulaires.*   347 à 382
Article 1er. — Procédure ordinaire.   347 à 373
Article 2. — *Cognitiones extraordinariæ.*   373 à 382

CHAPITRE IV. — *Interdits.*   382 à 507

Section Ire. — Division des interdits.   383 à 472

1re Division. — Interdits prohibitoires, — interdits restitutoires, — interdits exhibitoires.   383 à 430
§ 1er. — Interdits prohibitoires.   384 à 412

Numéros.

§ 2. — Interdits restitutoires.   412 à 425

§ 3. — Interdits exhibitoires.   425 à 430

2ᵉ division. — Interdits non possessoires, interdits possessoires.   430 à 468

§ 1ᵉʳ. — Interdits non possessoires.   431

§ 2. — Interdits possessoires.   432 à 468

Article 1ᵉʳ. — Interdits *adipiscendæ possessionis.*   433 à 445

(*Note α*). — Théorie de la possession.

Article 2. — Interdits *retinendæ possessionis.*   445 à 449

Article 3. — Interdits *recuperandæ possessionis.*   449 à 467

Article 4. — Interdits *tam recuperandæ quam adipiscendæ possessionis.*   467

3ᵉ division. — Interdits simples, interdits doubles.   468 à 472

Section II. — Procédure en matière d'interdits.   472 à 507

§ 1ᵉʳ. — Procédure des interdits simples.   475 à 480

§ 2. — Procédure des interdits doubles.   480 à 484

§ 3. — Quel était l'objet de l'instance qui s'engageait à la suite et comme conséquence de l'interdit.   484 à 507

Chapitre V. — *Stipulations prétoriennes.*   507 à 514

Chapitre VI. — *Restitutions en entier.*   514 à 523

TITRE III.

JUDICIA EXTRAORDINARIA.

Chapitre Iᵉʳ. — *Droit d'agir.*   523 à 527

Chapitre II. — *Procédure.*   527 à 537

Chapitre III. — *Procédure des interdits.*   537

TABLE ALPHABÉTIQUE.

A

ABOLITION DES FORMULES, nos **9** et **523**.

ACTIO AD EXHIBENDUM. — Elle était arbitraire et personnelle, n° **265**. — En quoi elle différait de l'interdit du même nom, nos **268** et **426**. — Contre qui elle se donnait, n° **266**. — L'exhibition devait être faite *cum omni causa*, n° **267**.

——— EX STIPULATU. — Elle naissait de la stipulation. — C'était une action de droit strict, n° **185**, sauf un cas, celui où elle fut accordée par Justinien en remplacement de l'action *rei uxoriæ*, qu'il supprima, n° **249**.

——— INTERROGATORIA, n° **354**. — Voy. Interrogations *in jure*.

ACTION. — Sa définition sous les trois systèmes de procédure, nos **1** à **5**.

——— CIVILE, *lato sensu*, comprenant : les *demandes introductives*, les *exceptions d'instances*, les *interdits*, les *stipulations prétoriennes*, les *restitutions en entier*, nos **6** et **7**. — Opposée à l'action *publique* ou *criminelle*, n° **5**. — Voy. Actions civiles.

——— CONDUCTI. — Action de bonne foi, qui naissait du contrat de louage, nos **182, 249**.

——— CONFESSOIRE. — On appelait ainsi la *rei vindicatio* quand elle tendait à la réclamation d'un droit réel autre que celui de propriété, n° **169**. — Elle pouvait être intentée soit sous la forme pétitoire, soit *per sponsionem*, n°ˢ **170** et **171**. — Elle avait lieu soit au profit du revendiquant à une servitude qu'on lui déniait, soit au profit de celui auquel on ne contestait pas cette servitude, n° **174**.— Pourquoi n'en était-il pas ainsi en matière de pleine propriété, n°ˢ **175** et **176**. — Preuves exigées du demandeur à l'action confessoire, n° **177**.

ACTION CONTRAIRE.—Cette dénomination était donnée par opposition à l'action directe, n° **239**. — Voy. Action directe.

—— CONTRAIRE. — On l'accordait au défendeur dans certaines actions. — Rapprochement de cette action de l'action de calomnie, n° **369**. — Justinien les supprima l'une et l'autre et les remplaça par la condamnation aux dépens, *ib*. V. Dépens. — Ne pas la confondre avec la précédente.

—— CONTRAIRE A LA PUBLICIENNE. — Action prétorienne réelle (*utile fictive*) qui permettait au propriétaire de revendiquer nonobstant l'usucapion accomplie à l'égard de la chose, n°ˢ **168**, **193** et **238**. — Elle recevait application dans deux cas distincts que Justinien réduisit à un, n° **193**. —Avant Justinien, elle était annale : cet empereur permit d'en faire usage pendant un délai de quatre années continues, n° **194**.

—— CONTRARIA MANDATI. — Elle était de bonne foi et compétait au mandataire pour se faire indemniser des dépenses que lui avait occasionnées son mandat, n°ˢ **182** et **249**.

—— CONTRARIA TUTELÆ. — Action de bonne foi qui appartenait au tuteur contre le mineur tenu de rembourser les dépenses du tuteur, n°ˢ **182**, **249**.

ACTION CRIMINELLE ou PUBLIQUE, opposée à l'action *privée* ou *civile*, n° 5.

—— DE ALBO CORRUPTO, n° 233.

—— DE CALOMNIE. — Elle était accordée au défendeur dans tout procès contre celui qu'il prétendait lui avoir intenté une action par calomnie, n° 369. — Son rapprochement de l'action contraire. — Justinien la supprima, *ib.* et n° 532. — Elle fut remplacée par la condamnation aux dépens, n° 369. — V. Dépens.

—— DE COMMODAT. — L'action directe de commodat et l'action contraire étaient de bonne foi. — Elles pouvaient se formuler *in jus* ou *in factum*, ce qui permettait aux fils de famille d'y recourir, n°s 231 et 249.

—— DE CONSTITUT. — Action personnelle prétorienne qui se donnait contre celui qui avait promis, par constitut, de payer à jour fixe une dette préexistante. — Rapprochement de cette action et de l'action *receptitia*, n° 227.

—— DE EO QUOD CERTO LOCO. — Action personnelle arbitraire créée dans le but de permettre à un créancier de se faire payer ailleurs qu'au lieu convenu pour le payement de l'obligation, n° 270. — Elle était inutile dans les actions de bonne foi, car la plus-pétition n'était pas à craindre dans ce cas; il en faut dire autant au sujet des *condictiones incerti*, *ib.* — Le créancier pouvait-il, au moyen de cette action, se faire payer partout ailleurs qu'au lieu convenu? n° 271. — En quoi l'action *quod certo loco* était arbitraire, n° 272.

—— DE PECULIO ET DE IN REM VERSO. — Elle tendait à l'attribution du pécule d'un fils de famille ou d'un esclave. — C'était une action personnelle prétorienne, n°s 182, 224 et 225. — Rapprochement de cette action

et des actions *quod jussu, exercitoire, institoire* et *tributoire*, nᵒˢ 225 et 226.

ACTION DEPENSI.—Elle se donnait au double contre le débiteur
cautionné par un *sponsor* qui avait payé la dette et n'é-
tait pas remboursé dans les six mois, nᵒ 244.

—— DE TUTELLE. — Elle naissait de la tutelle, au profit du
mineur, nᵒ 182. — Elle était de bonne foi, nᵒ 249.

—— D'INJURES, nᵒˢ 182 et 293.

—— DIRECTE, par opposition : 1ᵒ à l'action utile; 2ᵒ à
l'action fictive; 3ᵒ à l'action contraire; 4ᵒ à l'action
indirecte; 5ᵒ à l'action noxale, nᵒˢ 237 à 243.

—— EMPTI. — C'était l'action qu'avait l'acheteur contre son
vendeur pour le contraindre à l'exécution du contrat de
vente. — Elle était de bonne foi, nᵒˢ 182, 249.

—— EXERCITOIRE. — Elle se donnait contre le père d'un fils
de famille ou le maître d'un esclave qui avait préposé
son fils ou son esclave à la tête de son navire, ou même
contre toute personne qui en avait préposé une autre
dans le même cas. — C'était une action personnelle
prétorienne par laquelle le magistrat autorisait les poursuites contre le préposant, tout comme si l'affaire avait
été directement conclue avec lui, nᵒˢ 182, 221 et 222.

—— EX LEGE AQUILIA, nᵒˢ 182, 185, 232, 243, 247, 281
et 282.

—— EX TESTAMENTO. — Elle se donnait au double contre
l'héritier qui avait nié le legs *per damnationem*. —
Justinien la réduisit au simple pour tous cas autres que
celui de legs pieux, nᵒ 244.

—— FICTIVE. — Voy. Action utile et action directe.

ACTION FINIUM REGUNDORUM.—Action arbitraire ayant pour objet la fixation des limites entre voisins, nᵒˢ **269** et **536**.—C'est l'une des trois actions divisoires *tam in rem quam in personam,* nᵒ **245**.

—— FURTI. — Cette action était au double, au triple ou au quadruple, nᵒ **247**.— Justinien ne maintint que l'action *furti* au double et celle au quadruple, *ib.* — Elle était perpétuelle, même au quadruple, quoique dans ce cas elle fût prétorienne, nᵒˢ **281** et **282**.

—— HYPOTHÉCAIRE. — V. Action quasi-servienne.

—— INDIRECTE. — C'était celle qu'on donnait contre un père de famille ou un maître, à l'occasion des faits de son fils ou de son esclave. — On l'opposait à l'action directe, nᵒ **240**.

—— INSTITOIRE. — Elle avait le même objet que l'exercitoire, et se donnait contre toute personne qui en avait préposé une autre à la tête de son auberge, nᵒˢ **182, 221** et **222**. — V. Action exercitoire.

—— JUDICATI. — Elle se donnait au double contre le défendeur qui avait nié, nᵒ **244**. — Justinien voulut qu'elle fût toujours au simple, *ib.*

—— LOCATI. — Action de bonne foi, qui naissait du contrat de louage, nᵒˢ **182, 249**.

—— MANDATI. — Action de bonne foi, qui naissait du mandat, au profit du mandant qui voulait contraindre le mandataire à l'exécution du mandat et à rendre ses comptes de mandataire, nᵒˢ **182** et **249**.

ACTION MIXTE. — On appelait ainsi les actions qui tendaient à la fois à la poursuite du droit prétendu et à une peine, nᵒ **243**. — On désignait aussi sous la dénomination d'actions mixtes les trois actions divisoires, *familiæ erciscundæ, communi dividundo, finium regundorum;* mais dans un autre sens. — Quel était ce sens, nos 245 et 246.

ACTION NÉGATOIRE. — Elle était utile à celui qui déniait que son fonds fût assujetti à des droits de servitude, soit qu'on prétendît un de ces droits, soit qu'on lui laissât la possession libre de son fonds, nos 172 et 173. — Quelle était l'utilité de l'action négatoire, no 172. — Pourquoi elle n'était pas admise en matière de pleine propriété, nos 175 et 176. — Preuves exigées du demandeur à l'action négatoire, no 177. — Réfutation d'une erreur de M. Ducaurroy, qui croit que l'action négatoire appartenait dans un cas au plein propriétaire, nos 178 et 179.

—— NOXALE. — Elle naissait des délits des fils de famille et des esclaves, et se donnait contre le père ou le maître. — Elle tendait à la réparation du délit, si mieux n'aimait le défendeur faire abandon noxal du délinquant. — Justinien prohiba cet abandon au sujet des fils de famille, nos 241 et 242. — L'action noxale était arbitraire, no 274.

—— PAULIENNE. — Elle était accordée aux créanciers pour faire révoquer les actes que leurs débiteurs avaient accomplis en fraude de leurs droits, nos 168, 195 à 200. — Les Institutes de Justinien l'énumèrent parmi les actions réelles prétoriennes, no 196. — Au Digeste elle apparaît, au contraire, avec tous les caractères de l'action personnelle, no 200. — C'étaient deux actions distinctes nées l'une et l'autre pour atteindre les fraudes des débiteurs, no 200. — Toutes les deux devaient être intentées dans l'année utile ; dans les quatre années continues, depuis Justin, no 201. — L'action paulienne n'était utile aux créanciers qu'autant qu'ils établissaient : 1° un préjudice réel ; 2° l'intention frauduleuse de leur débiteur ; 3° la connivence de celui qui avait traité avec le débiteur, mais alors seulement qu'il avait reçu la chose à titre onéreux, n⁰ˢ 197 et 199. — Mode d'exercice de cette action, n° 198.

ACTION PERSONNELLE. — C'était celle par laquelle le demandeur prétendait qu'une personne était obligée envers lui, n° 159. — V. Action réelle. — Le nom de *condictio* servait à désigner les actions personnelles en général, n⁰ˢ 1 à 4, 167 et 180. — Mais il ne les comprenait pas toutes ; car, restreint aux actions *stricti juris*, il laissait encore en dehors, dans cette classe, toutes celles qui avaient reçu un nom spécial, n⁰ˢ 181 et 182. — V. au surplus *condictio*.

ACTION PIGNERATITIA.— V. Action quasi-servienne ou hypothécaire.

—— PRÆSCRIPTIS VERBIS. — Elle naissait des contrats innommés. — Rapprochement de cette action et des actions *in factum*, n⁰ˢ 236 et 249.

—— PRIVÉE ou CIVILE, opposée à l'action *publique* ou *criminelle*, n° 5.

—— PRO SOCIO. — Action de bonne foi, qui naissait, au profit de chaque associé, du contrat de société, n⁰ˢ 182, 249. — Indépendamment de cette action, chaque associé avait contre ses coassociés l'action *communi dividundo*, pour les contraindre au partage des bénéfices et des objets composant le fonds social, lors de la dissolution, n° 245.

—— PUBLICIENNE. — C'était une action réelle prétorienne (*utile-fictive*), qui permettait d'agir en supposant l'usucapion accomplie, quoiqu'elle ne le fût pas, n^os **168, 190** et **238**. — Au temps de Gaïus elle pouvait recevoir application dans quatre cas ; Justinien réduisit ces cas à deux, n^os **191** et **192**.

ACTION PUBLIQUE ou **CRIMINELLE**, opposée à l'action *privée* ou *civile*, n^o **5**.

—— **QUASI-SERVIENNE** ou **HYPOTHÉCAIRE**. — Elle se donnait au créancier qui avait obtenu de son débiteur un droit de gage ou d'hypothèque. — Elle n'était qu'une extension de l'action servienne, n^os **168** et **204**. — Droits du créancier gagiste ou hypothécaire sur le gage ou la chose hypothéquée. — En quoi différaient le gage et l'hypothèque, **205** et **208**. — Preuves exigées du demandeur à l'action quasi-servienne, n^o **209**. — On pouvait lui opposer l'exception de discussion, n^o **209**.

—— **QUOD JUSSU**. — On accordait cette action contre le père ou le maître en vertu de l'ordre duquel on avait traité avec son fils ou son esclave. — C'était une action personnelle prétorienne, qui compétait au créancier *in solidum*, n^os **182, 218** à **221**.

—— **QUOD METUS CAUSA**. — Action personnelle prétorienne (arbitraire) se donnant au quadruple, n^os **233, 247, 273**.

—— **RECEPTITIA**. — Action civile qui se donnait contre les *argentarii* (banquiers) qui avaient promis de payer la dette de leurs clients. — Rapprochement de cette action et de l'action de constitut, n^o **227**.

—— **RÉELLE**. — C'est celle par laquelle on prétend qu'une chose est nôtre ou qu'un droit absolu nous compète, n^o **158**. — On l'oppose à l'action personnelle, par laquelle on prétend un droit d'obligation, n° 159. — La division des actions en réelles et en personnelles tient à la nature même du droit réclamé : elle ne se rattache pas à un système d'actions particulier ; mais elle se rencontre dans toutes les procédures, n° 157. — C'est la classification fondamentale près de laquelle viennent se grouper toutes les subdivisions admises dans le système formulaire. — Les actions réelles et les actions personnelles sont les deux genres d'actions d'où dérivent toutes les distinctions qui s'y rattachent ; c'est la grande famille qui rallie nécessairement à elle toutes les espèces qui ont reçu un nom spécial, n° 156. — La différence des droits auxquels tendaient les actions réelles et les actions personnelles nécessitait une différence de rédaction dans la formule : cette différence se montrait dans l'*intentio*, partie dans laquelle était exposée la prétention du demandeur ; dans l'*intentio in rem* le nom du défendeur ne figurait pas, tandis qu'il était nécessairement inséré dans celle *in personam*, n°s 161 et 162. — De là il résultait qu'une action ne pouvait pas être, dans le sens technique, *tam in rem quam in personam*, n°s 160 et 245. — On aurait tort de considérer comme caractère distinctif et essentiel de l'action réelle la possibilité de l'exercer presque toujours contre un détenteur quelconque, car certaines actions personnelles présentent ce caractère, et à l'inverse il arrive quelquefois que l'action *in rem* se poursuit contre un défendeur qui n'est pas détenteur, n°s 164 à 166. — Utilité que présente la division des actions en actions réelles et actions personnelles, n° 166. — On appelait *vindicatio* ou *petitio* l'action réelle, n°s 1 à 4 et 167. — Plusieurs actions réelles avaient toutefois reçu un nom spécial, n°s 168 à 180. — V. *Petitio hereditatis*, action publicienne, action contraire à la publicienne, action paulienne, action servienne, action quasi-servienne ou hypothécaire, action confessoire et action négatoire.

ACTIONS ARBITRAIRES. — On appelait ainsi les actions dont la formule contenait une disposition particulière en vertu de laquelle le juge ordonnait au défendeur de restituer la chose qui faisait l'objet du litige. — Ce *jussus* ou *arbitrium* rendait la condamnation conditionnelle, nᵒˢ 262 à 263. — Quelles étaient les actions arbitraires, nᵒˢ 264 à 275. — Le *jussus* n'était point obligatoire dans le principe ; il le devint par la suite, nᵒ 275.

—— AU DOUBLE, nᵒ 247.

—— AU QUADRUPLE, nᵒ 247.

—— AU SIMPLE, nᵒ 247.

—— AU TRIPLE, nᵒ 247.

—— CIVILES. — On appelait ainsi les actions nées du droit civil. — On les opposait aux actions prétoriennes, ainsi désignées parce qu'elles avaient leur source dans le droit honoraire, nᵒˢ 187 à 229.

—— CONTRE LESQUELLES ON OPPOSAIT LE BÉNÉFICE DE COMPÉTENCE, nᵒˢ 277 à 280.

—— DE BONNE FOI. — C'étaient celles dans lesquelles le juge prenait l'équité pour base de sa décision. — D'où elles naissaient, nᵒˢ 248 et 249. — Elles laissaient au juge une plus grande latitude que les actions de droit strict, notamment en ce qui concerne les exceptions basées sur le dol ou la mauvaise foi qu'il pouvait suppléer, *proprio motu*, sans qu'elles fussent insérées dans la formule, nᵒ 251. — Il en était de même à l'égard de la compensation, nᵒ 252. — Le juge avait aussi le droit de condamner le défendeur à la valeur des fruits ou au payement des intérêts, sans qu'il fût nécessaire d'une demande spéciale, n° 253. — Il devait aussi tenir compte de l'usage des lieux, 254. — Mais toutes les exceptions non déduites de la mauvaise foi devaient être insérées dans la formule des actions de bonne foi : sinon, le juge n'aurait pu y avoir égard, n° 255.

ACTIONS DE DÉPÔT.— L'action directe et l'action contraire de dépôt étaient de bonne foi. — Elles pouvaient être l'objet d'une formule *in factum* et d'une formule *in jus*. — C'est pourquoi les fils de famille pouvaient les intenter, nos 231 et 249. — L'action de dépôt avait en certains cas un caractère mixte, n° 244.

—— DE DROIT STRICT. — C'étaient celles qui imposaient au juge l'obligation rigoureuse de statuer d'après les principes du droit civil, quelque contraires qu'ils fussent à l'équité, n° 256. — Mais le droit prétorien imagina un moyen d'échapper à la rigueur du droit civil, quand il était en opposition avec les règles de l'équité. — Ce moyen consista dans l'établissement des exceptions, nos 257 à 260. — Quelle était la source des actions de droit strict, n° 260.

—— DE LA LOI, nos 8, 51 à 99. — Le système des actions de la loi fut en usage dès les premières années de Rome ; il se maintint jusqu'au temps de Cicéron, n° 51. — Il y avait cinq actions de la loi, n° 52. — Rigueur de la procédure des actions de la loi, n° 53.

ACTION SERVIENNE. — Elle compétait au bailleur d'un fonds rural pour la possession des objets que le fermier avait promis d'affecter à la sûreté du fermage. — C'était une action réelle prétorienne, nos 168 et 203. — En quoi elle différait de l'interdit Salvien, nos 442 et 443.

ACTIONS FICTIVES. — C'étaient celles qui reposaient sur une

fiction. — Le préteur appliquait ainsi, sous un nom particulier, plusieurs actions civiles, dans des cas que le droit civil n'avait pas prévus.— Elles étaient réelles ou personnelles, suivant que l'action dont elles étaient le masque avait l'un ou l'autre de ces caractères, nos **213** à **218**, **237** et **238**.

ACTIONS FORMULAIRES, n° 8.

—— IN FACTUM.— Elles étaient d'origine prétorienne, n°228. — Elles ne donnaient au juge qu'une question de fait à décider. — Elles n'avaient que deux parties principales : la *demonstratio* et l'*intentio*, réunies sous le nom d'*intentio*, et la *condemnatio*, n° 229. — La *litiscontestatio* n'opérait pas novation dans les actions *in factum*, n° 230. — La plus-pétition y entraînait toujours déchéance, à la différence du cas où elle s'était produite dans une action *in jus*, car alors elle ne produisait cette conséquence que si elle avait eu lieu dans l'*intentio*, n° 230. — Les actions *in factum* étaient annales, tandis que les actions *in jus* étaient en général perpétuelles, n° 230. — Elles étaient presque toutes personnelles, n° 234. — On les oppose quelquefois à l'action prétorienne, n° 235. — Dans quel sens, *ib.* — Rentraient-elles dans l'une des trois catégories : actions de droit strict, actions de bonne foi, actions arbitraires, n° 276. —Les pérégrins ne pouvaient agir que par une formule *in factum*. — Il est à présumer que cette formule fut la seule dont les citoyens romains firent usage longtemps avant de se servir de celle *in jus*, n° 416.

—— IN JUS. — Elles naissaient en général du droit civil. — Toutefois quelques-unes venaient du droit prétorien, n° 234. — Toutes les actions réelles civiles étaient *in jus* ainsi que la plupart des actions réelles prétoriennes, *ib.* — Elles donnaient au juge mission d'examiner une question du droit civil, n° 229. — En quoi elles différaient des actions *in factum*, n°ˢ 229 et 230. — Leur formule avait ordinairement trois parties principales, n° 229. — V. au surplus Actions *in factum*. — Leur origine était le droit civil; toutefois le droit prétorien en avait créé quelques-unes, n°ˢ 189 et suiv.

ACTIONS NON PÉNALES. — Elles tendaient uniquement à la poursuite du droit et non d'une peine. — D'où elles naissaient, n° 244.

—— NON TRANSMISSIBLES, n°ˢ 293 et 294.

—— PÉNALES. — C'étaient celles qui tendaient à la poursuite d'une peine. — D'où elles naissaient, n° 243.

—— PERPÉTUELLES. C'étaient celles qu'on pouvait toujours intenter dans le principe; leur durée fut fixée à trente ans dans le Bas-Empire, n°ˢ 281 et 283. — Quelques-unes purent encore être intentées pendant quarante ans, n°ˢ 283. — Les actions civiles étaient perpétuelles. — Il y avait exception relativement aux actions civiles pénales, en ce sens qu'elles ne pouvaient être suivies contre les héritiers du délinquant; et aussi quant aux actions qui étaient données contre les *sponsores* et les *fidepromissores;* leur durée était bornée à deux ans; elles ne se donnaient pas contre leurs héritiers, n° 281. —L'action de la loi *Julia repetundarum* ne durait qu'un an, *ib.* — Celle de l'*adstipulator* ne passait pas à ses héritiers, *ib.*

—— PRÉJUDICIELLES. — Elles avaient pour objet d'arriver à la constatation d'un état ou d'un fait. C'étaient des actions réelles prétoriennes, n°ˢ 168 et 210 à 213. — Leur formule ne contenait qu'une partie, l'*intentio*, n° 127.

—— PRÉTORIENNES. — Elles prenaient leur source dans la

législation prétorienne, qui en avait établi un grand nombre, nos **187** à **229**.

ACTIONS TAM IN REM QUAM IN PERSONAM. — Sens de ces mots, n° **245**.

—— TEMPORAIRES. — Elles ne pouvaient être intentées que pendant une année à dater du jour où le droit de les exercer était né. — Il y avait toutefois exception à l'égard des actions données par imitation du droit civil et des actions prétoriennes *persequendæ rei*, n° **282**.

—— TRANSMISSIBLES, nos **293** et **294**.

ACTION TRIBUTOIRE. — Son objet était la réclamation d'un créancier contre la distribution qu'un père de famille ou le maître d'un esclave avait faite du pécule de son fils ou de son esclave, autorisé par lui à commercer sur son pécule, n° **223**. — Rapprochement de cette action et des actions *quod jussu, exercitoire, institoire* et *de peculio*, nos **225** et **226**.

—— UTILE. — Elle se donnait par extension d'un cas prévu à un cas imprévu ; soit par extension d'une action civile, soit par extension d'une action prétorienne. — On l'appelait *utile fictive* quand elle reposait sur une fiction. On l'appelait utile par opposition à l'action directe, nos **237** et **238**.

ACTION VENDITI.—Le vendeur avait l'action *venditi* pour contraindre son acheteur à l'exécution du contrat de vente. — Cette action était de bonne foi, nos **182, 249**.

ACTIO PERSONALIS IN REM SCRIPTA. — On appelait ainsi les actions personnelles dont l'*intentio* était dirigée *in rem*, n° **273**.

—— REI UXORIÆ. — Elle tendait à la réclamation de la dot. Elle était de bonne foi.—Justinien la supprima, n° **249**.

ACTIO SACRAMENTI, nos 54 à 68.—Elle était générale, embrassant les droits réels et les droits personnels, n° 54. — Procédure suivie dans cette action : 1° en matière de droits réels, nos 57 à 66 ; 2° en matière d'obligations, nos 66 et 67. — L'*actio sacramenti* fut maintenue pour certains cas, malgré la suppression générale des actions de la loi, n° 119.

ADDICTUS. — Débiteur conduit dans la maison de son créancier en vertu d'un ordre du magistrat chargé de statuer dans l'action de la loi *manus injectio*. — État de l'*addictus*, n° 81. — En quoi il différait du *nexus* et du *statu-liber*, n° 81, note 2. — L'*addictus* restait pendant soixante jours dans la maison de son créancier : il était ensuite vendu au delà du Tibre, nos 82 et 83.

ADJUDICATIO. — Partie de la formule qui ne se rencontrait que dans les trois actions divisoires, *familiæ erciscundæ, communi dividundo* et *finium regundorum*. — Cette formule attribuait au juge pouvoir sur la chose et sur les personnes, nos 126, 127, 151 et 245.

AJOURNEMENT. — V. *Vocatio in jus.*

ALBUM DU PRÉTEUR. — Le magistrat y écrivait, en entrant en charge, les formules d'actions qu'il se proposait d'accorder pendant la durée de ses pouvoirs, n° 125. — V. Action *de albo corrupto.*

AMENDE, nos 47, 347, 369 et 370.

APPEL. — Sous le système des actions de la loi, il n'était pas admis : on n'avait que le droit d'opposition. — V. *Veto.* — Mais sous le système formulaire, toute sentence était, en principe, susceptible d'appel, n° 38. — Théodose et Justinien établirent, pour certains cas, des amendes contre les appelants, n° 47. — Devant quel magistrat se portait l'appel. — Le droit d'appel n'était pas limité. — Justinien limita ce droit à deux appels et à trois degrés de juridiction, n° 29. — Délai et effets de l'appel, n° 370. — Formes de l'appel, nos 370 et 534. — Procédure d'appel, *ib.*

ARBITRES. — Ils étaient choisis par les parties ; probablement dans des catégories. — En quoi ils différaient du *judex*, nos 25, 26 et 37. — Ils statuaient dans les actions de bonne foi, nos 37 et 250.

ARBITRIUM. — V. Actions arbitraires.

ASSERTOR LIBERTATIS. — Personne chargée de revendiquer l'individu dont l'état d'homme libre était contesté, n° 211.

ASSESSEURS, nos 31 et 40. — Le juge avait la faculté de s'adjoindre certaines personnes pour s'aider de leurs lumières.—Il n'était pas tenu de suivre leur avis, n° 31. — L'empereur avait coutume de s'adjoindre des assesseurs, n° 40.

ASSIGNATION. — En quelle forme elle était donnée, n° 42. — Dénonciation de l'assignation, nos 42 et 525.

AUDIENCES. — Elles étaient publiques. C'était au *forum* que le tribunal siégeait ordinairement, mais il pouvait choisir un autre lieu, nos 31 et 32. — Sous le troisième système de procédure, le magistrat siégeait dans des salles où le public était admis, n° 49.

AUDITORIUM. — L'empereur, les préfets, ainsi que les gouverneurs des provinces, avaient un *auditorium*, n° 40.

AVEU. — De l'aveu *in jure* et de l'effet qu'il produisait; qu'il eût été fait soit par le demandeur, soit par le défendeur, n° 355. — *Confessus pro judicato habetur, ib.* — De l'aveu *in judicio*, n° 364.

AVOCATS, nos 359, 369, 373, 532.

B

BÉNÉFICE DE COMPÉTENCE, nᵒˢ 277 à 280. — Quel était l'effet de ce bénéfice, nᵒ 278. — Retenues que le débiteur pouvait faire sur les biens qu'il abandonnait, *ib.* — A qui il profitait, nᵒ 279.

—— DE DISCUSSION, nᵒ 209. — V. Action hypothécaire.

C

CAUSA LIBERALIS. — Procès dans lequel s'agitait la question relative à la liberté d'un individu. — L'action préjudicielle *causa liberalis* était du droit civil, nᵒˢ 210 et 211. — V. Actions préjudicielles.

CAUTION DAMNI INFECTI. — Elle était exigée de celui dont le bâtiment menaçait ruine. — A défaut de la donner, le propriétaire voyait le bâtiment passer en la possession du demandeur. — Caractère de cette *missio in possessionem* (V. *Missio in possessionem*). — En quoi consistait cette caution, nᵒ 509. — V. Stipulations prétoriennes.

—— DE RATO. — Elle était fournie par le *procurator* demandeur au nom d'autrui, nᵒˢ 367 et 530.

—— IN JUDICIO SISTENDI, nᵒˢ 347, 367 et 527.

—— JUDICATUM SOLVI. — Elle garantissait le payement du jugé. — Au temps de Gaïus, elle était exigée du défendeur à l'action réelle, soit qu'il agît par lui-même, soit qu'il se présentât comme *cognitor*, nᵒ 367 : elle était obligatoire également dans l'action personnelle pour le défendeur qui constituait un *cognitor*; elle devait dans le même cas être fournie par le *procurator* quand c'était un *procurator* qui défendait. — Le défendeur qui défendait pour lui-même, dans une action personnelle, n'était tenu de la caution que dans quelques cas déterminés, nº 367. — Au temps de Justinien, le défendeur agissant pour lui-même ne donnait plus la caution *judicatum solvi*, que l'action fût réelle ou personnelle; mais dans les deux cas celle *in judicio sisti*. — Dissentiment avec M. Ducaurroy à cet égard, nº 367 et note 2, et nº 527. —V. ce mot. — La caution *judicatum solvi* était fournie quand c'était un *procurator (ad acta)* qui était défendeur ou quand c'était un *defensor*, nºs 367 et 530.

CAUTION JURATOIRE. — Au temps de Justinien, elle était exigée du défendeur dans certains cas. Il affirmait par serment qu'il resterait en cause jusqu'à la fin du litige, nºs 367 et 527.

—— LEGATORUM. — Stipulation prétorienne qui intervenait en présence du magistrat. — A défaut de cette garantie, l'héritier voyait les choses léguées passer en la possession du légataire, nºs 375 et 512. — V. Stipulations prétoriennes.

—— PRÆDES LITIS ET VINDICIARUM. — Garantie qui était fournie par celui des plaideurs qui, dans l'action *sacramenti*, voulait avoir la possession intérimaire de l'objet litigieux, nº 57.

—— PRÆDES SACRAMENTI. — C'était une double caution fournie par chacun des plaideurs dans l'action *sacramenti*. Cette garantie remplaça le dépôt que dans le principe les parties déposaient entre les mains du pontife, nº 58.

—— PRO PRÆDE LITIS ET VINDICIARUM. — Elle avait remplacé les *prædes litis et vindiciarum* du premier système, nᵒˢ 107 et 367. — V. Caution *prædes litis*, etc.

CAUTION REM SALVAM FORE PUPILLI. — Elle était exigée des tuteurs et curateurs à l'effet d'assurer leur bonne administration, nᵒ 513. — C'était une stipulation prétorienne. — V. ce mot.

CENTUMVIRS (Tribunal des). — Sa composition. — Nombre des juges qui le composaient, nᵒ 27. — Sa division en colléges, nᵒ 28. — Sa compétence, *ib.* — Il fut maintenu jusqu'à l'établissement des *judicia extraordinaria*, nᵒ 37.

CESSIO BONORUM. — Abandon volontaire qu'un débiteur faisait de ses biens. — Ses effets, nᵒˢ 213, 216, 336 et 380.

CESSION DE BIENS. — V. *Cessio bonorum.*

CHIROGRAPHA, nᵒ185, note 2, p. 81 et suiv.

COGNITIONES EXTRAORDINARIÆ ou JUDICIA EXTRAORDINARIA, nᵒˢ 8, 373 à 382, 523 à 537.

COGNITOR. — Représentant judiciaire. — En quoi il différait du *procurator* et du *defensor*, nᵒ 366. — La formule d'action où le *cognitor* jouait un rôle différait de la formule ordinaire, *ib.*

COMPERENDINATIO. — Engagement que prenaient les plaideurs de se présenter devant le juge qui avait été désigné par le magistrat, nᵒˢ 59, 94, 357.

CONDEMNATIO. — Partie de la formule qui conférait au juge le pouvoir de condamner ou d'absoudre, nᵒ 126. — Elle était tantôt complétement indéterminée, laissant au juge toute liberté d'appréciation. — D'autres fois elle déterminait, au contraire, le montant précis de la somme à laquelle le juge devait condamner le défendeur, s'il ne l'absolvait pas. — Il arrivait aussi qu'elle fixait seulement au juge une limite qu'il ne pouvait pas dépasser, mais qu'il n'était pas tenu d'atteindre. — Il pouvait également se faire que la *condemnatio* imposât au juge une limite déterminée seulement par quelque circonstance que le juge pouvait apprécier. — On appelait *condemnatio* taxée celle qui, d'une part, ne précisait pas rigoureusement la somme à laquelle le juge pourrait condamner le défendeur, et qui, d'autre part, ne lui laissait pas toute latitude, n° **132**. — La *condemnatio* de la formule *in rem* (ou de toute autre action arbitraire) était conditionnelle et subordonnée au cas d'inexécution de l'*arbitrium*, n° **149**.

CONDICTIO. — On appelait ainsi la troisième des cinq actions de la loi. — Elle enleva à l'action *sacramenti* toutes les contestations nées en matière personnelle, dont la *judicis postulatio* ne l'avait pas déshéritée, c'est-à-dire toutes les obligations *certi*, n^os **73** à **76**.

CONDICTIO. — C'était le nom général sous lequel on dénommait l'action personnelle du système formulaire. — Elle désignait plus spécialement les actions nées des obligations de donner telle somme certaine ou telle chose déterminée, n° **183**. — Quand on eut introduit d'autres actions personnelles tendant à une dation de choses incertaines ou à des obligations de faire, et qu'un nom spécial ne fut pas attaché à ces actions nouvelles, on les dénomma *condictiones;* mais on ajoutait à cette désignation la qualification d'*incertæ*, pour les distinguer de la *condictio* tendant à un *certum*, qu'on appela *condictio certi*, n° **184**.

—— CERTI. — Action personnelle tendant à un *certum*. — V. *Condictio*. — D'où naissait la *condictio certi*, n° **185**.

—— EX LEGE, n° **185**.

CONDICTIO INCERTI. — V. *Condictio*. — D'où naissait la *condictio incerti*, n° 185, p. 90. — Il est probable que les *condictiones incerti* ont amené la création des actions de bonne foi, n° 261.

—— TRITICARIA, n° 186 et note 2, p. 90.

CONSISTORIUM, n° 40.

CONSTITUTION DE DOT. — La *condictio certi* naissait de ce contrat, n° 185.

CONSTITUTIONS IMPÉRIALES, n° 34.

CONSTITUT POSSESSOIRE. — V. Possession.

CONSULAIRES. — Leurs attributions, n° 35.

CONSULS. — Ils furent chargés de la *jurisdictio* jusqu'en 387 de Rome, époque où la Préture fut créée, n° 13. — Leurs fonctions, n°s 13 et 34.

CONTRAT LITTERIS. — Contrat d'où résultait l'obligation *litteris*. — Aperçu de ce contrat. — Comment il se formait, n° 185, note 2. — Il donnait naissance à la *condictio certi*, *ib.* — Dissentiment avec M. Ortolan, *ib.*

CONTUMACE, n°s 526 et 528.

CORRECTOR, n° 35.

CRÉANCIER GAGISTE. — V. Gage et hypothèque.

—— HYPOTHÉCAIRE. — V. Hypothèque.

D

DÉCEMVIRS (trib. des). — Les *décemvirs* dirigeaient le tribunal des *centumvirs*. — Ils avaient une portion de la *jurisdictio* criminelle, n° 29.

DÉCISIONS JUDICIAIRES. — Leur effet sous le premier système. — Elles pouvaient être frappées d'opposition par le VETO des tribuns du peuple ; et, dans les provinces, par le VETO du gouverneur, n° 30.—V. Sentence.

DÉCRETS IMPÉRIAUX, n° 34.

DEDUCTIO. — Décompte que l'*emptor bonorum* devait faire avant d'agir.—En quoi elle différait de la compensation, n° 327.

DEDUCTIO. — On appelait ainsi, dans la procédure de l'action *sacramenti*, le transport des parties et du magistrat sur le terrain contesté ou dans le lieu où se trouvait l'objet litigieux, alors qu'il ne pouvait pas être apporté devant le magistrat, n°s 62 et 63. — Ne pas la confondre avec la précédente.

DÉFAUT, n°s 358, 370.

DEFENSOR. — C'était celui qui, sans mandat, plaidait pour autrui. — Rapprochement du *defensor* des *cognitor* et *procurator*, n° 366.

DEFENSORES CIVITATUM. — Quelles étaient leurs attributions, n° 45.

DEMANDE INTRODUCTIVE D'INSTANCE, n°s 6 et 7.

DEMONSTRATIO. — Partie de la formule qui contenait l'exposé du fait générateur de la demande. — Elle ne se rencontrait pas dans un certain nombre d'actions, soit qu'il n'y eût pas lieu pour le demandeur à indiquer la cause de sa prétention, comme en matière de droits réels, soit qu'elle se confondît avec l'*intentio* dans les actions *in factum*, n°s 128, 130 et 150.

DÉPENS. — Justinien ordonna que le plaideur perdant serait condamné aux dommages et dépens du procès. — Il remplaça par là les actions *contraire* et de *calomnie*, n°s 369 et 532. — V. Action contraire et action de calomnie.

DEVOIRS DU JUGE, n°s 365, 473, 481 et suiv., et 536. — Dans les actions de bonne foi. —V. Actions de bonne foi. — Dans les actions de droit strict. — V. Actions de droit strict. — Dans les actions arbitraires. — V. Actions arbitraires.

DIOCÈSE. — C'était une subdivision des grandes préfectures de l'empire. — Les diocèses étaient administrés par des *vicarii*. — Chaque diocèse était lui-même divisé en provinces gouvernées par un *rector* ou par un président, n° 43.

DISTRACTIO BONORUM. — Vente en détail des biens d'un débiteur. — En quoi elle différait de *l'emptio bonorum*, n° 379.

DIVERS SYSTÈMES DE PROCÉDURE DU DROIT ROMAIN. — Caractère commun des deux premiers systèmes, en ce qui concerne la division de la procédure en deux parties distinctes : la première avait lieu *in jure* devant le magistrat, la deuxième *in judicio*, en présence du *judex*, n° 9. — La distinction entre le *jus* et le *judicium* fut supprimée sous le troisième système, n° 42.

DIVISION DES ACTIONS FORMULAIRES, n°s 152 à 295. — On divisait les actions formulaires soit à raison de la cause qui les produisait, soit à raison de leur origine, soit enfin à raison du pouvoir conféré au juge, n°s 152 à 156.

DOL. — Il était principal ou incident. — Utilité de cette distinction. — Il était *malus* ou *bonus*, n° 313 et note 1.

DOT (droit de retenue qui compétait au mari tenu de restituer la dot). — En quoi consistaient les retenues qu'il pouvait faire, n° 280. — Ces retenues ne faisaient pas obstacle au bénéfice de compétence, *ib.*

DUPLIQUE. — V. Parties de la formule.

DUUMVIRS. — Ils avaient la *jurisdictio*, n° 14. — L'*imperium* leur fut retiré par Adrien, sauf la partie inhérente à la *jurisdictio*. — Ils ne purent plus dès lors juger qu'à charge de l'appel, n° 35.

E

ÉDILES CURULES, ÉDILITÉ. — Les édiles avaient une *jurisdictio* spéciale, n° 13.

EDITIO ACTIONIS. — C'était l'indication par le demandeur, en présence du magistrat, de la formule dont il voulait se servir. — Il ne faut pas la confondre avec la *postulatio actionis*, n° 350.

ÉDITS IMPÉRIAUX, n° 34.

EMPEREUR. — Il exerçait le pouvoir législatif et le pouvoir judiciaire, n° 34. — Il était juge en dernier ressort pour tout l'empire, n° 44.

EMPTIO BONORUM. — Adjudication au profit d'un acheteur des biens d'un débiteur. — Au temps de Gaïus, elle ne donnait pas le *jus quiritarium*, n° 376. — En quoi elle différait de la *sectio bonorum*, n° 377.

EMPTOR BONORUM. — V. *Emptio bonorum.* — L'*emptor bonorum* avait l'interdit *possessorium* pour obtenir la possession des biens achetés et arriver ainsi par l'*usucapio* au domaine quiritaire, n° 440.

EXCEPTION. — Partie accessoire de la formule qui permettait au juge de prendre en considération certaines circonstances que le droit civil n'avait pas prévues, et de suivre ainsi les règles de l'équité, nos **143, 295**. — Certaines exceptions pouvaient être suppléées par le juge dans les actions de bonne foi, no **144**. — A quel moment le défendeur était-il tenu de faire valoir ses exceptions, no **143**. — L'effet de l'exception justifiée était de faire absoudre le défendeur, no **297**.

—— COGNITORIA. — Elle était dilatoire dans un sens autre que les exceptions dilatoires ordinaires, nos **308** et **328**.

—— DE COMPENSATION. — Elle avait été créée au profit d'un débiteur qui se trouvait en même temps créancier du demandeur. — Dans les actions de bonne foi, le juge la suppléait d'office. — Différence des résultats de l'exception opposée et vérifiée et de la prise en considération, que le juge faisait de ce moyen, *proprio motu*, nos **322** et **323**. — Conditions exigées pour pouvoir opposer cette exception, no **322**. — Justinien permit au juge de la suppléer d'office dans toute espèce d'actions, no **325**. — Les *argentarii* (banquiers) étaient tenus de restreindre leurs demandes au reliquat de ce dont ils restaient créanciers, après en avoir déduit par avance leur propre dette, et ce à peine de déchéance, sans que l'exception de compensation eût besoin de leur être opposée, no **326**. — Rapprochement de la compensation et de la *deductio* imposée au *bonorum emptor*, no **327**.

—— DE DOL. — On l'accordait au débiteur obligé par suite de manœuvres frauduleuses pratiquées à son égard. — Conditions de cette exception. — Caractères que le dol devait présenter, nos **312** et **313**. — On opposait cette exception à l'exception *in factum*, no **300**.

EXCEPTION DE LA LOI CINCIA.—Son but était de venir en aide
à un donateur qui avait donné au delà de la quotité disponible. — Il pouvait repousser le donataire qui agissait en exécution de la donation, mais seulement en ce
qui concernait l'excédant du disponible. — Il pouvait
même agir par la *condictio indebiti*, s'il avait payé,
mais dans certains cas seulement, n° 337.

—— DE LA LOI JULIA. — Celui qui avait fait cession de bien
pouvait y recourir s'il était actionné dans la suite par
ses anciens créanciers, n° 336.

—— DILATOIRE. — C'était celle qui ne pouvait être opposée
que pendant un certain temps. — En quoi elle différait
de nos exceptions dilatoires, n°s 298, 306, 307 et 308.
— En quoi elle s'en rapprochait dans certains cas,
n° 308. — On l'appelait aussi temporaire, n° 307. —
Certaines exceptions étaient cependant dilatoires sans
être temporaires, n° 308. — En quoi elles différaient
des premières, *ib.* — Quand l'exception dilatoire était
opposée en temps utile elle produisait le même effet
que l'exception péremptoire, n° 306. — V. Exception
péremptoire.

—— DU S.-C. MACÉDONIEN.—Elle était utile aux fils de famille
obligés pour prêt d'argent, n° 335.

—— DU S.-C. TRÉBELLIEN, n° 333.

—— DU S.-C. VELLÉIEN. — Elle compétait aux femmes qui s'é-
taient obligées pour autrui, n° 334.

—— ERRORIS, n° 314.

—— IN FACTUM, par opposition à l'exception *in jus*, n°s 298,
299, et par opposition à l'exception de dol, n° 300.

—— IN JUS, par opposition à l'exception *in factum*, n°s 298 et
299.

EXCEPTION JURISJURANDI.—Elle compétait à celui qui, ayant été provoqué extrajudiciairement à prêter serment qu'il ne devait pas, avait juré ne rien devoir, n° 316. — Elle ne s'employait pas quand le serment avait été prêté *in jure* ou *in judicio*. — Pourquoi? n° 316.

—— LITIS DIVIDUÆ. — Elle était opposable au demandeur qui divisait ses droits pour agir en différents temps contre son débiteur. — Elle ne pouvait être invoquée qu'autant que le demandeur agissait de nouveau pendant la même préture, n°s 307 et 330.

—— LITIS RESIDUÆ. — Le défendeur actionné devant des juges différents au sujet de demandes diverses pouvait l'invoquer. — Elle était dilatoire temporaire, n°s 307 et 329.

—— NON NUMERATÆ PECUNIÆ. — Elle était utile à celui qui s'était obligé *litteris* ou *verbis*, comme ayant reçu un prêt qui ne lui avait pas été compté. — Elle était *in factum* et présentait ce caractère remarquable que le défendeur n'était pas tenu d'en établir le fondement, n° 331. — Elle pouvait être invoquée pendant un an dans le principe, pendant cinq ans postérieurement, et pendant deux ans d'après Justinien, n° 332.

—— PACTI CONVENTI. — Elle était offerte au débiteur convenu avec son créancier que celui-ci n'exigerait pas son payement soit pendant un certain temps, soit *in infinitum*, n°s 306 et 315.

—— PÉREMPTOIRE. — C'était celle qui était toujours valablement opposée, n° 306. — Quels étaient ses effets. — V. Exception et exceptions.

—— PERSONNELLE. — V. Exceptions réelles.

—— PROCURATORIA. — C'était une exception dilatoire, mais

dans un sens autre que les exceptions dilatoires ordinaires, nos 308, 328.

EXCEPTION QUOD METUS CAUSA. — Elle venait en aide à la personne obligée par suite de violence, n° 310. — Caractères que devait réunir la violence pour donner lieu à l'exception, n° 311.

—— **REI IN JUDICIUM DEDUCTÆ,** n° 321.

—— **REI JUDICATÆ.** — Elle était utile à celui qui, ayant été absous dans une instance, était provoqué de nouveau par le même adversaire agissant au même titre et dans le même objet, nos 317 à 321. — Cette exception était inutile quand la *litiscontestatio* de la première instance avait nové la prétention du demandeur, n° 317. — — V. *Judicium.* — L'action *judicati* compétait à l'inverse au demandeur qui avait obtenu gain de cause en justice et lorsqu'on contestait la sentence, n° 317. — V. Action *judicati.*

EXCEPTIONS, nos 6, 295 à 340. — Leur origine, n° 296. —Elles émanaient généralement de la juridiction prétorienne; toutefois, certaines avaient été créées par le droit civil, *ib.* — Leur but, nos 143, 295 et 296.—V. Exception.— Division des exceptions : 1° à raison de leur forme, nos 298 à 302; 2° à raison de leur nature, nos 302 à 309. — Examen de quelques exceptions, nos 309 à 340.

—— **RÉELLES.** — C'étaient celles qui pouvaient être opposées par le défendeur, par ses fidéjusseurs et par ses successeurs contre tout demandeur. — Quand elles ne pouvaient être opposées que par le défendeur à tout demandeur, elles n'étaient *in rem* que passivement. — Si on ne pouvait les faire valoir que contre une personne déterminée, mais par soi-même, par ses fidéjusseurs et par ses héritiers, elles n'étaient *in rem* qu'activement. — L'exception était *in personam* alors que le défendeur seul avait le droit de l'invoquer contre le demandeur seulement, n° 302.

EXCEPTION TEMPORAIRE. — V. Exception dilatoire.

EXÉCUTION DES SENTENCES. — C'était par la *manus injectio* qu'on y arrivait sous le premier système. — La poursuite sur les biens n'était admise que dans les cas tout particuliers où la *pignoris capio* était permise, n° 98. — La *manus injectio* fut conservée sous le système formulaire, n°s 76, 100 et 372 ; mais l'exécution sur les biens fut admise généralement, n°s 373 à 382. — Justinien régla de nouveau la poursuite sur les biens, n° 535, sans supprimer toutefois la contrainte personnelle, n° 378.

F

FORMULA INTERROGATORIA, n° 354. — V. Interrogations *in jure*.

FORMULE. — C'était l'acte dans lequel le magistrat indiquait au juge la décision qu'il aurait à rendre. — Sens divers de ce mot, n°s 114, 123, 147 à 152. — Composition de la formule. — C'était le demandeur qui indiquait lui-même au magistrat la formule dont il voulait faire usage. — Le magistrat la rédigeait sur les indications des parties, qu'il renvoyait ensuite devant le juge, n°s 125, 147 et 148. — V. Parties de la formule.

—— PÉTITOIRE. — Cette manière de procéder n'était qu'une imitation de ce qui se pratiquait à l'égard des pérégrins, n°s 112 et 113.

FORUM, n°s 31, 32 et 49.

18

GAGE. — V. Hypothèque.

GARANTIES EXIGÉES DES PLAIDEURS, nᵒˢ 57, 58, 367 et
527. — Caution *Prædes sacramenti*, nᵒ 58.—V. ce mot.
— Caution *prædes litis et vindiciarum*, nᵒ 57. — V. ce
mot. — Caution *judicatum solvi, ib.* — V. ce mot. —
Caution *pro præde litis et vindiciarum*, nᵒˢ 107 et 367.
— V. ce mot. — Caution *de rato*, nᵒˢ 367 et 530. —
V. ce mot. —Caution *in judicio sistendi.* —Elle corres-
pondait à l'ancien *vadimonium*, nᵒˢ 367 et 527. —
V. ces deux mots. — *Vadimonium.* — V. ce mot. —
Caution juratoire, nᵒˢ 367 et 527. —V. ce mot.

GOUVERNEURS DES PROVINCES. — Ils avaient un pouvoir
souverain et absolu, nᵒ 36.

H

HYPOTHÈQUE. — Droit réel résultant d'une simple convention
entre un créancier et son débiteur. — Différences
entre le gage et l'hypothèque, nᵒˢ 204 et 205. — L'hypothèque donnait au créancier sur la chose hypothéquée le droit de suite, celui de vente et celui de préférence, nᵒ 208. — Elle était conventionnelle ou tacite,
nᵒˢ 206 et 207. — L'hypothèque conventionnelle pouvait comprendre les biens à venir, nᵒ 206. — Rang
des créanciers hypothécaires. — Du créancier hypothécaire primé par des créanciers du même ordre,
nᵒ 208.

I

IMPERIUM. — C'était une partie de la *jurisdictio*. — Il n'appartenait, en général, qu'aux magistrats investis d'une *jurisdictio* illimitée, n° 20. — Il fut retiré aux duumvirs par Adrien, sauf la partie inhérente à la *jurisdictio*, n° 35.

INFAMIE, n° 369.

IN JUS VOCATIO. — V. *Vocatio in jus*.

INTENTIO. — Partie principale de la formule. Elle exposait la prétention du demandeur. — Il n'y avait point de formule sans *intentio*. — Quelquefois cette partie s'y trouvait seule. — Elle était *in jus* ou *in factum*, n°s 126, 127, 129 et 130.

INTERDIT DE AQUA EX CASTELLO. — Il était prohibitoire non possessoire, n° 410.

—— DE ARBORIBUS CÆDENDIS. — Prohibitoire non possessoire, n° 407.

—— DE CLANDESTINA POSSESSIONE. — Il était possessoire et tendait au recouvrement d'une possession qu'on avait surprise clandestinement. — Quelle était son utilité, n° 463.

—— DE CLOACIS. — Il était donné comme restitutoire dans certains cas, n° 423. — Dans d'autres il était prohibitoire, n° 393.

—— DE GLANDE LEGENDA. — Prohibitoire non possessoire, n° 408.

—— DE HOMINE LIBERO EXHIBENDO. — Il était exhibitoire,

n° 426. — Il différait de l'action *ad exhibendum*, *ib.*, note.

INTERDIT DE LIBERIS EXHIBENDIS, n° 427. — Il était restitutoire et différait de l'action *ad exhibendum*, n° 427, et note sous le n° 426.

—— DE LIBERTO EXHIBENDO. —Il était exhibitoire et différait de l'action *ad exhibendum*, n° 428, et note sous le n° 426.

—— DE LOCO PUBLICO FRUENDO. — Prohibitoire non possessoire, n° 400.

—— DE MIGRANDO. — Prohibitoire non possessoire, n° 411.

—— DE MORTUO INFERENDO. — Il était prohibitoire non possessoire, n° 396.

—— DE OPERIS NOVI NUNCIATIONE, n° 394.

—— DE PRECARIO. — Il était possessoire et accordé au bailleur à précaire qui voulait reprendre la possession de sa chose. — Son origine, n°s 464 à 467.

—— DE RIPA MUNIENDA. — Interdit prohibitoire non possessoire, n° 406.

—— DE RIVIS. — Il était relatif aux cours d'eaux privés, n° 391.

—— DE SEPULCHRO ÆDIFICANDO. — Prohibitoire non possessoire, n° 397.

—— DE SUPERFICIEBUS. — Il protégeait la quasi-possession de la servitude de superficie, n° 388.

—— DE TABULIS EXHIBENDIS. — Il était exhibitoire, n° 429.

—— DE VIA PUBLICA REFICIENDA. — Prohibitoire non possessoire, n° 401.

INTERDIT FRAUDATOIRE. — Il était accordé aux créanciers qui établissaient que leur débiteur avait frauduleusement fait sortir des biens de son patrimoine. Il était plus avantageux que l'action paulienne, en ce que les créanciers n'avaient à prouver que la possession par leur débiteur des biens au sujet desquels ils agissaient, n° 202. — Il était restitutoire, n° 417. — Rapprochement de cet interdit et de l'action paulienne, n° 202.

—— NE QUID IN FLUMINE FIAT QUOD ALITER FLUAT, etc. — Interdit prohibitoire non possessoire, n° 404.

—— NE QUID IN LOCO PUBLICO VEL ITINERE FIAT. — Prohibitoire non possessoire, n° 399.

—— NE QUID IN LOCO SACRO FIAT. — Il était prohibitoire non possessoire, n° 398.

—— NE QUIS IN FLUMINE... PROHIBEATUR. — Prohibitoire non possessoire, n° 405.

—— NE QUIS IN FLUMINE PUBLICO FIAT QUO PEJUS NAVIGETUR. — Prohibitoire non possessoire, n° 403.

—— NE QUIS VIA PUBLICA, etc. — Prohibitoire non possessoire, n° 402.

—— NE VIS FIAT EI QUI IN POSSESSIONEM. — Prohibitoire non possessoire, n° 409.

—— POSSESSORIUM. — On l'accordait à l'*emptor bonorum*. V. ce mot. — Il était restitutoire, n° 440.

—— QUAM HEREDITATEM. — Son objet était soit de faire acquérir la possession, soit de la faire recouvrer, n° 467.

—— QUEM FUNDUM. — Il avait un double objet : 1° faire acquérir une possession qu'on n'avait jamais eue ; 2° faire recouvrer une possession perdue, n° 467.

18.

INTERDIT QUOD LEGATORUM.— C'était au profit de l'héritier qui réclamait la possession d'objets héréditaires dont le légataire s'était emparé, que cet interdit possessoire avait été créé, n° 444.

—— QUOD VI AUT CLAM. — Il était restitutoire, n° 416.

—— QUO ITINERE, — Il était possessoire et avait pour objet les servitudes, n° 444.

—— QUORUM BONORUM. — Il avait pour objet de faire acquérir une possession qu'on n'avait jamais eue, n° 433. — A qui il était accordé, n° 434. — Contre quelles personnes, n°s 435 et 439. — En quoi il différait de la *possessoria hereditatis petitio,* n° 438.

INTERDITS, n°s 6, 382 à 508. — Leur but, n° 382. — On les appelait *décrets* quand ils étaient *restitutoires* ou *exhibitoires, ib.* — Division des interdits, n°s 383 à 472. — Interdits prohibitoires, n°s 384 à 412. — Interdits restitutoires, n°s 412 à 425. — Interdits exhibitoires, n°s 425 à 430. — Interdits non possessoires, n° 430. — Interdits possessoires, n°s 432 à 468. — Interdits *adipiscendæ possessionis,* n°s 433 à 445. — Interdits *retinendæ possessionis,* n°s 445 à 449. — Interdits *recuperandæ possessionis,* n°s 449 à 467. — Interdits *tam adipiscendæ quam recuperandæ possessionis,* n° 467. — Interdits simples, interdits doubles, n°s 468 à 507. — Procédure en matières d'interdits, n°s 472 à 507. — Des interdits au temps de Justinien, n° 537.

INTERDIT SALVIEN. — Interdit possessoire accordé au bailleur d'un fonds rural relativement aux objets affectés à la sûreté des fermages, n° 442. — En quoi il différait de l'action servienne, n° 442.

INTERDITS DE AQUA QUOTIDIANA ET ÆSTIVA. — Ils protégeaient la quasi-possession des servitudes d'aqueduc, n° 390.

INTERDITS DE FONTE, n° 392.

—— DE ITINERE ACTUQUE PRIVATO. — Ils s'appliquaient à la quasi-possession des servitudes prédiales *itineris actusque privati,* n° 389.

INTERDIT SECTORIUM. — Il était accordé à l'acheteur des biens vendus sur accusation publique, n° 441. — V. *Sectio bonorum.*

—— UNDE VI, nᵒˢ 450 à 463. — Il était *recuperandæ possessionis.* — A qui il compétait, n° 450, 455 à 460. — Il était spécial aux immeubles, n° 453. — Il était annal, n° 461.

—— UTI POSSIDETIS. — Il était *prohibitoire-possessoire* et avait pour objet le maintien de la possession. — Il ne recevait pas application en matière de servitudes. — Il était spécial pour les immeubles. — Conditions pour l'obtenir, nᵒˢ 386, 445, 446 et 447. — Procédure de cet interdit, n° 480 à 485.

—— UTRUBI. — Il était accordé à l'effet de maintenir la possession des choses mobilières, nᵒˢ 387, 445 à 448. — Conditions pour l'obtenir, nᵒˢ 445 à 448. — Procédure, nᵒˢ 479 et suiv.

INTERROGATIONES IN JURE. — Leur effet, n° 354.

J

JOURS FASTES. — On appelait ainsi les jours consacrés à l'administration de la justice, n° 33.

—— NÉFASTES. — C'étaient ceux pendant lesquels le cours de la justice était suspendu. — On les distinguait en *solem-*

nes et *repentinæ.* — Dans certains cas le juge statuait pendant les jours néfastes *solemnes*, n° 33.

JUDEX, n°ˢ 11, 24 à 30, 37 et 38, 44 à 47. — Tantôt un seul juge statuait, on l'appelait *unus judex;* tantôt trois étaient réunis, on les appelait arbitres, n°ˢ 24 et 25.—Le *judex,* ainsi que les arbitres, étaient choisis par les parties et attribués par le magistrat. — Leur ministère était forcé, n° 25. — Le juge devait être pris dans certaines catégories, n°ˢ 26 et 37. — En quoi il différait des arbitres, n° 26. — Sous le système formulaire, la connaissance des actions de droit strict était réservée au *judex.* — V. Arbitres.

JUDICES PEDANEI ou juges inférieurs. — Quelle était leur juridiction, n° 46.

JUDICIA EXTRAORDINARIA ou *cognitiones extraordinariæ,* n°ˢ 8 et 523 à 537.

JUDICIS POSTULATIO. — Cette action de la loi fut créée pour adoucir ce que l'action *sacramenti* avait de trop rigoureux dans certains cas. Elle enleva à cette dernière les contestations personnelles nées d'obligations indéterminées, n°ˢ 68 à 73.

JUDICIUM. — On désignait ainsi l'instance organisée, le procès engagé par la délivrance de la formule, n° 285. — Il ne faut pas confondre les *judicia* avec les actions, le droit de poursuivre. — Le *judicium* était l'exercice de l'action, n° 284. — Le *judicium* était légitime ou contenu dans l'*imperium.* — Sens de ces mots, *ib.* — Le *judicium legitimum* avait, dans le principe, une durée perpétuelle : elle fut bornée à 18 mois sous Auguste, n° 286. — Le *judicium imperio continens* était périmé par la cessation du pouvoir du magistrat qui l'avait organisé, n° 286.— Quand le *judicium* était-il légitime ? quand était-il contenu dans l'*imperium*, n° 287. — Influence de l'organisation des *judicia* sur les actions qui les avaient provoqués. — Effet de la *litiscontestatio* à cet égard, n°s 288 à 292. — Motif de la différence d'effet entre les deux *judicia*, n° 292.

JUDICIUM LEGITIMUM. — V. *Judicium*.

—— IMPERIO CONTINENS. — V. *Judicium*.

JUGE. — V. *Judex*.

JURAMENTUM IN LITEM. — V. Serment.

JURIDICI. — Quelles étaient leurs attributions, n° 35.

JURISDICTIO. — Sens de ce mot. — A qui elle appartenait. — Comment elle s'exerçait, n°s 11, 13, 14 et 15. — La *jurisdictio* était volontaire ou contentieuse, limitée ou illimitée, ordinaire ou extraordinaire, propre ou déléguée, propre ou prorogée, n°s 16 à 24.

JUS, par opposition à *judicium*. — Cette distinction avait déjà lieu au temps de la loi des 12 tables, n° 12. — Elle disparut avec le système formulaire, n° 42.

JUSSUS. — V. Actions arbitraires.

L

LEGS PER DAMNATIONEM. — Il donnait naissance à la *condictio*, soit *certi*, soit *incerti*, suivant qu'il avait pour objet une chose certaine, ou une chose indéterminée, n° 185.

LIBELLUS CONVENTIONIS. — Exposé sommaire des prétentions du demandeur. — Il devait être signé, n° 527.

LIEUTENANTS DE CÉSAR. — Leurs pouvoirs, n° 36.

—— IMPÉRIAUX. — Leurs attributions, n° 35.

LITISCONTESTATIO. — C'était la nomination du *judex* et la détermination que le magistrat faisait de vive voix de la mission de ce dernier, qu'on appelait *litiscontestatio*, nos **95, 350** et **353**. — Ses principaux effets : 1º elle produisait novation de l'obligation primitive, nos **95, 351** ; 2º elle rendait perpétuelles les actions qui auparavant n'étaient que temporaires, nº **352**. — La novation judiciaire différait de la novation ordinaire, nº **352**.

LITIS DENUNTIATIO. — Acte extrajudiciaire par lequel le demandeur faisait connaître à son adversaire les motifs pour lesquels il le citait *in jus*. — Marc-Aurèle en consacra l'usage, nos **347** et **525**.

LOI ÆLIA SENTIA. — Cette loi avait autorisé les créanciers à attaquer les affranchissements faits par leur débiteur en fraude de leurs droits. — Elle posa le principe en vertu duquel l'action paulienne fut créée, nº **195**. — V. Action paulienne.

M

MAGISTRATS, nos **11** à **24, 34** à **37, 42** et suiv.

MAGISTRI MILITUM. — Constantin leur confia le pouvoir militaire, qu'il retira aux préfets du prétoire, nº **44**.

MANUS INJECTIO. — Il ne faut pas confondre cette action de la loi avec les main-mises extrajudiciaires. — Son but était l'*addictio* du défendeur au demandeur. — Elle s'accomplissait devant le magistrat, chargé de prononcer l'*addictio*. — En quoi elle différait des trois premières actions de la loi, nos **76** à **79**. — On distinguait trois espèces de *manus injectio*, comme action de la loi : celle *judicati*, celle *pro judicato*, et la *manus in-jectio pura*, n°s **79** à **87**.

MANUUM CONSERTIO. — Sorte de combat fictif qui avait lieu devant le magistrat entre les parties plaidant dans l'*actio sacramenti*, n° **57**.

MISSIO IN POSSESSIONEM BONORUM. — Dans quels cas elle pouvait être ordonnée, n°s **348, 373** à **382**. — Effets de cette *missio*, n° **375**. — Elle était suivie de l'adjudication. — Formes et délais de cette adjudication, n° **376**. — La *missio* était ou générale ou relative seulement à certains biens, n°s **375** et suiv.

MUTUUM. — Contrat réel qui donnait naissance à la *condictio certi*, n° **185**.

N

NEXUS. — Débiteur qui s'était volontairement constitué en *mancipium*, lui, sa famille et ses biens. — Quel était son état. — En quoi il différait de l'*addictus*, n° **81**, note **2**.

NOVATION. — La *litiscontestatio* et la sentence opéraient une novation judiciaire. — V. *Litiscontestatio* et Sentence.

O

ORGANISATION JUDICIAIRE, n°s **11** à **50**. — Sous le système des actions de la loi, n°s **11** à **34**. — Sous le système formulaire, n°s **34** à **42**. — Sous le troisième système, n°s **42** à **50**.

P

PARTIES DE LA FORMULE, n°s **126** à **152**. — Il y avait quatre parties principales et plusieurs parties accessoires. — Les parties principales étaient : la *demonstratio*, l'*intentio*, l'*adjudicatio* et la *condemnatio*. — Dans la *demonstratio*, le magistrat précisait le fait producteur du lien prétendu ; dans l'*intentio*, il exprimait la prétention du demandeur ; dans l'*adjudicatio*, il conférait au juge le pouvoir d'attribuer à l'une des parties un droit de propriété appartenant à l'autre ; la *condemnatio* donnait au juge le pouvoir de condamner ou d'absoudre, n° 126. — Les parties accessoires étaient : les *præscriptiones*, les exceptions, les répliques, les dupliques, etc., n°s 133 à 147. — Les *præscriptiones* étaient pour le demandeur un moyen d'échapper à une déchéance du droit civil, n°s 134 à 139, 340 à 347. — Elles permettaient au défendeur d'amener le juge à tenir compte de certaines circonstances non reconnues par le droit civil, n° 139 à 142. — Des exceptions avaient le même objet que les *præscriptiones* introduites au profit du défendeur ; elles finirent par les remplacer : elles étaient placées dans la formule en forme de restriction donnée à la *condemnatio*, n°s 142, 143 et 297. — Toutes ces parties ne se trouvaient pas nécessairement réunies dans la même formule, n°s 127, 128, 133 et suiv.

PEINES CONTRE LES PLAIDEURS TÉMÉRAIRES, n°s 55 et suiv., 368 à 370, et 532. — *Sacramentum*. —V. ce mot. *Sponsio*. — V. ce mot. — *Restipulatio*. — V. ce mot. — Action de calomnie, n° 369. — V. ce mot. — Action contraire, n° 369. — V. ce mot. — Serment. — V. Serment de calomnie. — Dommages et dépens du procès. V. Dépens. — Peine du double, du triple, du quadruple. — V. Actions pénales. — Infamie, n° 369. — Amende, n° 369.

PÉREMPTION D'INSTANCE, n°s 288 à 293 et 358.

PERSECUTIO , opposée à l'action formulaire, n° 1, note 2.

PETITIO HEREDITATIS. — Nom donné à la *rei vindicatio* quand elle tendait à la revendication d'une hérédité. — C'était la seule action réelle qui fût *bonæ fidei*, n°s 168 et 249.

PETITIO, opposée à l'action personnelle, n° 1, note 2.

PIGNORIS CAPIO. — Cette action de la loi fournissait aux créanciers un moyen d'exécution sur les biens de leurs débiteurs. — Elle n'avait d'application que dans des cas exceptionnels. — Elle différait des autres actions de la loi en ce qu'elle n'avait pas lieu *in jure;* en ce qu'elle s'accomplissait même pendant les jours néfastes et en l'absence du défendeur, n°s 88 à 91.

PIGNUS PRÆTORIUM , n° 381.

PLAIDOIRIES, n° 359.

PLUS PETITIO, n° 137. — Elle entraînait déchéance, n° 341, alin. 2, p. 173. — Zénon en décida autrement pour le cas de plus-pétition *tempore.* — Justinien substitua la peine du triple du dommage pour les trois autres cas de plus-pétition, *ib.* — De combien de manières on pouvait encourir la plus-pétition, *ib.* — Elle ne pouvait pas se présenter dans les actions de bonne foi, non plus que dans toute autre dont l'*intentio* était indéterminée, *ib.*

POSSESSION, note α, p. 216 à 234. — Sens de ce mot, p. 217, note α. — Ses caractères : elle était dite *civile* ou *naturelle; juste* ou *injuste.* — La possession civile était utile *ad usucapionem* et *ad interdicta;* la possession naturelle *ad interdicta tantum.* — Qui avait la possession civile; qui avait la possession naturelle, p. 217 et 218.

326   TABLE ALPHABÉTIQUE.

— Elle était violente, clandestine ou précaire, p. 218, 219 et 220. — Elle n'était qu'un fait auquel des conséquences juridiques vinrent successivement se rattacher, p. 220. — Elle ne s'appliquait qu'aux choses corporelles, *ib.* — On appelait quasi-possession la jouissance des droits réels autres que celui de propriété, *ib.* — — V. Quasi-possession. — Acquisition de la possession. — Il fallait le fait et l'intention, p. 220 à 228. — Qui pouvait acquérir la possession, *ib.* — Par qui on pouvait l'acquérir, *ib.* — Règle « *Nemo sibi causam possessionis mutare potest.* » — Quand s'appliquait-elle ? — Quel était son véritable sens, p. 225 et 226. — Perte de la possession. — Elle ne résultait généralement que du fait et de l'intention. — Conséquences, p. 228 à 231. — Du constitut possessoire, p. 231. — Preuves en matière de possession, p. 232.

POSTULATIO ACTIONIS. — C'était la demande à haute voix de la formule qu'on voulait employer, n° 350. — V. *Editio actionis.*

PRÆFECTUS ANNONÆ. — Il avait juridiction sur les marchés publics, n° 45.

PRÆFECTUS AUGUSTALIS. — Quelles étaient ses attributions, n° 36.

PRÆFECTUS VIGILUM. — Il était chargé de veiller pendant la nuit à la sûreté de la ville, n° 45.

PRÆSCRIPTIONES. — V. Parties de la formule. — *Præscriptio fori,* n°s 139 et 343. — *Præscriptio hereditatis,* n°s 139, 140, 141 et 344. — *Præscriptio temporis,* n°s 139 et 345.

PRÆTOR FIDEICOMMISSARIUS. — Ses fonctions, n° 34.

PRÆTOR TUTELARIS. — Ses fonctions, n°s 34 et 45.

PRÉFET DE LA VILLE. — Il avait la *jurisdictio*. — Quelles étaient ses attributions, n°s **34** et **44**.

—— DU PRÉTOIRE. — Quelles étaient ses attributions, n°s **34** et **44**. — Sous le troisième système de procédure, l'empire fut divisé en quatre grandes préfectures; chacune avait à sa tête un préfet du prétoire. — Les préfectures comprenaient plusieurs diocèses à la tête desquels étaient des *vicarii*. — Chaque diocèse se subdivisait en provinces, gouvernées par un *rector* ou par un président, n° **43**.

PRÉFETS. — Quelle était leur *jurisdictio*, n° **14**.

PRÉSIDENTS DES PROVINCES.—Leurs pouvoirs, n°s **36** et **44**.

PRÉTEUR, PRÉTURE , n°s **13** et **14** ; **34**, **43** et **44**. — Cette magistrature fut réservée aux patriciens jusqu'au cinquième siècle de Rome. — Les préteurs furent investis de la *jurisdictio*, n° **13**. — Nombre des préteurs, n°s **14** et **34**.

—— PÉRÉGRIN , n°s **13** et **34**. — Il fut institué au commencement du sixième siècle. — Quelle était sa *jurisdictio*, n° **13**.

—— URBAIN , n°s **13** et **34**, **43** et **44**. — Quelle était sa *jurisdictio*, n° **13**. — Attributions du préteur à Constantinople, n° **44**.

PREUVES. — Les moyens de preuves étaient les témoins, les titres, le serment et l'aveu, n°s **360** et **531**. — V. ces mots.

PROCÉDURE DES ACTIONS DE LA LOI, n°s **92** à **99**.
—— DES ACTIONS FORMULAIRES, n°s **347** à **382**. — Procédure ordinaire, n°s **347** à **373**. — Procédure *extra ordinem*, n°s **373** à **382**.

—— EN MATIÈRE D'INTERDITS, n°s **472** à **484**. — Procédure des interdits simples, nᵒˢ 475 à 480. — Procédure des interdits doubles, nᵒˢ 480 à 484. — Objet de l'instance, suite de l'interdit, nᵒˢ 484 à 508.

PROCÉDURE PER SPONSIONEM. — Dans certains cas elle était forcée ; dans d'autres elle était volontaire, nᵒ 110.

—— sous le système des *judicia extraordinaria*, nᵒˢ 525 à 536.

PROCONSULS. — Leurs pouvoirs, nᵒ 36.

PROCURATOR. — Représentant judiciaire. — En quoi il différait du *cognitor* et du *defensor*, nᵒˢ 366 et 530. — La formule des actions dans lesquelles un *procurator* figurait, différait de la formule ordinaire, nᵒ 366.

PROPRÉTEURS. — Leurs pouvoirs, nᵒ 36.

Q

QUASI-POSSESSION. — On appelait ainsi la jouissance des droits réels autres que celui de propriété. — Elle était protégée par les interdits utiles correspondants au droit de propriété et même souvent par des interdits spéciaux, nᵒˢ 386, 388 à 394 et 444. — V. p. 220, note, alin. 3ᵉ.

QUATUORVIRS. — Ils avaient la *jurisdictio*, nᵒ 14.

R

RECTOR PROVINCIÆ. — Ses attributions, nᵒ 44.

RÉCUPÉRATEURS. — En quoi ils différaient des juges et des arbitres. — Leur compétence. — Ils connaissaient plus particulièrement de la possession. — Les contestations entre étrangers leur étaient toujours soumises. — Ils ne pouvaient juger qu'au nombre de trois, nᵒ 37.

REPRÉSENTATION EN JUSTICE. — Sous le premier système, les plaideurs ne pouvaient pas donner mandat à quelqu'un de les représenter en justice. — Il y avait toutefois exception dans cinq cas, nº 97. — Sous les deux autres systèmes, on put, au contraire, agir par un mandataire, nº 366. — V. *Cognitor* et *Procurator*.

RESCRITS, nº 34.

RESTIPULATIO. — Provocation que le défendeur à l'action *per sponsionem* opposait à la *sponsio* du demandeur. — En quoi la *sponsio* et la *restipulatio* différaient du *sacramentum*, nºs 105, 106 et 109.

RESTITUTIONS EN ENTIER, nºs 6 et 371, et 514 à 523. — A qui cette voie de recours était-elle permise, nºs 515 à 520.

ROI. — C'était à l'origine de Rome le magistrat chargé de la *jurisdictio*, nº 13.

S

SACRAMENTUM. — C'était une somme d'argent que, dans le principe, les plaideurs consignaient dans les mains du pontife. C'est de ce dépôt que vient le nom d'*actio sacramenti*. — Quel était le montant du *sacramentum*, nºs 55 et 56.

SECRETARIUM. — On appelait ainsi l'endroit de la salle consacré aux délibérations du magistrat, nº 49.

SECTIO BONORUM. — Adjudication des biens d'une personne condamnée sur une accusation publique et poursuivie en exécution par le trésor public. — En quoi elle différait de l'*emptio bonorum*, nº 377. — Le *sector bonorum* avait l'interdit *sectorium*, nº 441.

19.

SECTOR BONORUM. — V. *Sectio bonorum.*

SENTENCE. — Elle devait être prononcée par le juge à haute voix et à l'audience. — Elle devait être motivée. — Elle produisait une novation semblable à celle qui résultait de la *litiscontestatio,* n°s 365, 288 et suiv. — V. *Litiscontestatio.* — Exécution de la sentence, n°s 76, 100, 372, 376 à 382 et 534. — V. Exécution des sentences.

SERMENT. — Il était extrajudiciaire ou judiciaire. On l'appelait judiciaire quand il était intervenu *in jure* ou *in judicio,* n°s 316, 356 et 363. — Du serment extrajudiciaire, n° 316. — Ses effets, *ib.* — V. Action *jurisjurandi* et exception *jurisjurandi.* — Du serment judiciaire *in jure,* n° 356. — Ses effets, *ib.* et 363. — Du serment judiciaire *in judicio,* n° 363. — Ses effets, *ib.* — Le serment judiciaire était dit *nécessaire.* — Pourquoi, n° 356. — Le serment extrajudiciaire était dit *volontaire.* — Pourquoi, *ib.* — Le serment nécessaire était déféré soit par l'adversaire, soit par le magistrat ou par le juge. — Dans ce dernier cas il était appelé *supplétoire,* n° 363. — Du *juramentum in litem, ib.* — Du serment de calomnie. — V. ce mot.

SERMENT DE CALOMNIE, n°s 363, 368, 369 et 532. — Il pouvait être déféré par chacun des plaideurs à son adversaire, n°s 368 et 369. — Justinien voulut que les avocats y fussent soumis, n°s 369 et 532.

—— JUDICIAIRE. — V. Serment.

—— SUPPLÉTOIRE. — V. Serment.

—— VOLONTAIRE. — V. Serment.

SPONSIO. — Sorte de gageure qui avait lieu dans l'une des formes de procédure du second système : elle avait remplacé la provocation au *sacramentum.* — Cette forme prenait le nom de procédure *per sponsionem* qu'elle tirait de la gageure *de sponsio* de la même manière que l'action *sacramenti* avait emprunté le sien au *sacramentum*, nᵒˢ 104 et 368.

STATULIBER. — Esclave provisoirement libre dont l'état était en suspens. — En quoi il différait de l'*addictus*, nᵒ 81, note 2.

STIPULATIO PRO PRÆDE LITIS ET VINDICIARUM. — Elle tenait lieu de l'ancienne caution *prædes litis et vindiciarum* de l'*actio sacramenti*, nᵒ 107. — V. ce mot.

STIPULATIONS PRÉTORIENNES, nᵒˢ 6, 507 à 514. — Moyens employés par le préteur pour prévenir, par des garanties, les atteintes aux droits des citoyens, nᵒ 507. — *Lato sensu*, on les appelait actions, nᵒˢ 6 et 508. — V. Caution *damni infecti*, caution *legatorum*, caution *rem salvam fore pupilli*, et nᵒˢ 509 à 514.

SUPPLIQUE AU PRINCE. — Ce moyen de recours avait pour objet de suppléer à l'appel, interdit à l'égard des décisions du préfet du prétoire, nᵒ 48.

SUPPRESSION DES ACTIONS DE LA LOI. — La loi *Æbutia* et les deux lois *Juliæ*, portées : la première vers le milieu du sixième siècle de Rome, les deux autres dans le huitième siècle, opérèrent cette suppression, nᵒˢ 99 et 100.

SYNGRAPHA, nᵒ 185, note 2, p. 81 et suiv.

SYSTÈME DES ACTIONS DE LA LOI, nᵒˢ 54 à 99.

—— FORMULAIRE, nᵒˢ 99 à 523.

—— DES JUDICIA EXTRAORDINARIA, nᵒˢ 523 à 537.

T

TÉMOINS. — Leur nombre. — Leurs obligations, n°s 361 et 531.

TITRES (Preuve par). — La preuve par écrit était moins favorable que celle par témoins, n° 362. — V. Preuves.

TRANSITION DU SYSTÈME DES ACTIONS DE LA LOI AU SYSTÈME FORMULAIRE. — Cette transition fut ménagée. — L'une des manières de procéder du système formulaire (la procédure *per sponsionem*) offre la plus grande analogie avec la procédure de l'action *sacramenti*. — La seconde manière (celle *per formulam*) n'était que la procédure propre aux pérégrins, à laquelle on dut toutefois faire subir des modifications pour l'accommoder au droit civil, n°s 101 à 122.

TRIPLIQUE. — V. Parties de la formule.

V

VADIMONIUM. — Promesse de se représenter à jour fixe devant le magistrat, n°s 59, 93 et 347.

VETO. — Quels étaient ses effets, n° 30.

VINDEX. — Représentant que le défendeur à l'action de la loi, *manus injectio*, était tenu de prendre pour le défendre, afin d'éviter d'être conduit dans la maison de son créancier, n° 80.

VINDICATIO opposée à l'action personnelle, n° 1, note 2.

VIOLENCE. — On distinguait la violence publique de la violence privée, nos 456 et suiv. — Effets de la violence. — V. Action *quod metus causa,* interdit *unde vi.*

VOCATIO IN JUS. — C'était l'acte introductif d'instance. — Sous le premier système, le demandeur pouvait contraindre son adversaire à le suivre *in jus,* à moins que celui-ci ne fournît un *vindex,* nos 92 et 93. — Sous le second système, la caution *in judicio sistendi* tint lieu du *vindex ;* la contrainte personnelle resta en usage : toutefois elle tendit à disparaître, une amende ayant été portée contre celui qui n'obéissait pas à la *vocatio in jus,* no 347. — Sous le troisième système, l'ajournement était donné par un *viator* (huissier) commis sur requête, no 325.

VOIES DE NULLITÉ, no 374.

FIN DE LA TABLE ALPHABÉTIQUE.

Paris. — Imprimerie Dondey-Dupré, rue Saint-Louis, 46, au Marais.